云南省普通高等学校“十二五”

“十二五”普通高等教育应用型人才培养规划教材

QIYE LUNLI XINLUN

企业伦理新论

主　编◎王昆来　杜国海

西南财经大学出版社
Southwestern University of Finance & Economics Press

21 世纪独立院校经管类系列规划教材

编委会成员

前言

在古典经济管理理论时代，企业就是一个追求利润最大化的组织，通过向社会提供产品和劳务满足社会需要。“经济活动与伦理道德无关”、“讲求伦理与追求利益是对立的”、“企业只要遵守法律就够了”、“讲伦理道德只是企业为了装饰门面的举措”等思想在大多数经济管理者的眼里是实实在在的“真理”。然而，这些“真理”在经济全球化和知识经济时代的今天已受到前所未有的冲击。

进入21世纪，伴随着世界经济的一体化，我们看到，企业对于社会不再仅仅是一个提供产品和劳务的经济组织，已成为当代社会的重要组成部分，并通过各种各样的方式与我们所有人发生联系。传统企业的利益关系特别简单，主要是所有者和雇工之间的关系。而在现代社会中，企业作为市场的主体，与社会方方面面的利益群体发生着联系，除了企业所有者与雇工的关系外，还有企业与消费者的关系，企业与供应商、政府、竞争对手、工会、环境等的关系。企业已经成为了社会中的“一员”，而并非独立于社会之外。

既然企业是社会不可或缺的构成部分，那么正如其他社会成员一样，企业的经营活动必然脱离不了伦理因素。或者说，在现代社会中，企业要生存发展，必然要涉及而且必须处理好企业伦理道德问题。并且，随着经济全球化的不断发展，市场对各个国家和经济组织遵守共同交易规则的要求越来越高，伦理因素对企业的生存和发展起着越来越重要的作用。

西方对企业伦理问题的关注始于20世纪40年代，随着消费者反欺骗、反污染、反不正当竞争呼声的高涨，越来越多的企业注意将伦理道德因素纳入企业活动的范围。我国对企业伦理问题的研究虽然起步较晚，但近些年来我国对企业伦理问题的关注越来越广泛。1992年党的十四大提出了建立社会主义市场经济体制的目标，为中国企业的发展提供了更为宽松的政策环境和社会环境。但在经济体制转型的同时，却引发了许多经营道德问题，如制假售假、恶性竞争、企业失信、环境污染等一系列损害社会利益的企业行为。因而，企业伦理问题摆在了许多学者的眼前。

企业伦理是指企业在向社会提供产品或服务的同时，应遵守的道德规范。这种规范不仅约束企业的所有者和企业员工，而且还要求企业作为“社会人”，必须正确处理好其与所有利益相关者的关系。我们认为，在现代社会，企业是一个具有生命的“人”。也就是说，企业是有其人格存在的，而企业伦理正是其人格化的需要。一个长寿的企业往往表现为其人格的不断完善和发展，在人类进化与社会文化进化两个过程之中，勇于承担社会责任，努力保持与社会的良好关系。

美国心理学家亚伯拉罕·马斯洛（Abraham H. Maslow）于1943年在《人类激励理论》论文中所提出的“需求层次理论”将人的需求分为五种，像阶梯一样从低到高，按层次逐级递升，分别为：生理的需要、安全的需要、社会上的需要（爱和归属的需要）、尊重的需要和自我实现的需要。这五种需要是根据人的需求层次而提出的。我们认为，企业作为“社会人”，在其发展的过程中，马斯洛的“需求层次理论”对其同样适合。具体而言，企业在不同的发展阶段，企业伦理的需要是不同的：在企业建立初期，第一要务是“活下来”。这时企业所关注的伦理因素主要是为其生存服务，如在不违背法律的前提下尽可能争取一定的现金流，想办法在激烈竞争的夹缝中寻求生机等。在企业求得暂时生存后，另一个问题便会出现，即怎样才能“活得好”。这便是企业安全的需要。在这一阶段，企业伦理侧重点应是密切关注顾客的需求与员工的利益，确保长久安全。在企业的安全保障确保之后，企业归属与爱的需求随之产生。企业希望得到社会的普遍认可，为此必须更注重企业的社会影响，重视企业伦理建设，以求“活得爽”。人人都希望自己有稳定的社会地位，企业这个“社会人”也不例外。这便是企业尊重的需要。企业要想在这一阶段“活得美”，在“合理利己”的同时必须更加重视企业伦理建设，尽可能满足所有利益相关者的诉求。企业发展的最高境界便是“活得大气”。这源自企业自我实现的需要。在这一层次上，企业的社会功能发挥到最大化，企业伦理建设完善、实施有力，企业经营活动得到了所有利益相关者的高度赞同，企业声誉享誉全球，企业生命长久不衰。

1984年，弗里曼（Edward Freeman）出版了《战略管理：利益相关者管理的分析方法》一书，明确提出了利益相关者管理理论。他指出，利益相关者是能够影响一个组织目标的实现，或者受到一个组织实现其目标过程影响的所有个体和群体。企业的经营管理者应该为综合平衡各个利益相关者的利益要求而进行管理活动。利益相关者理论把企业看作是利益相关者之间的合约，在对股东利益进行保护的同时，也必须考虑保护其他利益相关者的利益，以确保实现企业价值长期的最大化。我们把企业的经营活动看作是一种社会各方合作活动。对企业而言，拥有并善待高素质的员工、向消费者提供优质产品或服务、稳定和供应商的长期合作、争取社会公众的理解与合作、赢得政府的支持、培育良好的社会声誉等能给企业带来长期的良性发展。而企业的所有者、员工、顾客、供应商、社区、政府等利益相关者在与企业的合作中也得到了相应的回报，他们也离不开企业，尤其是“善待”他们的企业。因此，从这个意义上来说，企业伦理是利益相关者竞争双赢的选择。

针对以上观点，本书共分为八章进行阐述。

第一章：首席执行官的人文及伦理素养。重点探讨首席执行官与企业发展的关系及在现代企业中，首席执行官应具备怎样的伦理素养和人文素质。

第二章：企业伦理建设与投资。深刻解析企业伦理的含义，分析企业伦理建设与投资的意义，并指出企业伦理建设与投资的有效途径。

第三章：企业伦理观念与模式。重点阐述企业伦理的核心观念，分析企业伦理的主要模式，并对企业伦理模式建设的关联因素进行分析。

第四章：企业伦理决策与困境。分析企业伦理决策的重要性，探讨企业伦理决策模型与过程，提出企业在面临伦理决策困境时的对策。

第五章：企业经营管理的伦理问题。从企业与员工的伦理关系入手，分析企业道德与员工道德，并对企业员工的基本权利与幸福管理进行解析和阐述。

第六章：企业的社会责任。分析关于企业社会责任的相关理论，指出企业社会责任的范围，并探讨企业社会责任的实现路径。

第七章：企业专业伦理探讨一。探讨内容包括公司治理中的企业伦理、全球经营中的企业伦理、信息管理中的企业伦理、非营利性组织的企业伦理以及商务环境与企业伦理。

第八章：企业专业伦理探讨二。探讨内容包括服务伦理、电子商务伦理以及会计伦理。

在本书的编写过程中参考了许多文献、专著和网络资料，借鉴了许多业内专家、学者的研究成果，难以全部注明，恳请见谅。由于我们的研究能力和学术水平有限，书中难免有疏漏和不足之处，也恳请各位读者批评指正。

编者

2012 年 1 月 1 日

目 录

第一章　首席执行官（CEO）的人文及伦理素养

【知识目标】

了解首席执行官及其职能；
了解首席执行官伦理道德素养的基本内涵；
理解首席执行官进行企业伦理决策的依据；
分析形成和提升首席执行官人文素质的方法。

【技能目标】

掌握首席执行官在企业经营管理中应具备的素质。

【本章内容】

第一节　首席执行官与企业的关系

知识经济的兴起，一方面要求企业在管理手段上加大对信息技术的投入和应用，并在经营决策上注重掌握和运用决策支持系统，减少管理层次，加快信息传递和反馈速度，提高管理效率；另一方面要求企业管理人员转变思维方式，更新知识结构，提高企业人员的学习能力。首席执行官（Chief Executive Officer，以下简称 CEO）正是在这样的背景下出现的。CEO 职位的设立，为企业更有效率的经营管理开辟了新途径。

一、企业的经营与管理初探

（一）企业经营与管理的含义

“企业的经营与管理是指在企业内，为使生产、采购、物流、营业、劳动力、财务等各种业务，能按经营目的顺利地执行、有效地调整而所进行的管理、运营活动，是对企业整个生产经营活动进行决策、计划、组织、控制、协调，并对企业成员进行激励，以实现其任务和目标等一系列工作的总和。”①具体地说，企业的经营与管理包括：合理确定企业的经营形式和管理体制，设置管理机构，配备管理人员；搞好市场调查，

① 蒋运通．企业经营战略管理［M］．北京：企业管理出版社，1996.

掌握经济信息，确定经营方针、经营目标和生产结构；编制经营计划，建立、健全各种管理制度；加强各种资源的开发、利用和管理；搞好设备管理、生产管理、技术管理和质量管理；合理组织产品销售，做好销售管理；加强财务管理和成本管理，处理好收益和利润的分配；全面分析评价企业生产经营的经济效益，开展企业经营诊断等。

（二）企业进行有效经营管理的一般特性

任何企业主或者管理者要想把企业做好做强，都需要理解企业的本质要素及管理的一般特性，建设自己的企业文化。要使企业发展好，在经营管理中应注意以下一些共同特性①：

1. 企业主或管理者应重视企业的整体价值，而不仅仅只关注企业的具体业务或产品销售

企业主和管理者在企业经营或管理中应重视企业的整体价值，包括企业的形象、企业的品牌、企业的人力资源和其他无形资产等，而不是仅重视企业利润最大化，也不是仅重视某个具体的业务项目。重视整体价值经营的企业往往追求企业的良好社会形象，而不只是追求经济方面的形象。重视整体价值的企业能使企业的有形资产和无形资产都很好地发挥效益，同时对于企业主和管理者具有更大的激励作用。当企业进入一定的规模和赢利后，企业主和管理者就会发现，光有赢利的价值是不能刺激企业继续稳定发展的，企业还需要得到行业和社会的认可，从而提高社会地位才会获得发展动力。所以，一个优秀的企业总是朝着整体价值这个方向前进的。

2. 企业主或管理者要想企业壮大，就必须确保企业的稳定发展并处于可持续增长的态势

所谓稳定就是跳跃或者波动不大，不是任何时候都保持了一个超常规发展的模式或状态。企业在创业阶段需要跳跃式的超常规的发展，这样可使得企业迅速占领市场份额并获得一席之地。但是在商业模式获得一定社会资源和地位以后，企业就需要比较稳定和持续的发展。企业要保持稳定的增长不是容易的事情，很多企业发展到一定阶段后就会发现，企业进一步发展存在各种障碍，包括产业升级与变动、市场需求改变等带来的不适应问题，从而导致企业因为不能充分适应市场而退步。例如，国内电器的行业发展，在刚开始制造和经营的时候发现利润很大，企业发展很顺利。但随着市场竞争和行业规范的越来越激烈和规范，整个行业卷入降价竞争的旋涡，使得许多缺乏足够竞争力的企业难以保障稳定的增长。因此，企业要做到稳定的可持续增长，需要具有前瞻性的战略眼光。企业在思考管理模式时一定要把企业战略作为企业的重要部分，不能就业务谈业务，没有规划和战略渠道。

3. 企业主和管理者在对企业的治理中应保证企业治理结构稳定、决策科学

一个发展良好的企业中，企业的治理是团队治理，而不是一个人的一言堂，并且整个团队有培养接班人和职位晋升的合理程序。当企业发展遇到问题时，团队的高层在处理问题时具有能力的互补特质，不会因为某个人的存在或者缺失使得企业承受巨

① 陈少峰．企业文化与企业伦理［M］．上海：复旦大学出版社，2009.

大的风险。人力资源的系统开发、团队合作和科学决策是一个好的企业管理模式的基本要求。

4. 企业主或管理者要不断提高对自身的要求，鼓励和激励员工追求卓越

好的企业必定有它成功的原因，没有哪个好企业是靠运气就能成功的。只有企业追求卓越，如在技术、影响力、竞争力等方面追求在行业的领先地位，才能不断地完善企业的运营及管理模式，才会带领企业往更高的层次发展。同时，随着企业的不断发展，就会对企业主和管理者提出更高层次的管理能力和要求。如企业主和管理者不能根据企业发展的要求不断提升自己的能力和素质，往往会阻碍或抑制企业的快速发展。在追求企业卓越的同时，对员工进行适当的激励和鼓励，从而提高其执行力、综合素质、服务能力、业务素养等，也是企业发展环节中重要的一部分。总之，只有当企业内所有员工都把追求卓越当成一种信念，企业才能向着卓越的道路快速前进。

5. 企业要形成具有竞争力的商业模式

产业的发展总是随着社会的发展而变化发展的，如果企业不具备核心技术、创新能力和品牌，就不能很好地适应产业链中的竞争要求。商业模式的选择和改进对企业的竞争力和发展具有重大影响。以家乐福等超市的商业模式为例，首先它以规模化和价格优势作为商业模式的基础，很多连锁超市企业都具备这个特点。但是，在很多类似的连锁超市中，在其他可以促进商业模式完善的要素比如选址、货品的选择和陈列、顾客调查、人员管理、采购等各方面意识淡薄或能力不足，因而就显得家乐福的商业模式更具竞争力，发展更为迅猛。

6. 企业管理要以人为本

企业的发展离不开企业员工和企业主、管理者的共同奋斗，员工的个体发展总是和企业的发展紧密相关。当企业的发展能给予员工巨大的发展空间和信心的时候，员工也将把自己的发展与企业的发展紧密结合在一起。当然，员工对企业要有信心还需要一些其他因素，不光是企业领导负责、企业表现好，它还需要比如企业治理和管理的透明化，企业重视竞争的公平化，企业对人才的重视，员工对企业的归属感，企业是否在朝着理想的未来前进，企业领导是否把企业的发展与员工的发展联系在一起，员工是否真正参与到企业的未来发展战略规划中来等。也就是说，企业管理只有在它的各个层面始终以人为本、注重双赢，才能实现人尽其才，物尽其用，从而为企业发展提供持续不断的源动力。

二、首席执行官概述

（一）什么是首席执行官

CEO是（Chief Executive Officer，后文简写为CEO）的英文缩写，是在一个企业中负责日常经营管理的最高级管理人员，通称为首席执行官，又称行政总裁或最高执行长。严格来说，首席执行官是一个不恰当的称呼，行政总裁才是CEO最恰当的翻译。但由于“首席执行官”这个名词在中国内地已经广泛传开，人们已经慢慢习惯了这个

不恰当的称谓①。

CEO向公司的董事会负责，而且往往是董事会的成员之一，在公司或组织内部拥有最终的执行、经营、管理、决策的权力。在较小的企业中首席执行官可能同时又是董事会主席和总裁，但在大企业中这些职务一般是由不同的人担任的，以避免一个人在企业中扮演过大的角色、拥有过多的权力；同时也可以避免公司本身与公司的拥有人（股东）之间发生利益冲突。因此，CEO可以简单地理解为企业领导人与职业经理人两种身份的合一。CEO制度实质上是将董事会的一些决策权过渡到经理手中。

（二）CEO的职能

在现代企业中，CEO是企业主或董事会与企业之间联系的桥梁和纽带。CEO主管企业的全面工作，包括企业的定位、发展、规划、经营、管理、战略、人力资源等，向董事会或企业主负责。CEO与总经理、副总经理、财务主管、人事部主管、营运主管、各部门经理、总会计师、总工程师等组成一个执行机构，为实现企业的目标努力。由于各个企业的经营范围、规模大小、环境条件等都不一样，各企业CEO的具体工作和职能也不相同。但总的来说，所有的CEO都会从企业发展的角度考虑问题，权衡企业的眼前利益和长远利益，并做好决策。概括起来，CEO的职能主要有以下几个方面：

1. 首脑人物职能

作为企业的首脑人物，CEO必须对公司的一切重大经营运作事项进行决策，包括财务、经营方向、业务范围等。另外，CEO除了主持公司的日常业务活动外，还有任免公司的高层管理人员和对外签订合同或处理业务的职能。

2. 监督职能

CEO参与董事会的决策，执行董事会的决议，督促下属执行企业决策。同时CEO还要关注企业内外环境的变化，通过收集企业内外的各种有关资料，分析企业可利用的各种机会与可能遇到的威胁，从全局出发来处理企业发展中遇到的各种问题。

3. 信息传递职能

即在企业运营的过程中，CEO要把企业外部的有关信息传递给自己的企业，同时也要把企业的信息传递给企业外部。

4. 资源分配职能

CEO要对企业的人力、物力和财力的流向进行决策，使得企业的资源能合理地最大化利用，这决定着企业的经济效益。

5. 谈判者职能

CEO代表企业参加各种对外谈判，并在谈判中就涉及的一些重大问题及时作出决策。

（三）中外企业中的CEO

CEO最早起源于美国公司结构治理。近年来，中国一些企业纷纷实行首席执行官制度，出现了中国历史上首批企业首席执行官（CEO）。CEO制度是与现代企业制度相

① 裴明宪．董事长、总裁和CEO——浅谈公司高管的称谓与实质［J］．明宪商业评论，2005.

适应的。在现代市场经济体制下，企业把企业的经营管理决策权交给最有能力去管理公司的人，这个人就是CEO，也就是首席执行官。有时候，担任企业CEO的，可以是董事长或副董事长，也可以是总经理。

在国外，CEO是在公司法人治理结构已建立并运转成熟的基础上出现的。随着跨国公司全球业务的拓展，企业内部的信息交流日渐繁忙。由于决策层和执行层之间存在的信息传递阻滞和沟通障碍，影响了经理层对企业重大决策的快速反应和执行能力，为改变这种信息传递阻滞和沟通障碍给企业面对市场经营带来的时效性的缺陷，就必须要有一个衔接决策层和执行层的角色出现，为此，CEO在国外跨国公司和企业中应运而生。“CEO的出现在某种意义上代表着原来董事会手中的一些决策权过渡到原有经营层手中。”[①]对CEO的约束主要不是董事会，而是企业中一个称为战略决策委员会的机构。这种战略决策委员会才是支持或否定CEO经营决策的主要权力机构。在许多国家，组成战略决策委员会的人员大部分不是企业中的人，更不是企业的出资人，而是社会上从事企业管理、经济学、法学等方面专业的知名人士。所以说，CEO的设立，体现了能者为之，以人为本和为人力资本合理定价的思想。

近年来，我国企业积极参与到国际竞争中，在国际化经营中迈出了可喜的一步，但经营业绩总体上还不理想，一个重要原因是经营的盲目性、短视性，缺乏战略规划能力。因此，我国很多的企业CEO并非真正拥有名副其实的决策权，某些时候，董事长和总经理才是真正的CEO。有些研究指出，在中国：①在董事长兼任总经理的情况下，这个人就是CEO。这种情况与美国的董事长兼CEO相似，有20.9%的中国上市公司董事长兼任总经理，该类公司的决策和执行权高度合一。②在董事长不任总经理并且不是每天在公司上班的情况下，总经理可以看做CEO。这种情况与美国的董事长和CEO分任情况类似，该类公司的决策权和执行权相对分离，有34.3%的中国上市公司是这种情况。③在上述两者之间，董事长不任总经理但每天在公司上班，这种情况下，董事长和总经理都具有CEO的职能，类似于国外往往在两个公司合并后的磨合期产生的双CEO现象。至于实际运作中董事长和总经理谁的权力更大就要看实际情况了，一般而论可能董事长强一些而总经理弱一些，有44.8%的中国上市公司是这种情况。产生这种结果，也有我国法律的原因，《中华人民共和国公司法》（以下简称《公司法》）规定董事长是法定代表人，并且董事长在董事会闭会期间有代行董事会部分职责的权力——而不是董事执行委员会在董事会闭会期间代行董事会。如果天天在公司上班，董事长必然要介入到执行活动中。因此，在中国，在CEO体制下，董事长与CEO是否由同一人兼任要根据各公司具体情况而定，建立起适合CEO体制的董事会治理机制和结构是当前更为关键的问题。

---

① 裴明宪．董事长、总裁和CEO——浅谈公司高管的称谓与实质［J］．明宪商业评论，2005.

第二节 首席执行官的伦理素养及应具备的人文素质

在企业发展中，为了促进讲道德、负责任的CEO的个人决策，企业必须提高CEO的个人道德素养，加强符合道德的组织文化建设。虽然CEO个人的道德素养在很大程度上已经为个体的家庭和学校教育所定型，而且受社会风气的影响很大，但是，在构建企业伦理体系中，还必须利用组织文化的因素如信念、榜样、机会和激励等影响CEO个人的决策，塑造其个人的道德品质。

一、CEO与企业伦理决策

随着社会的发展，讲求伦理道德的企业越来越受到社会的认可，同时只追求眼前经济利益，不讲伦理道德的企业终将被淘汰。作为CEO就应该清楚地知道：是哪些因素促成了讲道德、负责任的企业管理决策，并努力在企业内部确立这些因素，以便促成讲道德、负责任的企业经营管理决策。

（一）伦理决策

从一定意义上讲，管理就是决策。长期以来，人们对企业决策的判断与评价，主要关注的是决策的经济后果，是经济效益能否最大化。然而在今天，在社会要求企业更多地承担社会责任，而企业也必须更加注重社会声誉的现时代，企业决策的伦理后果也需要引起管理者更多的关注。我们把关注伦理后果，在追求经济效益的同时力争使企业的行为符合社会道德规范要求的企业决策，称之为伦理决策。

企业的伦理决策包括以人为本、用户至上、不断创新、竞争进取、质量兴企、勇于承担社会责任。它们之间互为条件、相辅相成，引导和激励着企业全体员工的行为乃至整个企业的行为，形成企业文化的力量，给企业带来巨大的收益。

（二）CEO的伦理决策

CEO作为企业的重要决策者，为了企业的长久发展，必须保证其决策能够关注伦理后果，即在追求经济效益的同时保证企业的行为符合社会道德规范的要求。关于CEO如何进行伦理决策，可以从两个方面来探索：“一是CEO面临哪些涉及伦理道德的问题需要他们在决策时正确对待；二是CEO在决策过程中应遵循何种伦理思想作为指导原则。”①

在企业经营管理中，CEO会碰到与伦理有关的诸多问题。比如，美国在20世纪90年代初对许多公司进行了大规模的调查，了解美国工商界人士对伦理政策与规程的看法，包括工商企业所面临的伦理问题以及相关的决策原则等。这一调查材料是根据对711家企业的研究总结出来的。通过调查，把他们搜集到的各企业所面临的主要伦理问

① ［美］劳拉·P. 哈特曼，乔·德斯贾丁斯，［中］苏勇，郑琴琴，顾倩妮. 企业伦理学（中国版）［M］. 北京：机械工业出版社，2011.

题进行排队，按其重要性排出26项问题：吸毒与酗酒；职工在企业内部有盗窃行为；企业与职工之间有利益冲突；对质量控制的掌握；工资福利等分配是否公平；有关资产信息的误用、不实；支出会计的不实；工厂关闭与停产；对公司的评估不当；生产造成环境污染；对其他公司、单位信息的误用；对竞争对手信息获取方法不当；账目与各种文档的不准确；收受过多的赠品与消闲享受；进行不实的广告与误导；给对方过多的赠品与消闲享受；收取佣金与回扣；企业内部员工私下交易；与地方社区拉关系；没有信用；行贿、受贿；政治上捐款等非法活动；与地方政府的不正当关系；与联邦政府的不正当关系；对政府的工时收费不准确；与外国政府及其代表机构的不正当关系等。面对这些问题如何决策，向企业CEO提出了挑战。从我国的情况看，上述许多问题都是我们所熟悉的，在某些方面甚至有过之而无不及。存在问题不足为奇，重要的是企业CEO如何对待。核心问题不在于是否认识这类问题的是非，而在于明知不对但为了本单位或某些个人的利益而不顾其危害于社会与人民大众。突出的问题如污染环境、损公肥己、贪污受贿等可以说禁而不止，流毒甚广，危害深远，值得政府、管理机构、企业领导共同深入研究。

CEO在企业伦理决策过程中应遵循的伦理思想大致有以下三种：

1. 功利主义的伦理思想

功利主义起源于18世纪到19世纪的社会和政治哲学。功利主义与部分产生现代资本主义市场经济的社会运动类似。很多新古典主义经济学以及企业和管理的模型都根植于功利主义。功利主义是以行动的结果来对是否去实施来进行决策，它选择对整体结果“更好”或者“最好”的方式来做事。

功利主义强调为最多的人提供最好的商品，支持民主机构和民主政治，反对职位小群体和政治少数派提供利益。功利主义者的决策都基于结果而进行，但这些结果都可能有每个情况的特殊方面，功利主义者都有很实际的倾向。也就是说在某个情况下所有的事情都没有绝对的对与错，它只重视结果的影响。例如某企业对童工的使用。童工的使用肯定存在某种程度上与伦理相悖的问题：童工遭受身体和心理的伤害，被剥夺了受教育的机会，所获得的低工资并不能使童工及其家庭脱离贫困等。但是，换一种结果进行比较，如果拒绝为贫困地区的孩子提供当童工的机会，这些孩子们可能仍然没有受教育的机会，他们的生活会更加贫困；没有工作的机会，这些孩子得到钱的途径可能是通过其他非法途径获得。所以，在功利主义看来，允许童工在工厂里做工并赚取一定的收入，对这些孩子来说是最好的结果。

功利主义认为，最有效的经济是自由市场下的资本主义经济。这就要求企业应该以寻求利益最大化为目标，这个观念对于企业社会责任来说至关重要，通过追求利益，企业保证稀缺资源发挥最大的价值，并保证这些资源得到最合理的利用。因此，竞争性的市场是实现功利主义的目标，即幸福最大化的最有效手段。

2. 道义主义伦理思想

功利主义以结果进行决策就伦理而言只是负责任的决策的一部分，一些决策应该以原则为中心。当原则比结果更重要时，社会和组织就需要遵循某些原则来体现伦理道德，也就是这里需要论述的道义伦理。道义伦理原则可以被看做某种规则，这种伦理的方法告诉我们应该遵守哪些规则，即使这些规则最后并没有带来好的结果，甚至会带来更坏的结果。规则或原则创造了能够约束行为的义务。商业环境中的决策包括了很多需要遵守的规则，即使结果并不受人欢迎，还有很多规则来自我们进入的机构以及我们所承担的社会角色。例如，每个企业都规定了一系列希望员工遵守的规则，有些是明确规定的行为规范，有些是员工手册里的规则，而有些则仅仅是领导简单的规定。如果组织当中的所有成员始终处于非常自由的状态，那么这个组织的运作就是无效的，任何合作性的活动都需要成员间彼此的合作，它需要每个成员都遵守其中的规则。

道义伦理的基本原则就是尊重每个人的尊严，不能把他人作为达到我们目的的工具。我们基本的义务是视他人为独立的个体，每个人都有自己的目标，因此不能仅仅成为他人达到目的的工具。每个人都对其他人有相同的义务，所以我们每个人都有基本的道德权利——有权利被他人尊敬，他人不能只把我们当成工具，每个人都有权利被视为自主的个体。因此，道德权利是道义伦理的核心。每个人内在的尊严意味着我们不能随意对待他人，道德权利保证每个个体尊严免受损害，不能随意把他人当成手段和工具，在道德权利的要求下，一些行为和决策是禁止的。

3. 公平正义原则伦理思想

美国哈佛大学教授约翰·罗尔斯的《正义论》一书，自 1971 年问世后，在西方国家引起了广泛重视，被视为第二次世界大战后西方政治哲学、法学和道德哲学中最重要的著作之一。正义论认为，基本的伦理制度作为保证社会合作的因素是十分必要的。其理论包括两个主要成分：一种决定正义原则的方法，这种方法用来管理社会；这个方法发展出的特殊原则。为了确保原则的公平公正，假设每个人都不了解他们生活的具体细节或特点；他们都不了解自身的能力和缺陷以及优势和劣势；他们也并不了解自己在现代社会结构中的位置如何。按罗尔斯的观点：他们在“无知之幕”之后。当他们从幕后走出来时，必须遵从在“无知之幕”掩盖时制定的规则。为了确保每个人被当成目的而非手段，这些人必须全体对原则达成一致。这些最初的条件，罗尔斯称其为“原始位置”，它保证所制定的原则是公平的，这是罗尔斯公平概念的最基本价值。

“原始位置”的概念，意味着要在“无知之幕”的遮盖下做出决策，这是罗尔斯公平正义原则伦理思想的核心，它认为公平是一个公正决策和一个公正组织的最核心元素。我们应该按照这种方式进行决策，我们的社会结构应该用这种方式组织，无论我们是谁，这种方式对于我们来说都可以接受。

在这种决策过程中出现的公平的特殊原则，对于经济和企业机构的决策来说都是具有价值的工具，其原则是每个人都有平等的权利来享受最大限度的自由，社会的利益和负担应该被平等分配。

二、CEO 的伦理道德素养

企业决策是由 CEO 或董事会作出，他们的道德素养直接反映了企业决策者的伦理道德素养。CEO 的伦理道德素养包括个人的价值观念和个人的道德发展水平。

（一）CEO 的个人价值观念

个体的决策和行动都是有目的和手段的，而目的和手段都是建立在某种信念或价值观之上的。价值观就是一个人选择行动所根据的信念，它指导着个人的行动和行为，是个体进行决策的依据。一个人有什么样的价值观，在很大程度上决定了他会作出什么样的决策和行动。因此，CEO 所具有的道德价值观念是做出合乎道德决策的关键因素。

CEO 所具有价值观念可以分为两种：终极价值与工具价值。终极价值是指 CEO 对人生的终极目标或最终生存状态的信念，比如身心健康、友爱情谊、创造，乃至功成名就等等。工具价值观是指人们认为是正确的达到终极价值的手段和行为方式，如勤奋、诚信等。经调查表明，大多 CEO 最看重的终极价值是“自我实现”、“家庭安全”和“自由”，最看重的工具性价值则是“负责”、“诚实”和“能力”。工具价值虽然是达到终极价值的工具，但它们具有自己的相对独立性，因为不同的终极价值会引起相同的工具价值，比如“自我实现”这种终极价值不同于“功成名就”这种终极价值，但它们可能都会产生“勤奋”的工具价值；“利他主义”不同于“利己主义”，但它们都可能会引起“诚信”。不道德的终极价值往往会引起不道德的工具价值。

CEO 的价值观在企业决策中起着基础性作用，但这种作用的大小取决于其他因素。就 CEO 而言，主要有两种因素起着或大或小的作用：一是 CEO 的自信程度。自信心强的 CEO 不容易受别人的影响，这样的 CEO 在为人处世中更加依赖于自己的信念或价值观。二是 CEO 的自控感。自控感差的 CEO 相信人生是被命运或运气决定的，因此责任感较差，易受组织内的其他力量影响；而自控感强的 CEO 则相信人生是由自己和自己的行为决定的，因策责任感较强，易依赖自己的价值观来指导行为。

（二）CEO 的伦理道德发展水平

CEO 的伦理道德水平随着个体的成长和外部环境的变化，指导着 CEO 行为的外在规则会逐渐内化，变为内在的理想、信念和良心等，于是外在的规则和标准就为自我的内部控制所取代。总的来说，CEO 的道德发展可分为以下一些阶段：

阶段一，道德的标准是有形的后果，正确的行为是为避免惩罚。

阶段二，道德的标准是个人需要的满足，正确的行为是为了满足自己的需要。

在前两个阶段的道德水平发展中，CEO 的道德发展需要都是以个人为中心的。

阶段三，道德的标准是得到他人的赞许，正确的行为是为了他人把自己视为好人。

阶段四，道德的标准是合法，正确的行为是为了遵循法律与权威。

在这两个阶段的道德发展水平中，CEO 的道德发展是以团队为中心的，其道德水平的提高是为了获得他人和社会的认同。

阶段五，道德的标准是尊重个人的权利和社会的一致，正确的行为是为了遵循社会契约。

阶段六，道德的标准是普遍的原则，正确的行为是由于认识到了正义和公平的原则以及普遍的人权。

并不是所有的 CEO 的道德发展都能达到上述的六个阶段的水平，CEO 在道德发展的道路上达到的阶段越高，其决策和行为也会越趋向于道德。

良好的职业道德是CEO成为职业化管理者的本质要素。所谓德才兼备的人，在企业中最典型的代表就是企业CEO，其特点就是职业道德比较完满。CEO在从事并承担自己的工作职责中，与企业主之间建立了契约化的承诺和相互依存的关系。在这种关系中，CEO必须忠诚于自己的职责和组织的目标，必须审慎地寻找实现目标的手段并追求岗位职责的最优效果，同时必须全力以赴执行并承担相应的责任。忠诚、审慎、公正和勤勉是CEO职业道德中内在性的四个具有原则意义的准则。

三、CEO的胜任素质研究

胜任素质方法的应用起源于21世纪50年代初。当时，美国国务院感到以智力因素为基础选拔外交官的效果不理想。许多表面上很优秀的人才，在实际工作中的表现却令人非常失望。在这种情况下，麦克里兰博士应邀帮助美国国务院设计一种能够有效预测实际工作业绩的人员选拔方法。在项目实施过程中，麦克里兰博士应用了奠定胜任素质方法基础的一些关键性的理论和技术。例如：抛弃对人才条件的预设前提，从第一手材料出发，通过对工作表现优秀与一般的外交官的具体行为特征的比较分析，识别能够真正区分工作业绩的个人条件。胜任素质方法的应用是一项系统性的工作。它涉及人力资源管理的各个方面。许多著名企业的使用结果表明，这种方法可以显著提高人力资源的质量，强化组织的竞争力，促进企业发展目标的实现。

（一）胜任素质概述

20世纪70年代初期，哈佛大学心理学家麦克里兰教授在其文章中正式提出了胜任素质的概念。他认为：决定一个人在工作上能否取得好的成就，除了拥有工作所必需的知识、技能外，更重要的取决于其深藏在大脑中的人格特质、动机及价值观等，这些潜在的因素能较好地预测个人在特定岗位上的工作绩效。麦克里兰把这些能区分组织环境中特定工作岗位绩效水平的个人特征定义为胜任素质，也叫胜任力。

关于胜任素质的定义，总的来说可以分为两种不同的观点：一种观点认为，胜任素质说明的是潜在的、持久的个人特征；另一种观点认为，胜任素质应是个体的相关行为的类别。尽管胜任素质的定义各不相同，但各种定义中都直接或间接地指出了胜任素质概念的精髓：知识、技能、态度和特质。同时，各种不同的定义揭示了胜任素质与工作绩效两者之间的密切关系：胜任素质在工作中得以体现，与工作绩效密切相关。另外，由于人的知识、技能、态度和特质等因素总是处于不断变化的过程中，因此胜任素质并不是一成不变的，可以通过训练与发展等途径来逐步增强。

（二）CEO在企业经营中应具备的素质

1. 个人素质

在企业经营管理中，CEO的个体素质决定了他是否能胜任企业的要求，并带领企业员工通过各项决策和经营管理来提升企业的价值。作为企业的领导者和决策者，CEO应该具备以下个人素质：

前瞻性：CEO要综观全局，并把整体观点通告给企业员工。这样，企业内所有人员就可以树立一个共同的目标，从而达到发动群众、将大家的努力协调一致，创建一个单一的、有凝聚力的、生机勃勃的组织。

信任：没有信任，前瞻性就会成为一句空话。信任能把人们团结在一起，为创建一个坚强有力、使人心情愉快的团体群策群力。要树立起信任之风，CEO 要能与别人交流信息，分享权力。其目的是营造诚实的文化氛围。

参与意识：一个机构的能力大小在于其员工的参与意识和奉献精神。CEO 要调动员工积极性，使他们劲往一处使，激发起全部门所有员工全身心地参与奉献。

求知欲：CEO 对自己要有深入的了解，对自己的长处与不足必须有清楚的认识。这要求 CEO 坚持不懈地探索发现。CEO 还必须能够适应新的环境。CEO 所领导的机构也要有这样的能力，必须不断地改善和创新。CEO 还必须鼓励员工更新思想观念，学习掌握新技能。

多样性：高超的 CEO 懂得多样性的重要作用，也了解偏颇的害处。他们明白，自己也有某些偏好，于是就以赞赏的态度鼓励人们各有侧重的积极方面。在其所在部门，他们一心一意地创造一种相互尊重的文化氛围。

创造性：在聪明的方法比高强度劳动更能发挥作用的社会，创造性是至关重要的。CEO 对员工的聪明才智也特别留意，取其长，弃其短，要鼓励员工大胆地进行独立思考，并在技术方面做出投入，以使员工的聪明才智得以充分发挥。

笃实精神：CEO 必须有信仰。作为社会公民，以个人身份，他应懂得，根据奉行多年的原则标准，生活中什么东西为重为大。所有明智的领导者都有自己的道德准则，都有自己的是非观。好的 CEO 知道，遵守道德规范是很划算的事。

集体意识：社会需要公民共同承担义务，社会鼓励最佳的行为表现。邻里之间，人与人之间，人敬我一尺，我敬人一丈，乃人之天性。成熟的 CEO 都很重视其所在部门对周围社会所承担的责任。CEO 还应该视自己为自然环境的管理人。

以上八种个人素质是个体作为企业 CEO 必备的要素，是领导一个企业迈向成功的核心内容。

2. 能力要素

一个好的 CEO 在带领企业奋勇前进的过程中，除了需要具备个体素质以外，还应该具备一定的能力素质，包括：

技术技能或业务技能。它对于组织中实际创造产品和提供劳务的基层或一线管理人员来说最为重要，这些能力包括方法、程序和技术等方面。随着管理人员在组织层次中逐步上升，业务知识的重要性逐步下降，对其他种类的能力的需求则开始增加，这时 CEO 越来越多地依赖下属的业务能力。但是，如果企业 CEO 不了解技术技能和业务技能，在进行决策中，是不能科学地进行决策的。

人文技能或交际技能。这些技能和激励、处理冲突、配置协作精神等能力有关。它们涉及 CEO 与接触的人们之间的人际关系。对于任何层次的领导者来说，交际能力的重要性是一样的。CEO 必须对人们的态度、感情和需要作出灵敏的反应，估计人们对自己的言行将作出怎样的评价。

观念技能或概念形成技能。观念技能对组织中的高层领导者来说是最为重要的，它要求领导者要具有长远规划、广泛思考和培植精神关怀的能力。这些能力通常包括分析能力、逻辑思考能力、创造能力以及预见能力。在一个组织中，并不是所有的管理人员都具有概念形成能力。例如，如果一名颇有成效的推销员无法把其娴熟的业务能力转化为概念形成能力，那么他就只能一辈子与推销为伍，而不能成为推销部的领导者。

（三）胜任素质与企业 CEO

胜任素质是一个人潜在的素质，隐含着表现力或思考力，这种力量可以类推到个人工作或生活中各种不同的情况，它包括如下几个层面：

知识：指个人在某一特定领域拥有的事实型与经验型信息。

技能：指结构化地运用知识完成某项具体工作的能力。

社会角色：指一个人基于态度和价值观的行为方式与风格。

自我概念：指一个人的态度价值观和自我印象。

特质：指个性身体素质对环境和各种信息所表现出来的持续反应。

动机：指一个人对某种事物持续渴望进而付诸行动的内驱力。

从上述对企业员工胜任素质的具体要求我们不难看出，一个企业要选择一名合格的 CEO 就需要对可能的个体从以上各个方面进行细致的考察；作为个体，要符合一个企业对 CEO 的要求，必须在知识、技能、社会角色扮演、自我认识、特质、动机等诸多方面进行升华，力求适应企业要求。

四、如何形成和提升 CEO 的人文素质

管理大师彼得·德鲁克曾说过：“卓有成效的管理者正在成为社会的一项极为重要的资源，能够成为卓有成效的管理者已经成为了个人获取成功的主要标志。”如何成为一个卓有成效的管理者呢？卓有成效的基础在于管理者善于自我管理。成为一个卓有成效的管理者是每一个 CEO 的职业梦想，也是每一个 CEO 核心竞争力所在。通过前面的分析，我们认识到人文素质在 CEO 综合素质中的重要性。那么 CEO 应该如何提升自身的人文素质呢？概括而言，主要包含了以下九个方面的内容①。

（一）学会准确的自我定位

CEO 在职业生涯过程中的首要问题就是学会定位自己的角色，明白自己在企业经营管理中处于什么位置，应该做什么，不应该做什么，如何发挥自己的作用为企业和自己创造价值。角色定位不准或不清晰，就容易造成角色错位，角色越位，角色不到位和角色迷失等现象。轻者产生人际关系不融洽，工作摩擦多，绩效下降，重者则频繁跳槽或被淘汰出局。

（二）清晰自己的目标，让目标引导自我

目标决定成功，CEO 要将自己的职业目标与人生目标有机地结合起来，形成清晰

① 宋振杰．自我管理：经理人九大能力训练［M］．北京：北京大学出版社，2006.

的认知，并在个人发展（包括健康与能力拓展）、事业经济（包括理财与事业发展）、兴趣爱好（包括休闲与心灵感悟）、和谐关系（包括家庭关系与社会关系）等方面实现协调与平衡，让目标引导自我，提升自我价值观，依照自己的价值观做好自己的人生决策。

（三）提升自己对时间的管理能力

人生管理实质上就是时间管理，时间的稀缺性体现了生命的有限性。卓有成效的CEO要最终表现在对时间的管理上，表现在能否科学地分析时间、利用时间、管理时间、节约时间，进而在有限的时间里创造出自身职业的最大化价值。

（四）锻炼自我沟通能力，用语言提升自我价值和工作效率

研究表明，70%以上的管理工作是在沟通中完成的，70%以上的管理问题是因为沟通不畅造成的。所以，CEO应该了解在企业经营管理中沟通的含义，不断提升自我语言表达和沟通能力，掌握信息发送、接收的技巧，善于倾听和反馈，才能在与客户、企业主、下属、同事等人际交往中争取主动，提高工作效率和效果。

（五）善于管理自己的情绪

不少能力出众、业绩不俗的经理人，一直得不到提拔和重用，在调查中发现，不是因为他们的品质有问题，而是他们情商欠缺的缘故。有些人简单地将情商等同于人际关系，这其实是一种误解。CEO只有在认识自己、控制情绪、自我激励的同时，了解他人、接纳他人并掌握建立良好人际关系的技巧，才能达到自身的和谐与人际关系的共赢。

（六）规划自己的职业生涯

职业生涯管理是人生目标管理的核心内容，直接关系到CEO的成败。CEO必须在明确自己的职业倾向、评估职业环境的基础上，科学理性地规划自己的职业未来，才能将自己的目标通过持续的行动变成现实。

（七）经营自己的人脉，形成良好的社会关系网络

人际关系是第二生产力。对于企业CEO来说，个体素质与专业能力是利刃，人脉是秘密武器。所以，CEO要想在企业发展中获得更大的成功，就需要对人脉资源进行有效的规划、整合、经营和管理。

（八）学习创新

知识经济时代，经理人的职业竞争力最终将体现在学习能力与创新能力上，在工作中学习、在学习中创新将是每一个职业CEO的基本生存方式。如何学？学什么？怎么学？对这些问题的不同回答与选择将决定不同的职业成就和人生前程。

（九）保持身心健康和愉悦

CEO的身心健康是企业健康的基础，因为CEO是企业战略的制定者和执行者，CEO的生命健康不能不牵扯到企业组织的战略发展和经营管理。所以在充满巨大压力

的职场中，CEO必须重视自己的身心健康和家庭健康，愉悦自己的身心，保持积极的心态，这样才能在职场中以饱满的精神、昂扬的斗志和充沛的精力去迎接职业挑战，创造企业辉煌。

【本章小结】

本章第一节从企业的经营与管理入手，分析CEO产生的背景，并对CEO的概念、职能进行详细论述；第二节通过对企业伦理价值体系的分析，强调CEO的伦理素养对企业发展的重要作用，并指出对CEO提升自身人文素质的具体途径。通过对本章的学习，要初步了解企业CEO的概念以及其在企业中的职责和作用，掌握CEO伦理决策的依据和方法，能够认识到CEO的伦理道德素养对企业发展的重要作用，并学会分析CEO提升自身人文素养的方式方法。

【思考与练习题】

一、名词解释

1. CEO
2. 企业的伦理决策
3. 企业的经营与管理

二、简答题

1. CEO的职能有哪些？
2. 如何形成和提升CEO的人文素质？

三、论述题

CEO在企业经营管理中应具备哪些素质？

四、思考题

如何才能做一个出色的伦理型CEO？

【本章参考文献】

[1] 陈少峰．企业文化与企业伦理［M］．上海：复旦大学出版社，2009.
[2] 何怀宏．伦理学是什么［M］．北京：北京大学出版社，2002.
[3] 曹凤月．企业伦理学［M］．北京：中国劳动社会保障出版社，2007.
[4] 朱贻庭．中国传统伦理思想史［M］．上海：华东师范大学出版社，2000.
[5] 赵德志．现代西方企业伦理理论［M］．北京：经济管理出版社，2002.

［6］［美］劳拉·P. 哈特曼、乔·德斯贾丁斯，［中］苏勇、郑琴琴、顾倩妮. 企业伦理学（中国版）［M］. 北京：机械工业出版社，2011.

［7］宋振杰. 自我管理：经理人九大能力训练［M］. 北京：北京大学出版社，2006.

［8］徐大建. 企业伦理学［M］. 上海：上海人民出版社，2002.

［9］张应杭. 企业伦理：理论与实践［M］. 上海：上海人民出版社，2001.

［10］张秀玉. 企业战略管理［M］. 北京：北京大学出版社，2002.

［11］蒋运通. 企业经营战略管理［M］. 北京：企业管理出版社，1996.

［12］徐仁明. 企业战略管理［M］. 北京：中国经济出版社，1998.

［13］刘红叶. 企业伦理概念［M］. 北京：经济管理出版社，2007.

［14］冯子酉. 企业战略管理［M］. 北京：经济科学出版社，2005.

［15］谭云清，朱荣林，韩忠雪. 产品市场竞争、经理报酬与公司绩效：来自中国上市公司的证据［J］. 管理评论，2008.

［16］李新春，苏晓华. 总经理继任：西方的理论和我国的实践［J］. 管理世界，2001，(4).

［17］刘星，蒋荣. 中国上市公司 CEO 继任特征与公司业绩变化关系的实证研究［J］. 管理科学，2006.

［18］薛毓. 西方 CEO 继任者来源理论及成本收益分析［J］. 江苏商论，2003.

［19］黎冲森. CEO 的困境与出路［J］. 企业文化，2010.

［20］裴明宪. 董事长、总裁和 CEO——浅谈公司高管的称谓与实质［J］. 明宪商业评论，2005.

第二章　企业伦理建设与投资

【知识目标】

理解企业伦理的含义；
理解企业伦理建设的概念；
理解企业伦理投资的概念；
了解企业伦理建设与投资的意义。

【技能目标】

学会分析企业伦理建设与投资的方法与途径。

【本章内容】

第一节　企业伦理建设

一、企业伦理

“伦理”一词最早见于秦汉之际成书的《乐记》：“乐者，通伦理者也。”证明音乐对于陶冶品性、疏通人伦的作用。“伦”，从人从仑，即人的辈分关系，指人与人之间的关系。“理”的本义是治玉，即雕琢玉石，“玉之未理者璞，剖而治之，乃得其鳃理。”[①] 所以，“理”即道理、规则、原则。“伦”与“理”合起来就是人们在处理相互关系时的规范、准则。孟子将基本的人伦关系概括为五种：父子、君臣、夫妇、长幼和朋友；而处理、协调这五种关系的行为准则便是“父子有亲，君臣有义，夫妇有别，长幼有序，朋友有信”[②]。这“五伦”成为此后两千多年中国传统道德的“伦常之理”和核心内容，关注人伦也始终是中国哲学的重要特点。在西方，伦理学作为一门独立的学科由古希腊的亚里士多德在公元前3世纪创立。亚里士多德创造了“伦理学”（Ethica）这一名词来表述他关于人生完美和幸福的学问。在他看来，人生的目的即是幸福，幸福即是至善。因为人是有理性的动物，人的本性和人所特有的功能就是能根据理性原则而过有理性的生活，即道德生活，因此，幸福和实现幸福的根本条件就在

① 摘自《战国策》。
② 摘自《孟子·滕文公》（上）。

于具有德性或美德。

企业伦理是企业与其所有利益相关者建立关系及互动时应遵守的规则或行为规范。因此，企业伦理是伴随着企业生产经营活动的全过程的。“企业伦理就是要求企业在处理与组织内外部的‘人’的关系时，包括员工、顾客、供应商、竞争对手、政府和其他公众的关系中，不断改善自己，更有效地满足人们和社会的需要，做一个追求平等互利、诚信经营、尊重他人、关心公益的优秀‘社会公民’。”① 企业伦理是关于善恶的规范，它告诉企业哪些经营活动是善的、应该的，哪些经营活动是恶的、不应该的。究竟什么是善的，什么是恶的，正是企业伦理学要研究讨论的核心问题。

企业伦理学的英文名称是“Business Ethics”（有时也译作“经济伦理学”、“商业伦理”、“商业道德”），是近二十年才兴起的一门新的交叉学科。20 世纪 50 年代末 60 年代初，西方国家出现了一系列有关工商企业活动的丑闻，包括行贿受贿、规定垄断价格、胁迫或欺诈交易、不平等对待或歧视员工等，丑闻的曝光唤起了社会对企业伦理的关注。80 年代以来，企业伦理的研究和实践在许多国家展开，管理与伦理结合已成为现代企业管理的发展趋势。企业伦理学既是一门应用性的规范伦理学学科，又是在工商管理领域内发展起来的、在大学的工商管理学院或商学院开设课程的一门管理学学科。

二、企业伦理建设的含义

企业伦理建设是指在明晰企业伦理道德规则的基础上，通过一定的方式、途径把企业经营中必须恪守的伦理道德规则转化为企业成员内在的自觉要求，并体现在企业生产经营活动中。

企业进行伦理建设，一方面是由企业的特性所决定的，另一方面也是由市场经济的要求所决定的。过去，人们往往只从经济学的角度观察企业，能否带来经济效益成为衡量企业的唯一指标。随着社会的发展，人们日益认识到，企业作为社会的基本单位，是既具有经济性又具有伦理性的双重实体。企业以利益为中心形成的各种关系，既是经济关系也是伦理关系。企业的这种特性，表明伦理道德活动与经营活动具有内在相容性，正是这种双重性，要求企业在注重利润增长的同时，关注道德成长，重视企业伦理建设。

市场经济是交换经济，任何一个市场主体都希望在交易地位平等的情况下，交换到自己认为价值相当即“等价”的商品。市场主体为保护商品交换的顺利进行，形成了包括法律、法规、守则、公约等形式在内的市场规则。企业要实现自身利益，必须遵循市场经济的游戏规则和内在的道德律令，这就需要通过伦理建设，把市场经济的道德要求，转化为企业恪守的伦理准则，在自觉遵守市场规则要求的基础上实现自身利益目标。

亚当·斯密认为，“良好的社会制度和政治制度，将能够给那些既有利于个人完善又有助于他人幸福的品质提供培养和发挥作用的环境，同时又能够有效地控制那些损

① 成刚．利益相关人与企业伦理［M］．上海：华东理工大学出版社，2006：66.

人利己的恶劣品质和行径”。[①] 企业伦理建设发展与完善，将会在全社会营造出一种来自于制度安排的伦理环境，使企业道德行为的践行得到制度力量的有力支持和调整，督促并保证企业诚信的实现。

三、企业伦理建设的意义

企业伦理建设的滞后及企业伦理的缺失将导致企业经营短视，丧失远大目标，从而损害产业利益，降低忠诚度，发生品牌转移或消费替代，进而威胁到行业的生存与发展。企业伦理建设的缺失，直接或间接地破坏了社会秩序，对自然环境造成短期或长期的破坏，使经济处于低层次竞争，阻碍国家经济竞争力的提升。另外，企业的不道德行为在社会互动中，会发生辐射、传递、碰撞，干扰人们的价值判断，甚至扭曲人们的经济伦理观念，从而造成人们对真善美追求的漠然，严重损害人际间的真诚关系，破坏社会和谐。

企业伦理建设的目的就在于制止不道德的生产经营活动，倡导符合道德的经济活动，从而提供一种高效率的经济管理。从经济管理的目的或效率的角度去看，我们可以把企业伦理的功能归纳如下。[②]

（一）宏观的经济效率需要以企业伦理为基础的经济秩序

从宏观上看，整个国民经济的有效运行乃至低效运行都要以某种经济秩序为前提。所谓经济秩序，是指经济活动必须遵守各种规章制度和法律法规。不难设想，如果经济领域中不存在规章制度和法律法规，人们的经济活动可以任意妄为，或者虽然存在着各种规章制度和法律法规，但人们都不予遵守，形同虚设，那经济活动是无法搞下去的。

然而经济领域中的规章制度和法律法规的最终依据是什么呢？我们最终根据什么东西来制订出这些规章制度和法律法规呢？按照上述分析，是伦理道德。经济活动和其他活动一样，都必须在一定的道德制度中进行，都要受到其制约，遵循一定的行为规范；如果经济活动可以不讲道德，不受符合道德的经济制度或行为规范的制约，任意侵犯他人的权利和利益，那么经济活动最终必然陷入利益冲突，轻者会破坏人与人之间的信任合作关系而降低效率，重者则会使经济管理活动陷入无政府状态而无法进行。

所以，伦理道德是经济秩序的基础，是经济管理活动的必要前提，不讲伦理道德，就会破坏经济秩序，破坏有效的经济管理活动；反之，要进行有效的经济管理活动，就必须要讲伦理道德，遵守经济秩序。

（二）有效的企业管理需要以企业伦理为基础的经济秩序

为了维护经济秩序，维护人与人之间的合作关系，使经济管理活动能够有效地进行，就必须对侵犯他人权益、危害经济制度的不道德经济管理行为进行制裁。这样，

① 吴丽兵，张宪平．信用建设与企业伦理环境优化［J］．思想政治工作研究，2004.

② 徐大建．企业伦理学［M］．上海：上海人民出版社，2002：5.

不道德的经济管理行为就会以损人开始，以害己告终。

20 世纪 80 年代雀巢公司在美国的子公司 Beech－Nut 公司陷入了刑事诉讼，被指控销售掺假冒牌苹果汁。事件起因于供应商以 25% 的价格优惠向 Beech－Nut 公司提供假苹果汁原料，公司有关人员虽然也怀疑过苹果汁的纯度，但因为价格优惠能使公司在不景气的情况下达到成本控制的目标，而销毁存货则会使原来答应给母公司仅有的 70 万美元的利润毫无希望，而且当时还不存在决定性的苹果汁实验测试，于是公司虽然并非有意想欺骗顾客，但还是把这种怀疑和顾客的利益放到一边去了。结果，公司的全部损失，包括罚款、诉讼费用和损失的业务，估计达 2500 万美元。从以上例子可以看到，在成熟的具有较高经济效率的市场经济社会中，不道德的工商活动必将受到社会的严厉制裁。

（三）高效的企业管理需要以企业伦理为基础的企业信誉

现代市场经济是一种建立在复杂的信用关系之上的信用经济，交换双方都以信用作为守约条件，构成相互信任的经济关系，信用经济的有序运行，需要一套严格的信用制度作为保障。信用制度是指市场经济条件下国家监督、管理和保障个人和企业资信活动的一整套规章制度和行为规范，它包括个人信用制度和企业信用制度两个方面。发达的市场经济国家，大多建立了比较完善的信用制度，有专门的机构对经济行为的诚信程度进行监督、评估，确立资信等级，并通过独立的信用中介机构真实地公布各类信用资料，以具有社会舆论压力作用的发达的信用网络，对违规失信行为做出强有力的制约。我国目前缺少全国性的信用管理体系，尚未出台关于信用的专门法律、法规、政策，信用资料数据库的建立相对滞后，而且征信数据的共享与开放问题也没有明确的规定，社会信用服务机构的有效监管问题尚待解决。

为了更好地进行经济管理，我们也需要伦理道德，因为合适的价值观念和伦理规范可以说是最有效的经济管理手段。高效率的经济管理固然包括许多方面，如科学的生产和财务管理、明智的市场营销战略、产品和管理制度的不断创新等等，这些都可归结为两个方面：物的资源配置与人的激励约束。但我们不能不看到，物的资源配置最终还是要由人去做的，管理从根本上说是人的管理，高效率的管理从根本上说需要找到有效的激励人和约束人的手段，而从长远来看，伦理道德是最有效的激励和约束手段。

自 20 世纪 50 年代以来，有远见的管理大师越来越重视伦理道德在经济管理中的作用，普遍地把企业的经营之道建立在伦理道德之上，而世界上成功的大企业，无一不是把伦理道德作为自己的经营之道的。我国著名家电企业海尔集团总裁张瑞敏认为，海尔的经营之道"体现在内部和外部两个方面：在内部，公司尽量给员工创造良好的环境，让他们发挥最大的能量，我们称之为'赛马不相马'。在外部，我们有一句口号，叫'真诚到永远'。我们认为，用户的心是最有价值的东西，是用多少钱都买不到的。这几年，海尔相继兼并了 18 个亏损企业，现在这些企业都开始赢利。我们所做的一切，就是把海尔的'道'移植到这些企业中去"。

这些例子说明，在很大程度上，企业伦理是企业管理和经济效益的根本，尤其是在以公平交易为特征的现代市场经济中，以平等互利为基础的企业伦理的确是成功的企业管理和经济效益的根本。许多管理的名言，如“信誉是一个企业的最大资产”“顾客是上帝”“员工是企业的生命”等等，不仅具有丰富而深刻的内涵，而且揭示了经济管理与企业伦理的内在关系。

综上所述，从企业管理的角度说，至少有两个理由需要企业伦理。低层次的理由是，为了维护经济秩序，使得经济活动能够正常运行，企业管理活动能够正常开展，我们需要一些行为规范来约束人们的经济行为；高层次的理由则是，为了建立人与人之间的信任关系，进而建立起工商行为主体的信誉，更好地进行管理，我们需要一定的价值观念来指导人们的经济行为。

四、我国企业伦理建设的现状

中国的经济改革取得了举世瞩目的成就，在建立社会主义市场经济的过程中，经济持续高速增长，越来越多的中国企业走向国际市场。当面对众多陌生的国际商业伦理道德标准时，我国企业逐渐意识到构建企业伦理道德体系的重要性。安然、世通等事件让我们看到，企业的不道德行为对企业自身以及整个社会的危害性。当伦理的发展跟不上经济发展的节奏和步伐时，社会的进步必定要付出昂贵的代价①。目前，中国正面临各种信用危机、产品危机、品牌危机，在经济活动中也出现了种种不道德的现象，如欺诈、侵犯消费者权益、侵犯员工的权益、环境污染等，其中最引人注目的是，假冒伪劣产品盛行，贿赂或变相贿赂成风。

一部分企业丧失伦理道德、盲目追求经济利益，这不仅在微观层面上损坏了企业自身的商誉，而且在宏观层面上阻碍了市场经济体制的健康运行。我国企业由于诸多因素的影响，不少企业的伦理建设还存在一些偏差，主要表现在：

（一）企业制假售假，品牌侵权严重

日益激烈的市场竞争中，品牌效应日趋明显，于是制假、贩假等各种侵权方式开始层出不穷。侵权行为的泛滥，扰乱了市场秩序，严重侵害了企业和消费者的利益。

（二）浪费、低效现象严重，企业会计信息失真

企业资源消费失衡，甚至无端消耗，导致低效。一些上市公司包装做伪，公然“圈钱”，会计做假事件屡禁不止。

（三）企业间合同欺诈和违约层出不穷

据国家工商总局统计，我国每年订立合同40亿份，但履行率仅50%多一点，由于合同欺诈造成的直接经济损失达55亿元，由于“三角债”和现款交易增加的财务费用约2 000亿元。

（四）企业员工诚信素质较低

主要表现为：一是典型的“双违”行为，不是违反国家法律，就是违反企业的规

① 徐树．试论我国企业伦理建设的策略与实施路径［J］．商业时代，2008.

章制度，因而干扰了企业的正常生产。二是员工整体的职业化程度较低。

（五）处于弱势地位的企业利益相关者权益难以保障

社会结构重组中资产所有者和经营者阶层的出现以及富有者和贫困者的两极分化，导致利益分配、社会保障、劳动安全与卫生等问题越来越突出，劳资关系的矛盾和冲突也日益加剧。

（六）违反安全、环保法规的生产经营现象较多

如违规排放工业“三废”造成环境污染，违规操作导致安全事故发生，违规使用工业添加剂、辅料等危及人民生命健康等。

综合分析我国企业的现状，造成当前企业伦理建设问题与偏差的具体因素有以下几个方面：

1. 企业领导因素

随着经济制度的转变，在对经济利益的追求中，企业的经济功能被突出和强化，而企业应当发挥的道德教育功能则在有意无意中被弱化，结果是企业家伦理决策意识淡漠，伦理判断力不高。

2. 企业文化因素

实施人本管理，加强企业文化建设已成为企业共识，但许多企业缺乏明晰的企业伦理管理意识，使我国企业内部普遍缺少一个科学的伦理管理制度和有效的监督制约机制。

3. 企业员工因素

企业员工由于传统文化与现代市场经济的碰撞和矛盾而缺乏伦理意识也是导致企业产生不道德行为的一个重要原因。

4. 社会文化因素

社会文化的背景在很大程度上规定了这个社会的企业伦理或企业经营管理的道德价值观，确定什么样的文化作为现阶段的主流文化，将会成为影响整个社会和企业发展的重要因素。同时，法律法规的滞后与不完善对企业伦理建设也带来很大的负面影响。

5. 市场因素

由于社会主义市场经济发展的历史较短，市场体系不健全，以至于某些企业为了获取利润而采用不正当的手段参与市场竞争。同时，如果消费者整体素质高，善于通过法律等手段来维护自己的利益，就势必使企业将消费者的利益放在首位，注重社会的利益、注重整个社会生态的平衡。

现代市场经济正越来越成为一种规范经济、信誉经济、文明经济、法制经济，现代市场上的企业家已不是市场初生阶段时那种唯利是图的形象，而是讲法制、讲规矩、讲道德、讲文明的现代企业家形象。因此，在现代社会和市场中，在一个讲道德、伦理、文明的社会和市场中，企业的信用、声誉是一种无形的资本、潜在的市场。这种无形的资本、潜在的市场是企业发展中长期起作用的因素。一个企业越是具有伦理道德水平，就越有可能在市场上和社会上赢得消费者和同行的信任和声誉。从这个角度

看，企业伦理建设虽然直接提高的是企业的伦理素质、伦理水平、伦理价值、伦理形象，但这种伦理素质、水平、价值、形象的提高却可以转化为企业的经济效益，转化为企业在经济上的利润和收入。

五、企业伦理建设的途径

在前面的讲述中，我们分析了企业伦理建设对企业、消费者、社会的作用和意义，本节我们主要讨论企业伦理建设实现途径。要构建完备的企业伦理建设体系，就需要从以下方面着手：

（一）外部建设

所谓外部建设，实质上是以社会环境的道德氛围及公众舆论压力为主要制约力量促使企业符合伦理经营的形式，它是一种低层次但最基本的形态。这种方式与美国心理学家斯金纳（B. F. Skinne）的“强化理论”①是相通的，也就是说，只要控制了行为的后果（奖励和处罚），便可按控制者的意图引导和制约人的行为。但斯金纳的理论过于机械化和简单化，没有充分考虑人的行为是多种因素合力导致的结果，控制过程中同样的强化手段未必都能达到同样的控制效果。

1. 构建完备的法律体系

一国法制的完善程度和社会道德状况往往是成正相关关系的，法律制度强制规定人们的行为活动领域，人的活动如果超出了这一领域就会受到处罚，因此法律制度具有伦理教育作用，外在的制度约束会转化为个人的自我约束，伦理水平由此得以提升。通过健全与完善法律体系会对企业行为形成强约束，促使企业尽快形成遵循社会道德规范的行为习惯。完备的法律体系也成为促进企业伦理建设的基础。

2. 正确行使政府的宏观调控职能

在运用市场机制这只看不见的手促进资源的合理配置的同时，由于市场本身所固有的缺陷，政府必须介入，这在西方已经成为一种共识。亚当·斯密也早就提出，“要确保市场这只看不见的手在市场中追求个人私利的同时达到利他的效果，就必须要有政府这只看得见的手的介入”②。西方政府在企业伦理建设方面，一方面政府尽可能地建立和完善市场体系，通过税收、财政政策以及货币政策促进社会保障体系的完善，给企业创造一个良好的外部环境；同时政府不把行政的伦理规则强加给企业，让企业在市场上享有自主的权利。另一方面，政府引导开展道德改革运动，转变企业的经营道德观念。在中国，政府由于转变职能尚不到位，仍在过度干预市场，权钱交易和腐败行为常使市场在功能上发生异变。因此转变政府职能、提高政府效能成为当务之急。政府的经济职能在于发展市场体系，建立健全社会保障体系，采取必要的调节措施避免经济运行的周期性震荡，使得企业能在自利和竞争的压力下主动承担社会责任，以

---

① 斯金纳认为人的行为是由外部因素控制的，当人们因采取某种理想行为而受到了奖励时，他们最有可能重复这种行为。奖励越及时，则奖励越有效；当某种行为没有受到奖励或者是受到处罚时，其重复的可能性则非常小。

② 夏绪梅．企业伦理建设的途径探讨［J］．改革与战略，2003.

社会伦理规范为准绳从事生产经营活动。政府还需要与银行、中介部门、税务、海关、工商及驻外机构等部门彼此协调，建立全国性的公开的综合社会信用信息网络，以提供各类企业的各种信息。

政府要培育和发展一批具有相应执业能力和职业道德的信用中介机构，为社会提供高质量的信息服务。企业伦理建设，需要全社会加强信用教育和宣传，政府在此是一个关键的主体，政府应切实保障公民的义务教育，并将对信用观念、信用意识、信用道德的宣传和教育贯穿在从基础教育到高等教育的实践过程中，从而提升全社会，包括企业的伦理水平。

3. 强化消费者的维权意识，增强消费者对企业经营行为的监督能力

在现代媒体十分发达的今天，企业在某一地区的不道德行为，通过媒体的曝光一夜之间就可传遍世界各地，从而直接影响消费者的购买决策。据市场研究表明：蒙骗而开罪一个消费者，其现身说法所引起的连锁反应会影响 25 ~30 个人的购买决心。同时，现在消费者又是潜在的投资者，他们可能会购买企业的股票成为股东，他们更愿意把钱放在具有社会责任的公司里。由此可见消费者对企业的存亡有着决定性的作用。一个企业成功的真正的标准是看这个企业能不能够长期生存下去，真正长命的企业通常都有一个简单的目标，就是让它的客户群满意，因此，谁能够赢得消费者谁就能够赢得市场，谁就能够长期生存并获得成功。在我国，消费者应该强化其维权意识，从而对重大的公共决策发生影响和进行民主的干预，发挥对企业的制约和监督作用。

（二）内部建设

内部建设指的是企业以内在的道德信念促使企业伦理经营，是一种高层次形态，是在长期道德社会化过程中，通过加强内部伦理教育及设定伦理规范等方式，企业把社会道德规范逐步内化而成的。

1. 内部管理制度化

提高伦理水平不能单纯依靠道德说教，如果能把某些企业伦理的准则规范化，形成内部的各种管理制度，则可以达到良好的效果。制度可以把道德规范转化为工作范围、工作态度、责任的具体要求，便于把握和执行，因此具有较强的可操作性。另外，制度也可涉及产品质量、服务质量、管理等各个领域，与企业成员工作息息相关，因此具有现实性。最后，制度形成之后具有稳定性，可以为道德养成提供途径，道德在此过程中逐渐内化于个体和群体的内心，企业的伦理水平因此而得以提升。

2. 企业人员的伦理道德教育及培训

(1) 提高企业管理层的伦理素养。管理者是一个企业正常运转的核心，也是企业伦理建设的最大的推动者。管理层自身的伦理道德观念在某种程度上影响了员工乃至企业的伦理观念。管理人员对内进行道德管理，这样才能在企业员工心目中树立自己的领导权威，并影响员工的行为表现。企业要成功，管理层要有较高的伦理道德水准和追求，企业家必须增强道德意识，自觉提高自身道德修养。企业家本人应自重、自爱，在实践中不断完善和约束自己，只有自我完善和自我约束才会带领企业不断沿着正确方向发展并取得成功。

（2）提高企业员工伦理素养。华盛顿伦理资源中心曾对 10 万名美国各行业的员工进行调查，发现每三位员工中就有一位曾目睹破坏公司章程或违反法律的行为。其中，56% 的人曾经目击同事对主管说谎；41% 的人看到资料造假；35% 的人看到偷窃案件发生①。企业伦理建设的一方面有赖于企业员工不去从事各种反伦理行为，另一方面也有赖于企业员工积极配合对企业反伦理行为的揭发和监督，因此对员工进行道德伦理培训极为必要。

3. 设置伦理机构、配备专门负责人

企业在其经营运作过程中的各项决策及活动都涉及伦理问题，因此企业有必要设置伦理机构，配备专门的负责人。伦理主管是企业进行日常道德管理、预防和控制危机事件的责任人，它可以直接与员工、领导进行面谈，参与企业道德问题的讲座，并提出一些建议。训练各层次的员工遵守正确的伦理准则，对企业道德行为规范提出修改意见，对企业实施的各种道德项目的有效性进行评价，向媒体、投资者、消费者、市民等说明企业的行为等。同时为保证伦理主管执行其职责，必须赋予他与最高管理者和其他干部直接接触的权力，具有较高的行政级别和地位。而且为了做出正确的道德判断，还应设置专门的伦理机构，例如美国约有 3/5，欧洲约有 1/2 的大企业设有专门的企业伦理机构，负责企业有关伦理工作。

综上所述，我们可以知道，内部建设和外部建设对于企业伦理建设都是非常重要的，缺一不可，外部建设是一种外因，迫使企业去从事合法伦理活动，内部建设是一种内因，使企业自身伦理素质不断提高，在活动中自觉主动地以伦理准则来约束自己的行为。外因是通过内因起作用的，外部的奖惩手段实施后，对企业的效果最终要受企业内在道德素质的影响。在中国目前的现实社会中，整个社会的道德环境发生变化，道德观念已呈多元化共生状态，企业主体意识明显增强。企业伦理水平的提升一方面必须加强外部建设，另一方面必须强化内部建设，两方面应该相辅相成。我国当前的企业伦理建设必须通过外部建设的加强迫使企业主动加强内部建设，提升其伦理观念，并且将其固化为企业稳固的一种道德信念，由一种道德他律走向道德自律，最终形成有效、快捷的企业伦理规范体系。

第二节　企业伦理投资

一、企业伦理投资的概念

企业伦理在当今社会不再是一个陌生的术语，企业在经营过程中应该注重伦理观念也已经广为人们所接受。现代企业要获得社会的认可，获得市场的肯定和顾客的青睐，必须从根本上转变经营观念，重视伦理建设和伦理投资。

企业伦理投资，是指企业将货币转化为伦理资本的过程。伦理投资可分为实物投

① 孙明贵．美国企业伦理管理的新措施［J］．工厂管理，2001.

资、资本投资和文化投资、道德投资。前者是以货币投入企业，通过生产经营活动取得一定伦理效应；后者是以货币购买企业发行的股票和公司债券，间接参与企业的利润分配，从而获得一定的伦理收益。

企业伦理投资的基本动机在于促进企业社会效益的增进，力图把企业效益与社会效益有机地结合起来，以保证企业运作产生正面的外部性。伦理投资对公司的社会行为形成市场激励。伦理与道德约束使公司认识到社会责任行为是构成竞争力的重要因素，诱导公司在投资决定中考虑雇员、顾客、社区等利益相关者的利益，降低公司在环境质量、产品责任和社会方面可能招致的罚款和诉讼成本，并进一步形成顾客忠诚和员工忠诚，从而保证公司获得长期的、更高的收益。①

二、企业伦理投资的环境分析

20 世纪 50 年代，欧美等国在经济迅速发展，取得巨大成就的同时，也出现了许多社会问题，如环境污染、商业欺骗、侵犯消费者权益、歧视员工等。企业的这种单纯谋利而损害社会利益的经营管理行为，引起了社会公众的强烈不满，促使欧美许多大学的工商管理学院提出了企业的社会责任问题。70 年代初，企业组织的不道德行为暴露得更加突出，各种社会矛盾愈发激化，而接连不断的经济丑闻，如贿赂、胁迫、欺骗、偷窃、不公平待遇等，成为造成企业信任危机和伦理危机的直接原因。1974 年 11 月，美国堪萨斯大学召开第一届企业伦理学讨论会，此次会议被认为是企业伦理学诞生的标志，也意味着企业的伦理问题已经严重影响了世界经济的稳步发展。

（一）国外企业屡现伦理危机

企业伦理在国外起步较早，相关研究也日益深入和规范。但即使是伦理与法制并行的美国，仍然陷入一次次伦理危机之中。美国能源业巨擘恩隆公司 2001 年因严重亏损而倒闭一案震撼全球，在诚信危机的同时面临财务舞弊的伦理危机。制度管理只是浅层次的管理，更深层次的是诚信的管理。企业无论多大多强，一旦触及伦理道德的底线，将成为“危楼”，变得不堪一击。

（二）在华跨国公司的伦理问题日益凸显

近年来，中国在市场经济发展过程中频频爆发的企业非伦理问题令人担忧。雀巢奶粉的碘含量超标事件，沃尔玛阻挠工会建立损害劳工权益事件，以及关于意大利奢侈品牌古奇（GUCCI）的深圳旗舰店以苛刻规定虐待员工的报道，使得跨国公司在华的非伦理行为也不断引起人们的关注。跨国公司在华行贿、非法避税、涉嫌垄断、劳工标准偏低、企业产品安全不达标等事件时有发生。国际知名品牌耐克运动系列的篮球鞋不仅在华售价高出国外售价 500 多元，且在国外销售的双气垫到国内变成了单气垫。在华跨国公司的种种非伦理行为促使我们反思：为什么世界著名的跨国企业在走出国门到华发展后会发生这样的问题？为什么国外经常发生的不合格产品召回制度在中国难以推进？是中国缺乏伦理束缚还是市场经济与伦理经济格格不入？中国在经济

---

① 丁瑞莲．国外伦理投资的实践与启示［J］．生产力研究．2006：159.

建设的同时也应该充分重视伦理建设，进行必要的伦理投资，从源头上杜绝非伦理行为的一再肆虐。

（三）中国企业海外面临伦理挑战

经济全球化的迅猛发展与中国加入世界贸易组织（WTO），为中国企业“走出去”提供了良好的机遇，也带来了严峻的挑战。抓住机遇，迎接挑战，具备一定竞争优势的中国企业已实现了“走出去”的战略。但中国企业海外发展仍在起步和适应期，会面临很多问题，包括伦理问题。中国企业最大的失误在于迷信廉价劳动力优势，寄希望于后期补救措施和灵活处理，因此容易造成定价伦理分歧和人权伦理问题。中国企业在“走出去”开拓国外市场前要充分了解当地市场，合理评估风险，避免因伦理问题导致的争端和纠纷。

（四）国内企业的诚信危机

改革开放以来，中国的企业如雨后春笋般增加，传统的计划经济向市场经济转变的同时也使企业的诚信问题愈发凸显。实行市场经济的今天，我们强调诚信尤其是企业诚信，是因为诚信问题已经成为制约我国社会和经济发展的重要因素。随着市场经济的不断发展，在逐利思想的驱动下，人们的伦理观念逐渐被利益的概念冲淡，一些企业以牺牲社会利益为代价换取自身发展。三鹿奶粉事件、地沟油问题等等，行贿受贿、产品作假、合同欺诈、偷税漏税、破坏环境、随意裁员等企业非伦理行为时常出现在我们的面前，并逐渐腐蚀着当今社会的道德观念，出现了“伦理危机”。企业需要发展，需要实现利益最大化，但是不能舍本逐末，损害大众利益换取企业一时的利润。

企业伦理危机唤醒社会对企业伦理的重视，也引发人们对企业伦理建设与投资的思考。全球经济一体化，使很多优秀的企业走出去，同时也有相当多的企业走进来。如果不采取有效措施提升中国市场的伦理氛围，将会有越来越多的跨国企业牺牲中国的社会利益换取自身的效益，也会有很多的企业在走出去的时候步履维艰。

三、企业伦理投资的重要性

（一）企业伦理投资是完全市场机制下的有效调节手段

追求利益最大化是企业最直接的动机和目的，企业的竞争要素之一即为成本，进行伦理投资必定会增加企业的固有成本，因此大部分企业都会选择利益而忽视成本，最终逐步形成发展的瓶颈。营造良好伦理氛围，有助于帮助企业树立伦理投资的信心，并且有效转变经营观念。通过市场中“看不见的手”调节正常的商业秩序是市场经济的重要内容，随着中国加入WTO，越来越多的中国企业走向国际市场，也有很多的外国企业进入中国市场，企业伦理氛围的营造将为市场提供环境保障。因此，进行伦理投资尤为必要，它是市场经济可持续发展的根本。

（二）企业伦理投资是伦理建设的前提和基础

与我国很多企业以牺牲伦理和社会利益为代价换取经济利益相反，西方国家始终关注经济发展过程中的伦理问题，并通过各种方式予以约束。伦理建设是企业建设的重要战略之一，伦理投资是企业长远发展的重要保证，也是伦理建设的必要途径。企业发展需要一个良好的市场环境，为企业伦理建设提供外部支撑；企业内部同样需要树立正确的价值观，提高企业成员的伦理道德水平。要实现企业的伦理经营，需要企业内、外部的共同监督。伦理投资是将有形的固有成本转变为无形的社会效益。既关注经济效益又重视社会效益的企业文化，是企业伦理建设的方向，也是必然的选择。

四、促进企业伦理投资的有效途径

企业的伦理投资关系到社会和公众，因此促进企业伦理投资的途径主要有以下几方面：

（一）外部保障

1. 国家应建立健全相关法律法规，并设立伦理基金

国家对于加强和促进企业的伦理投资起着非常重要的导向作用。政府要使企业真正成为独立自主的市场主体，并对所有企业一视同仁，构建统一、开放、有序的经济体系和公平公正的伦理评估体系，积极拓宽企业伦理投资的渠道。企业根据行业性质和经营范围，交纳不同额度的伦理基金，国家也按照一定比例注资支持。对于在营业年限内未出现伦理问题的企业，实行分批返还；对于在营业年限内伦理建设卓有成效的企业，除返还原有资金外，酌情予以表彰并给予政策支持；对于在营业年限内出现伦理问题的企业，视情节轻重予以处罚，扣除已交基金，同时追究法律责任。

2. 加强社会舆论监督，建立企业伦理投资的社会支持体系

国家通过立法进行伦理投资，社会则应以舆论监督辅之。通过广播、报纸、网络等媒介营造正确的舆论氛围，建立舆论导向，树立先进典型，让企业伦理观念深入人心。公众是企业最重要也是最直接的利益相关者。公众的态度决定企业的发展和走向。一方面要在社会上形成一定的企业伦理氛围，让积极推进伦理投资的企业有市场、有出路；一方面要通过多种渠道公开企业的相关信息，让公众了解企业，了解企业伦理道德，学会运用法律和道德武器维护合法权益，以弥补法律法规对企业的监管漏洞。

（二）内部建设

1. 企业要树立正确的企业价值观，设定伦理目标

企业价值观，是指企业在追求经营成果过程中所推崇的基本信念和奉行的目标。对于任何一个企业而言，只有当企业内绝大部分员工的个人价值观趋同时，整个企业的价值观才可能形成。正如一个人的价值观决定了他选择怎样的道德准则，企业的价值观也决定了企业的伦理道德。企业伦理目标强调企业行为不仅具有经济价值，还必须具有伦理价值。企业在追求经济目标的时候，往往不由自主地将获利作为衡量行为价值的唯一尺度，于是为了实现利润最大化不惜损害他人利益的行为时有发生，这说明企业的经济目标需要伦理目标的调节和制约。企业在伦理目标的制约下，其经营活动不仅不能违背以法规形式体现出来的经济活动规则，而且要进一步以伦理准则来约束自己，主动实现道德自律。

2. 企业要主动培育伦理投资意识

企业在设定伦理目标之后，还必须在企业和投资者中倡导和宣传伦理投资理念，认识到伦理投资所产生的长期效益和社会价值。为此，企业要加大对管理者的培训力度，提升管理者的管理水平和道德素养。另外，员工是企业生命的源泉，企业伦理建设与投资的内容之一就是加强对员工的各方面投入。要保障员工的合法权益，倾听员工心声，增加员工福利投入，实现企业与员工共同成长。企业还要积极地投入人力、财力对员工进行企业伦理教育、培训。美国公司每年花在企业伦理投资的经费，有时高达百万美元，其中企业伦理教育训练是重要的一环，通过开展企业伦理教育、培训，可以有效地推动企业的伦理计划，提高企业的伦理投资意识。

3. 企业要积极开发伦理投资产品

由于金融市场的积极倡导，伦理投资基金作为一支全球性的投资力量，在加拿大、美国、英国已发展成具有重要作用的产业；亚洲的日本、新加坡、中国香港、中国台湾等地都在积极进行伦理投资的宣传、研究和实践。对国内金融市场来说，要把投资利益和个人、社会、环境及伦理方面选择结合起来，需要开发伦理投资产品，并促进基金市场的进一步发展。“当前，国内对伦理投资产品有强大的需求：一是在中国经济持续高增长的背景下，政府对可持续发展的重视使得环保基金、生态基金等伦理投资基金有着巨大的市场空间；二是以科学发展观为导向的金融改革，正从社会公众的需要出发，致力于关注包括合作金融、社区金融、住房金融等互助性金融和扶贫性金融的发展，使得社区性伦理基金品种有了坚实的市场基础；三是随着社会保障制度的完善，社保资金、医保资金以及农村互助基金将成为社会保障型伦理基金的主要资产来源。”①

【本章小结】

本章从企业伦理的概念入手，分别详细论述了企业伦理建设与投资的意义及途径。通过本章的学习，要理解企业伦理的含义，了解企业伦理建设的内涵及意义，认识到企业伦理建设与投资的背景，并掌握企业伦理建设与投资的方法和途径。

【案例分析】

事故介绍：2010 年 7 月 3 日 15：50，紫金山铜矿湿法厂岗位人员发现污水池的污水水位异常下降，且有废水自废水池下方的排洪涵洞流入汀江。据初步判断，是由于废水池防渗膜垫层异常扰动，导致防渗膜局部破损，废水渗透到废水池下方的排洪涵洞，流入汀江。初步统计，本次废水渗漏量为 9 100 立方米。事故导致部分河段污染及大量网箱养鱼死亡。

---

① 丁瑞莲．国外伦理投资的实践与启示［J］．生产力研究，2006：165.

企业背景：紫金矿业是国内最大的黄金生产企业，有中国第一大金矿之称，位列全球500强。它于2003年12月成功登陆香港股票市场，2008年4月回归A股，成为A股市场首家以0.1元面值发行股票的企业。紫金矿业是个“传奇”。20世纪90年代，紫金矿业董事长陈景河冒险用氰化钠溶液提炼黄金，使原本没有开采价值的低品位矿有了开采价值，紫金矿业帝国就此崛起。2007年，紫金矿业每克矿产金的成本为57.64元，仅为平均水平的45%。然而，这一低成本奇迹却使企业陷入污染的泥潭，难以自拔。

事故原因：

1. 企业防渗膜破损直接造成污水渗漏

经查，企业各堆浸场、富液池、贫液池、萃取池、防洪池、污水池均采用高密度聚乙烯（HDPE）衬垫防渗膜作为防渗漏措施，但由于各堆场及各池底未进行硬化处理，防渗膜承受压力不均，导致各堆场及各溶液池底垫防渗膜出现不同程度的撕裂，污水渗漏问题严重；加之近期紫金山矿区受持续强降雨影响，雨水大量聚集，污水池底部压力发生变化，致使2010年7月3日污水池防渗膜发生突然破裂，污水大量渗入地下并外溢至汀江

2. 人为非法打通6号集渗观察井与排洪洞，致使渗漏污水直接进入汀江

调查发现，6号集渗观察井与排洪洞被人为非法打通，井内渗滤液涌水量超过回抽量时可直接通过排洪洞排入汀江。2009年9月福建省有关环保部门检查时发现排洪洞有超标污水排入汀江，要求企业立即进行整改，但直至本次事件发生企业仍未整改到位。

3. 监测设备损坏致使事件未被及时发现

经调查，因设在企业下游的汀江水质自动在线监测设备损坏且未及时修复，致使事件发生后污染情况未能被及时发现。

深刻剖析：

1. 减少环保投入，污染事故早有前科

2007年，紫金矿业收购湖北鑫丰矿业，一个主要利用氰化工艺和提纯工艺进行金矿冶炼的企业。紫金矿业介入后，很快停掉了上述工艺，将其工艺改为浮选。这一做法是为了减少环保投入。但是，含有大量残余水分的尾矿渣，却成为新的污染隐患。2008年2月，紫金矿业因不良环境记录成为首批“绿色证券”政策中10家“未能通过或暂缓通过”的企业之一。2009年4月底，紫金矿业下属的河北省崇礼县东坪旧矿尾矿库回水系统发生泄漏事故，引起当地居民呼吁坚决取缔。

2. 排污系统失效原因

事故发生后，紫金矿业试图将污水池发生渗漏的直接原因归咎于6月份以来的持续强降雨。然而近年来的世界气候剧烈变化，“百年一遇”的暴雨洪涝几乎年年都能遇到。特别是紫金山铜矿所在的福建省，年代并不久远的紫金矿区排污系统建造时理应考虑到这一点——这不得不让人担忧，企业在设计和施工时是否为了遵循“减少环保成本”而造成某些隐藏的漏洞。

其实，除紫金矿业外，国内矿业的整体情况来看，环保方面的不规范可谓是扎根

在企业内部的“隐形炸弹”。矿企多为粗放式、逐利式经营，环境成本很高。若要完全符合环保标准，需要下大力气，花大成本。对于很多企业来说，环保方面的支出，是能省则省，出了问题后，尽量规避整改的，也是普遍现象。企业的社会责任如今显得尤为突出，企业在环境方面的伦理投资也变得愈发重要。

（资料来源：根据《成都商报》，2010 年 7 月 13 日，紫金矿业旗下铜矿污水外渗引发汀江流域污染；http：//news. qq. com/a/20101223/002020. htm 腾讯新闻：紫金矿业 9 100立方米废水外渗引发汀江流域污染等相关材料整编。）

【思考与练习题】

一、名词解释

1. 企业伦理
2. 企业伦理建设
3. 企业伦理投资

二、简答题

1. 企业伦理建设的途径有哪些？
2. 简述企业伦理投资的重要性。

三、论述题

促进企业伦理投资的有效途径有哪些？

四、思考题

假如你是一个电器企业的高层主管，你将如何有针对性地进行企业伦理建设与投资？

【本章参考文献】

[1] 徐大建. 企业伦理学［M］. 上海：上海人民出版社，2002：180 - 182.

[2] 张应杭，黄寅. 企业伦理：理论与实践［M］. 上海：上海人民出版社，2001：319 - 328.

[3] 张秀玉. 企业战略管理［M］. 北京：北京大学出版社，2002：250 - 251.

[4] 刘红叶. 企业伦理概念［M］. 北京：经济管理出版社，2007：306 - 329.

[5] 冯辛酉. 企业战略管理［M］. 北京：经济科学出版社，2005：236 - 251.

第三章　企业伦理观念与模式

【知识目标】

掌握企业伦理观念的含义；
掌握企业伦理模式的含义；
理解企业伦理的核心观念。

【技能目标】

能够对企业伦理模式的主要类型进行区分。

【本章内容】

第一节　企业伦理观念

一、企业伦理观念概述

（一）企业伦理观念的含义

企业已成为当代社会的重要组成部分，它通过各种各样的方式与我们所有人发生联系。我们为自身的生存和享受购买各种产品，同时我们也为别人提供着产品与服务。计划经济时代，传统企业的利益关系特别简单，主要是所有者和雇工之间的关系。现代社会中，企业以市场为主体。社会的主体是人，企业作为市场的主体，与社会方方面面的利益群体发生着联系，除了企业所有者与雇工的关系外，还有企业与消费者的关系，企业与供应商、银行、社区、工会、非营利组织等的关系。因此企业并非独立于社会之外或是被强加到社会中，它是社会不可或缺的构成部分。

所谓企业伦理观念，是指企业在与所有利益相关者建立关系及互动时，不仅要考虑其营利目的，还要考虑所应遵循的行为规则和道德规范，注重企业自律建设，树立企业社会责任意识。正如伦理学以道德现象作为自身的研究对象那样，企业伦理学以企业的伦理道德活动作为自身的研究对象。因此，“企业伦理”和“企业道德”是同质的范畴，“两者所指称的是同一个对象，即企业道义方面的存在”①。我们通常把“义利统一”视为企业伦理道德的基本原则，然而，“义利统一”是一种理想境界，要

① 张应杭，黄寅．企业伦理：理论与实践［M］．上海：上海人民出版社，2001：6.

把握好“义”与“利”的火候，必须认识与处理好企业与道德的关系。我们认为，企业伦理观念的核心问题乃是企业与道德的关系问题。

（二）企业与道德的关系

关于企业，国外有这样一句话，“the Business of Business is Business”（企业的职责就是经营）。通常，人们的理解是，企业作为社会的存在，与政府、慈善、福利机构不同，它唯一的使命就是经营活动，与伦理道德无关。但是，这句话在今天是否还有另外一种含义呢？

在古典经济管理理论时代，企业就是一个追求利润最大化的组织，通过向社会提供产品和劳务满足社会需要。然而，这样一种理想而又简单的观念在经济全球化和知识经济时代的今天已受到前所未有的冲击。21 世纪企业经营环境的变化使企业的性质、目的、结构、模式、理念发生了巨大变化，企业对于社会不再仅仅是一个提供产品和劳务的经济组织。西方对企业伦理问题的关注始于 20 世纪 40 年代，随着消费者反欺骗、反污染、反不正当竞争呼声的高涨，越来越多的企业注意将伦理道德因素纳入企业活动的范围。我国自改革开放以来，企业在伦理问题上也经历了巨大变革。社会主义市场经济制度的确立，为企业伦理发展创造了良好的环境，许多优秀的企业脱颖而出进入世界五百强，为中国的经济发展做出了重大贡献。与此同时，一些企业在经营中只顾追求利益最大化，出现了一些有悖于伦理道德的行为，如劣质产品、恶性竞争、造假等，严重损害了企业形象与社会公共利益。“所以，企业如何协调自身利益与社会利益的关系，企业是否以利润最大化为目标，企业是否应承担社会责任，现代企业的发展之路应如何走，成为企业和社会关注的重大课题。”①

毋庸置疑，利润是企业的生命，在企业管理中占有重要的位置。利润是企业应对决策风险以及自身发展壮大的基础，而且企业利润最大化也是经济学的基本原则之一。因此，企业追求利润最大化是无可厚非的。然而，“由于这种追求并没有涉及企业的各种利益相关者彼此之间的利益冲突，既没有涉及这种追求是否侵害了企业外部的利益相关者的利益，也没有涉及所得的利润在企业内部各利益相关者之间的分配，因而，它只是一种在生产的资源配置方面的追求，不涉及分配……企业作为一种经济制度，绝不是为企业的所有者谋求最大利益。它的根本目的有两个，一是为了提高经济效率，发展生产力，为社会提供最大的产出；二是为了使所有的企业参与者，包括其成员，都能通过自己的努力得到公平的报酬，充分发挥自己的潜能”②。因此，我们认为，企业作为社会经济活动的主体，其追求利益最大化的活动是在具体的社会环境中进行的，其经营管理活动必然对社会产生这样那样的影响，必然与个人或其他组织发生这样那样的相互关系。企业要进行正常的生产经营活动，就必须处理好各种利益关系，因而也就必须把握其中的伦理关系，树立正确的伦理观念，确立一定的伦理准则和道德规范，并以此来指导生产经营活动。

---

① 刘红叶．企业伦理概论［M］．北京：经济管理出版社，2007：4.

② 徐大建．企业伦理学［M］．上海：上海人民出版社，2002：51.

（三）企业树立伦理观念的必要性

道德的基本内容是人类行为的各种规则，用以说明人类哪些行为是正当的、合乎规范的，哪些行为是错误的、违反规范的。所以，我们可以用道德的观点来评价人类的行为。一些行为，比如偷窃，被认为是不道德的；而一些行为，比如尊敬老人，被认为是道德的。但还有一些行为，虽然通常在理论上与道德无关，比如喝水、系鞋带等，但当这类行为与他人发生关系时，就可以用道德加以评价，如强迫他人喝水、故意系紧鞋带使他人痛苦等，我们就可以对这类行为加以道德评价。而企业的经营行为正是这样的一种人类行为，它通过各种方式与我们每个人发生关系，因而我们可以从道德的角度对其进行评价。

“企业与道德之间事实上存在着更加深刻的关系。经营行为与其他社会行为相似，必须在行动前预先设定一个道德背景，这一点是不可或缺的。”① 雇主希望雇员努力为公司工作，不希望发生雇员损害公司利益的事件。雇员希望雇主为自己提供优厚待遇，不希望发生雇主克扣工资事件。最后双方签订合同，都希望对方能够遵守合同的规定；消费者把产品买回家，希望自己买到的商品和广告上宣传的一致。人们在与其他人协作时，总会希望合作者能够讲真话，彼此尊重而非相互攻击。“在绝大多数情况下，这些期望都可以实现，如果经营活动的所有参与者——购买者、销售者、生产者、管理者、工人以及最终消费者——任何一个采取不道德的手段，或是忽视行为的道德性（也就是说，不去考虑自身行为是合乎道德还是违背道德的），企业将难以为继。”② 从现实的企业经营活动来看，我们发现，大多数企业出现问题在本质上都属于没有处理好经营活动中的伦理问题，没有树立合理有效的企业伦理观念。例如产品质量问题、恶性竞争问题、合同违约问题、环境破坏问题等，往深层次剖析，这些现象的背后反映出的都是企业伦理问题。

总之，企业经营活动离不开伦理道德的约束，尤其在经济全球化背景下，企业与社会的关系日益密切。道德是整个社会自然，也是经营活动的黏合剂与润滑剂。任何一个企业的健康发展都离不开一定的企业伦理的支撑。同时，我们认为，企业伦理的发展在某种程度上决定了企业的发展方向与前景。

【资料卡】

R博士的三次调查③

第一次调查：

1995年年底，R博士就一个问题对三十余位企业负责人（其中包括仪征化纤、扬子冰箱、上海朱立达房地产公司、河北古井贡股份有限公司等企业的负责人）进行访谈式调查。所提出的问题是：“您认为企业的发展是否需要道德？”各位企业负责人的表述虽有差异，但基本趋同，可以归纳为三种：第一种认为企业发展只需要经济效益，

---

① ［美］查理德·T. 德·乔治. 经济伦理学［M］. 李布，译. 北京：北京大学出版社，2002：17.

② ［美］查理德·T. 德·乔治. 经济伦理学［M］. 李布，译. 北京：北京大学出版社，2002：17.

③ 欧阳润平. 企业伦理学［M］. 长沙：湖南人民出版社，2003：58－62.

不需要道德；第二种认为企业只有在经济效益好的基础上才可能讲道德；第三种认为用道德准则和道德理想做宣传，树立形象未尝不可。与上述企业负责人的看法相应的是各种重利轻义的社会舆论基础，如“奸商”论，沿袭我国关于商业和经商者的传统判断，认为“马无夜草不肥，人无横财不富”、“无商不奸”；又如“原始积累”论，断章取义地借用马克思《资本论》中关于资本来到人间的描述，认为要想获得第一桶金必然掠夺他人，主张不要问企业的原始积累是如何来的，只需问企业的原始积累用于何处；再如“过渡时期”论，认为在由计划经济向市场经济过渡，由农业社会向工业社会转型的过程中免不了出现道德滑坡，免不了付出良心的代价，只能是“先发展后规范，先污染后治理”等等；有的甚至主张市场经济就不必谈道德，谈道德只会限制市场经济的发展。

第二次调查：

第一次调查的结果对R博士是一个刺激，她不相信市场经济必然导致道德滑坡，可是她说不出道理。为了找到答案，她决定研究企业伦理问题。考上博士研究生的次年，也就是1997年，她争取到湖南女企业家协会和二十余家公司（包括上次调查的湖南籍公司）的支持，进行了题为“企业管理者的道德意识”的问卷调查。在“企业经济活动与道德关系”的问题上，96名调查者的看法呈现明显的矛盾：在道德与经济效益的关系问题上，35%选择“讲道德是精神的追求，是虚无的，而企业经济活动是以效益为目标，是实实在在的，企业讲的是效益”；30%选择“有效益讲点道德是锦上添花，求个长远发展尚可，但在企业效益不好或没有效益的时候，就不能讲道德了”；28%选择“企业讲道德就不可能赚钱，就不可能有效益，要赚钱要效益就不能讲道德”；只有7%的被调查者选择了“企业是通过提供服务获得效益的，服务要讲道德，所以，企业要效益，必须讲道德”。而就“您如何解释所在企业的贿赂、做假账、偷税漏税等行为”，35%选择“不这样做，企业怎么赚钱”，55%的人选择“人在江湖，身不由己”，10%没有回答。

上述结果与第一次的调查相比尽管没有多大的进步，但也从中可以窥见，被调查的企业负责人或承认或意识到在实际的经济活动中企业要受到道德制约的，义与利并不一定或必然对立。正因为如此，在就不同的义利主张进行选择时，85%的被调查者主张“义利并重”，10%主张“先利后义”，5%回答“不知道或看情况”，没有人选择“讲利就不要讲义”。显然，被调查的企业负责人在义利关系上产生了一定的困惑，非此即彼的义利对立思维模式受到了冲击。

第三次调查：

随着市场竞争的不断加剧，尤其是面临加入WTO后的全球化挑战，企业家们纷纷思考义利统一的可持续发展。2000—2002年，结合博士研究课题“中外企业伦理文化比较研究”和主持的国家社会科学基金项目“国有企业改革与发展的伦理研究”的需要，R博士先后分别对北京同仁堂集团、上海宝钢集团、上海仪电集团、成都银河集团、深圳万科股份、华为通信、中国人寿保险湖南分公司等企业的子公司经理以上人员共185人进行了以义利观为主要内容的企业管理者伦理调查，其中问卷调查对象115人，问卷收回115份，重点访谈调查对象70人。在义利关系问题上，40%的被调查者不赞同义利是统一的；30%坚决反对“经济不需要道德干预”的观点；30%的被调查者认为，企业是由人组成的，人要讲道德，企业当然要讲道德。62%的被调查企业负责人赞同：市场经济是规则经济，道德是最基本的规则，讲道德守规则才能获得长久的经济效益。累计93%的被调查者赞同义利统一。

结果显示，随着我国企业的发展，企业伦理水平也提高了。R博士感到非常高兴，以“中国企业发展中的伦理进步”为题举办了专题讲座。会后的提问式讨论中，有人认为这个调查局限于一些大企业、好企业，结果缺乏说服力，有人认为这是R博士出于个人理想的夸大其词。R博士必须找出更有说服力的证据，2000年底，她欣喜地找到了来自中国企业家调查系统的报告。

2001年8月16日，我国目前比较有权威的调查机构之一——中国企业家调查系统在全国范围内组织了第九次中国企业经营者问卷跟踪调查，此次调查以“企业信用：现状、问题及对策”为题，以企业法定代表人为调查对象，发出问卷15 000份。截至9月25日共回收问卷4 720份，其中有效问卷为4 695份，有效回收率为31.3%。本次调查的结果表明：我国企业依旧存在“拖欠货款、贷款、税款”等问题（76.2%）、“违约”（63.2%）和“制售假冒伪劣产品”（42.4%）；其他依次是“披露虚假信息”（27.3%）、“质量欺诈”（23.5%）、“商标侵权、专利技术侵权”（13.3%）和“价格欺诈”（11.1%）等败德问题。但是企业经营者对道德信用的重视程度有所提高：

（1）认为企业诚信是企业经营者首选的职业道德素质。围绕企业经营者应有的职业道德素质，调查结果显示：居于首位的选择是“诚实守信”比重为63.6%，比第二位的“爱岗敬业”（54.4%）多近10个百分点；居第三位的选择是“自觉遵守国家法律”，比重为49.8%；其他几个选项的比重依次为“廉洁自律”（44%）、“全力维护企业利益”（39.2%）、“爱护职工”（18.5%）、“全力维护出资者的利益”（14.6%）和“遵守行业协约”（3.9%）。这表明，在目前的市场经济条件下，多数企业经营者已将“诚实守信”视为最重要的职业道德素质。

（2）认为良好的信用有利于企业的发展。但问及目前的经营环境对哪类企业有利时，调查结果显示，近6成（59.4%）的企业经营者认为对信用好的企业有利，只有不到2成（19.3%）的企业经营者认为对信用差的企业有利，另外21.3%的企业经营者认为没有差别，可见良好的信用对企业发展起着重要的作用。

（3）赞同诚信是企业合作的基础。当问及3年来与同一家企业有着多次成功项目合作的原因时，调查结果显示，企业经营者认为“双方诚信”（66%）和“利益一致”（58.5%）是主要原因；其次是“长远共识”（26.7%）和“运作规范”（25%）；再次是“合作者情趣相投”（4.4%）。可见双方能够成功合作的重要基础是“双方诚信”和“利益一致”。其中：从规模看，大、中、小型企业选择“双方诚信”的比重分别为59.3%、66.9%和69.9%，说明中、小企业相对于大型企业而言，要进行成功的合作，“双方诚信”显得更为重要。

（资料选自欧阳润平：《企业伦理学》，湖南人民出版社，2003年版，第58－62页，本书在选编时做了部分删减）

二、企业伦理观念的基本问题

“经济人”和“道德人”之间的矛盾决定了经济与道德之间的取舍和兼容并存的囚徒困境，也由此决定了企业伦理观念的基本问题：企业伦理与经济绩效的关系、企业经济责任与社会责任的关系、企业伦理与利益相关者的关系。

（一）企业伦理与经济绩效的关系

任何企业都必须要面对处理企业伦理与经济绩效的关系，这一问题也是企业伦理学要处理的首要问题。从企业伦理学的发展过程来看，对这一基本问题学界持有两种观点：

一种观点认为经济绩效高于企业伦理。持此观点的学者认为经济绩效（Performance）是企业最基本的、唯一目标，也是企业产生、存在和发展的基本、唯一理由。在企业的经营和管理中添加伦理道德等其他因素，势必会增加企业的运营成本，或者会成为企业自身追求利润的“枷锁”。传统的经济理论家米尔顿·弗里德曼就是这种观点的代表人物，他认为，“在一个自由的经济中，商业企业具有而且仅仅具有一种社会职责，即充分利用自身的资源并且在遵守游戏规则的条件下从事各种能够增加利润的活动”①。这一观点的根本出发点在于，尽管企业是由具有道德责任和义务的个人组成，但这种组成不是简单的累计相加，因此企业在运营过程中不必然具备伦理道德本质属性。

另一种观点认为企业伦理有利于提高企业的经济效益。对于企业伦理会削弱或者阻碍企业追求经济效益的说法，沃尔特·W. 曼利批评道：“这些人完全忽视了伦理关注有助于企业的经济绩效。”约翰·杜勃逊同样认为，企业的两个任务——为股东谋取最大利益与行为要符合伦理，并不必然是冲突的。换言之，在遵守伦理规范的前提下进行商业运营，企业将能获得正常的经济绩效甚至能追求到更大的经济绩效。因为一套建立在合理的伦理准则基础上的组织价值体系也是一种资产，能带来诸如良好的组织功效、公众的信任、正面的市场的形象等多种收益。另外在商业活动中，企业遵守伦理规范也是一种长远利益，哈里特通过对美国一些知名大企业从20世纪50年代末期以来的不道德行为的分析，他认为在当今的商业环境中，尽管在短期内，忽视严格的道德准则会带来更多的利润，但这种不考虑公众利益的想法和行为都易于受到公众攻击，而长期的诚实守信的经营将使企业获得良好的声誉，并成为一种强有力的竞争优势，且符合道德标准的做法与日渐增多的利润是一致。

（二）企业经济责任和社会责任的关系

企业的社会责任问题是企业伦理学的核心问题，也是企业伦理学最早讨论的话题。关于这一问题，学术界自20世纪50年代就开始了激烈的争论。至20世纪70年代初，进入广泛和深入的探讨阶段，并由此引发了“利润先于伦理”与“伦理先于利润”之

① ［美］詹姆斯·L. 多蒂，德威特·R. 李. 市场经济：大师们的思考［M］. 林季红，等，译. 南京：江苏人民出版社，2000：5.

争。就这一争论我们可以就经济责任与社会责任的关系分为两种观点：

1. 经济责任论

这种观点的主要内容是：企业合理经营乃是企业和社会之间达成的一种社会契约。根据这一契约，社会赋予企业一种职权，可以将资源有效地转化为社会所需要的产品。作为回报，社会给予企业采取必要与合理行动的权利，并允许获得投资回报。据此，企业作为一种经济实体对社会只具有经济责任，其他责任都服从于经济责任或包含在经济责任之中。这种观点也可称之为股东理论，弗里德曼为其主要代表。弗里德曼认为，企业的社会责任主要是其经营管理者的责任，他们按照股东的利益来经营业务，追求最大化的利润。

2. 社会责任论

弗里德曼的理论刚一出炉便遭到了以弗兰奇为代表的道德学派的强力反击，道德学派主张伦理先于利润，即企业在具有独立法人地位的同时也具有独立的道德人格，就应该承担经济责任以外的其他责任。在社会责任论也有两种看法：一种是狭隘社会责任论，企业的责任是在合乎伦理规范的前提下最大限度获取利润。所谓合乎伦理规范即要认同三个导向：顾客导向，即把消费者当做“上帝”；员工导向，即提供有意义的就业作为商业的首要目标；利益团体相关导向，即平衡利益相关方（这一点将在下面的章节中做专门介绍）。一种是扩展社会责任论。普拉利的“最低限度的核心道德责任”认为，在最低水平上，企业须承担三种责任，即对消费者的关心，比如能否满足使用方便、产品安全等要求；对环境的关心；对最低工作条件的关心。卡罗尔提出了“企业社会责任金字塔”，企业社会责任意指在某特定时期社会对组织所寄托的经济（赢利）、法律（守法）、伦理（合乎伦理做事）和慈善（成为良好的企业公民，如为公众捐献资源、改善民生等）的期望。企业的所有社会责任构成一个金字塔，从底层依次往上的顺序为经济责任、法律责任、伦理责任和慈善责任。

20 世纪 80 年代，美国学者对这个问题展开了进一步研究，大多数学者认为公司是一种特殊的实体，它一方面是由许多人在自由协议的基础上组成的具有法人资格的独立实体，具有人为的道德人格，因此，企业的责任应包括经济责任、社会责任和环境责任。

（三）企业伦理与利益相关者的关系

所谓利益相关者，是由股东一词套用而来，这一术语最早出现在 1963 年斯坦福研究所的一份备忘录中。股东作为企业股份的持有者对企业具有所有者权益，企业的每一项活动都与股东利益相关。玛丽·福莱特在近代管理学发展史上至今仍很少有人知道和提及，但其关于企业利益相关的理论将对企业管理学的研究带入到了崭新的一页，这样说毫不夸张。她认为，在企业内部，管理者和雇员是互利互助的关系，管理的权威不是存在于个人和地位之中，而是存在于形势及环境之中。此外，福莱特还指出企业同其环境即债权人、股东、顾客、竞争者、供货商和当地社区之间也是相互联系的关系。20 世纪 90 年代以来，学界在福莱特理论的基础上展开了深入的研究，“利益相关者”概念出现在现代西方企业管理理论中，这表明人们对企业的性质和使命有了新的认识，社会对企业提出了新的要求和期望。“相关利益者理论强调了管理的道德责任”①，因而，有关利益相关者问题的探讨，也成为现代西方企业伦理学研究的基本理论问题之一。

现代西方管理学界对利益相关者的定义大体有两种：一种强调企业对利益相关者的单向影响，认为利益相关者是环境中受组织决策和政策影响的任何有关者；另一种强调企业与利益相关者的相互影响，认为利益相关者是能够影响企业或受企业决策和行为影响的个人与团体。后一种定义已成为当代西方企业管理学和伦理学的研究的主流方向和趋势，与此前的企业管理相比，其变化和进步主要表现在三个方面：第一，企业伦理学家把“利益相关者”的概念扩展到能够影响企业或受企业决策和行为影响的个人与团体，使利益相关者扩展为包括政府在内的 7 类。值得重视的是，环境也归入利益相关者的范畴。第二，企业与利益相关者的关系被视为相互内在、双向互动的关系，从而扩展了企业的经营管理范围，利益相关者从企业的经营环境或外生变量成为为企业的构成要素或内生变量。第三，研究者们认为，企业经营要处理好与利益相关者的关系，就必须正确认识不同利益相关者的各种不同的权利，具备回应和处理这些不同权利和要求的能力与技巧，承担起对利益相关者的责任和义务。

具体到利益相关者的管理问题，卡罗尔和巴克霍尔茨的研究是最为详尽和系统的。他们在《企业与社会——伦理与利益相关者管理》一书中认为，企业与这些利益相关者之间是互动和交叉影响的关系。在具体的管理中，必须处理好五个重要问题：谁是我们的利益相关者？我们的利益相关者都拥有哪些权益？我们的利益相关者给企业带来了哪些机会，提出了哪些挑战？企业对其利益相关者负有哪些责任？企业应采取什么战略或举措，以最好地应对利益相关者的挑战和机会？

三、企业伦理的核心观念

（一）诚信观念

诚信是企业在生产与经营过程中必须认真遵守的一条社会伦理规范和经营准则。“诚”是企业聚心之魂，“信”是企业立足之本。海尔将不合格的冰箱砸掉，就是要实现对市场、对消费者的承诺——“决不让一件不合格的海尔冰箱流向市场”；IBM 把诚实作为企业的座右铭；海德尔纸业公司将“持续、可靠、公开、诚实”作为企业的理念；松下公司把“赢得人们的信任”作为企业的价值观。企业没有诚信，就没有发展；没有发展，企业就没有竞争力。

企业缺失诚信，第一，会影响企业信用，增加交易成本。第二，会影响企业的品牌。优秀的品牌都是靠良好的信用堆积起来的，即使知名品牌出现信用问题，必定也会被市场淘汰，作为全球五大会计师事务所之一的安达信就是实证。第三，会影响企业的投资。信用是企业获得投资的前提，如果企业的信用度高，就会有其他企业来投资，或者也可以企业良好的信用度为保障，向银行或是其他企业进行资金周转。温州

① ［美］乔治·斯蒂纳，约翰·斯蒂纳．企业、政府与社会［M］．北京：华夏出版社，2002：15.

的发展就是一个事实，它曾以生产假冒伪劣产品闻名全国，但随着市场经济的不断发展，温州市认识到信用建设的重要性，从质量温州、品牌温州，走到信用温州，“质量立市、品牌兴业”的战略决策，解决了信用缺失的危机，使温州经济得以健康、快速地发展。

对企业来说，加强诚信的经营是一项基础性工作。一方面要加强企业员工的诚信观念教育与培训，另一方面企业要从自身的可持续发展及树立良好的企业形象考虑，应该强化自律意识和诚信意识，同时制定并执行企业伦理守则，树立规范的诚信观念，恪守诚信经营。

（二）合作竞争观念

企业要在市场经济中存活下来，发展壮大，必然要与其他企业竞争。随着世界经济一体化和科技的迅速发展，国家、地区和企业之间的经济相互依存、相互渗透的趋势不断加强，表现出一荣俱荣、一损俱损、共生互补的特点。合作竞争已成为企业赢得竞争的战略新举措。美国企业界有一句名言：“如果你不能战胜对手就加入到他们中间。”企业为了生存和发展，不仅要开展必要的正面竞争，还应从防御的角度同其他企业合作，为竞争而合作，靠合作来竞争，以增强企业的竞争能力。如，波音公司与欧洲空中客车的并购，美国通用、福特、克莱斯勒三大汽车公司的战略联盟，中国首钢与宝钢的钢铁联盟等均为典型例证。

合作竞争，首先有利于实现规模经济。将同类产品的生产经营企业结合成为一个整体，加深分工，有效组合不同企业之间的资本、技术、人力、信息等资源，最大限度降低产品成本，提高规模经济效益。其次有利于技术创新。企业技术创新和新产品的开发已成为企业参与竞争的主要手段之一，谁能先推出新产品，谁就能先占领市场。共同研制和开发，不仅利于筹集研究经费，也可以避免重复劳动、重复投资，降低开发费用，缩短开发周期，分担风险，培养创造力。最后有利于整个行业的发展。在经济全球化的今天，企业只有合作竞争，建立协调发展新秩序，使整个行业的经济发展走上良性循环的轨道，否则只会引起整个行业之间的纷争，导致两败俱伤，使整个行业的发展陷入混乱。在这方面，中国彩电行业的教训是非常惨痛的。

在市场范围不断扩大、市场形势复杂多变的情况下，任何企业都不可能在竞争中包打天下。竞争需要合作，联合起来协同竞争，是企业竞争的发展趋势。只有在竞争中合作，在合作中竞争，才能改变“非赢必输”的旧观念，做出有利于企业发展的双赢选择。

（三）生态观念

企业生态伦理是处理企业与生态关系的伦理原则、道德规范和道德实践的总和，是人与自然和谐发展的道德诉求。工业文明像一把双刃剑，既为人类带来了前所未有的物质文明，也造成了各种各样威胁到人类生存和发展的环境问题，如大气污染、臭氧层被破坏、温室效应、水体污染、土壤污染、海洋污染、物种灭绝等。大部分环境污染都与企业不合理的生产方式有关。现代经济理论认为，随着经济一体化格局的形成以及企业生产与生态环境的关系被社会所瞩目，企业的发展取决于经济的、社会的、政治的和自然环境的诸种力量的平衡。企业经营理念的“利润最大化”应转变为“利益最大化”，即企业经济效益、社会效益和环境效益三者的统一。

从短期来看，企业履行环保社会责任，构建企业生态伦理可能要牺牲部分眼前利益，如增加污染处理的费用，更新生产设备和生产工艺等。实际上，倡导生态伦理与企业利益是互利共生的，企业履行环保社会责任是一种推进企业长远发展，实现生态效益和企业经济效益双赢的明智之举。首先，企业的生态伦理建设有利于增强企业持续发展的能力。随着我国生态文明建设的逐步推进，相关环保的法律法规和市场机制将进一步完善，环保不达标的企业将不再有生存的空间。企业只有走技术进步，提高经济效益，节约资源的集约化经营道路，才能实现持续稳定的发展。其次，绿色生产、绿色发展，已经成为企业获得参与国际竞争通行证的迫切需要。只有强化企业生态伦理建设，才能使企业产品顺利进入国际市场，参与国际竞争，在未来的全球市场竞争中占有一席之地。最后，建设企业生态伦理是企业树立良好形象，提升社会认同与支持，获得长远利益的重要选择。一个在环保方面负责任的企业无疑会在社会公众心中留下一个良好的印象，会受到公众的尊重、信任与支持，这必然会给企业带来竞争上的巨大优势。

建设企业生态伦理，企业首先要主动建立起明确的生态道德标准，学会用生态整体思维的方法去进行经济运作，在企业制定决策和生产经营过程中，明确什么样的行为符合生态道德，什么样的行为属于生态不道德，以生态道德标准来约束企业的行为。

（四）道德责任观念

在现代社会，企业与公民一样都是社会的细胞，企业作为社会经营的市场主体，应积极表现社会组织角色作用，承担社会责任，重塑社会道德关系，使企业不仅关注自身的发展和利益，还要对社会的未来负有更多道德责任。这种理念的扩展，便是当今全球所普遍关注的企业道德责任。

由于受社会的影响，企业对自身道德责任的认识并不一致，部分企业将社会道德责任置于次要位置。总体上来看，主要有以下几个方面：第一，企业只有社会经济责任，社会道德责任是政府的责任。个别企业认为，为了利润可以任意选择经营方式，只要能获取利润，在不违反法律的情况下，什么经营策略都可以考虑。至于企业对社会的影响，企业社会道德形象等问题与企业社会经济行为没有关联。第二，对企业道德责任持功利主义态度。不否认企业对社会有道德责任，但履行道德责任的前提是要对企业有利。第三，企业对社会有道德责任，但履行道德责任要取决于企业的社会经济实力，有经济实力的时候，就积极参与社会责任活动，在经济实力不佳的情况下，对社会责任采取躲避的态度。

企业道德责任概括地讲就是“遵法纪，重伦理，行公益”。企业发展依赖社会环境，社会资源。企业获得了什么固然重要，但企业为社会带来了什么更需要常思，如假冒伪劣、偷税漏税、拖欠工资、污染环境等。当代企业理论认为，企业要做“企业公民”，企业除了为股东负责，还要全面考虑企业对所有利益相关人的影响，包括员工、客户、社区和自然环境，达到利己、利人、利他、利社会的目标，此为企业应追求的“大利”。履行社会责任的过程，是企业与社会构建和谐的过程，也是企业树立形象，提升竞争力的过程。

（五）以人为本观念

以人为本的伦理思想具有深刻的内涵。企业的以人为本即以人为核心，要关注员工的物质世界和精神世界，通过调动和激发员工的工作积极性和创造性，以实现企业利润最大化，最终实现员工与企业的全面发展。以人为本是企业伦理的核心组成部分，它要求企业必须把员工真正看作企业生产和管理的主体，尊重员工的价值、人格尊严和权利；把满足员工的合理需要作为企业管理的价值目标；在实现物的目标时要将人的目标作为根本目标来追求。以人为本正是基于人在生产经营活动中和管理过程中的主导地位，通过对人的思想意识、价值观念、心理等因素给予充分的顾及，而促使人与企业的协调发展的实现。

以人为本企业伦理观念，不可能给企业带来立竿见影的效果，但作为一种无形的推动力，能推动企业的长远发展。在以人为本伦理观念的指导下，首先，有利于形成更趋科学、民主和人本的企业管理和决策体系，有利于提高企业的劳动生产率和树立企业的良好形象，有利于企业管理目标的实现。其次，有利于增强企业的凝聚力和竞争力。企业的凝聚力和竞争力是企业生产经营所必需的无形资产，是企业实现长远发展的基础性力量。在企业的生产、经营、管理中坚持以人为本的企业伦理观念已成为企业间竞争的一个重要手段。

第二节　企业伦理模式

一、企业伦理模式的含义及特征

（一）企业伦理模式的含义

模式其实就是事物的标准样式。一方面，它是人们在生产实践活动中积累的经验和理论的抽象和升华：人们从不断重复出现的事件中发现规律，最终形成解决某类问题的固定方法，把解决某类问题的方法总结归纳到理论高度，就是模式。另一方面，它是一种参照性的指导方略，在这种方略的指导下，人们可以迅速有效地解决问题、完成任务，达到事半功倍的效果；并可以无数次地使用那些已有的解决方案，遇到相同或类似问题时，即可按照既定思路快速作出一个优良的设计方案，无须再重复相同的工作。模式有不同的领域，例如建筑领域有建筑模式，设计领域有设计模式，商业领域有商业模式，管理领域有管理模式等。

企业伦理模式，就是企业依赖一定的道德理念进行经营与管理的样式。一个企业的伦理观念往往决定了它的伦理模式。王小锡教授认为：“企业伦理模式是企业在长期经营实践中价值共识和文化积淀的产物，是企业伦理个性特征的表现结构。”① 我们看到，现实中由于不同的企业的价值共识和文化积淀是不同的，所以不同企业往往有不同的伦理模式。尽管如此，所有的企业伦理模式都由企业的价值观、道德守则和规章制度三个核心方面构成。企业的价值观决定了一个企业会以一种什么样的方式去面对企业内、外部的环境，企业的道德守则决定了企业以一种什么样的态度来满足各种利益相关者的需要，企业的规章制度决定了企业采用什么样的管理方式和手段。

（二）企业伦理模式的特征②

当一个领域逐渐成熟的时候，自然会出现很多模式。前面我们讲了，不同的企业可能会有不同的伦理模式。但就其共同特征来讲，主要有两个方面：

首先，企业伦理模式具有唯一性与不可复制性。企业伦理模式，从根本上来讲，它是企业生存、维持与发展的一种存在样式，是企业个性的表现形式之一。企业伦理是企业在发展历程中所凝聚的道德共识，是由企业的性质、历史、传统、文化、制度、战略以及经营管理者的道德观念决定的。就像世界上没有完全相同的两片树叶一样，不同企业的价值观、伦理精神是不同的。这就决定了企业伦理模式的唯一性。企业伦理模式的不可复制性主要是指企业伦理模式中的“价值观”很难被移植，即便在企业规章制度、道德观念被完全移植的情况下，也是如此。这正是很多企业频频模仿“成功企业”而屡屡失败的原因所在。例如，海尔模式的成功曾惊天动地，引得无数企业效仿，但是几乎都以失败告终，原因就在于有什么样的价值观就会有什么样的制度文化和规章制度，而价值观是很难模仿、移植的。

其次，企业伦理模式具有继承性、民族性和时代性。企业作为社会的重要组成部分，不只是单纯的经济个体，它还具有政治、法律、文化、历史等方面的社会属性。著名学者王小锡和朱金瑞教授认为，企业的伦理行为和模式选择，从根本上说是一种文化选择。民族的、历史的、时代的因素及社会制度等都在企业的选择中留下足迹。例如在企业伦理模式的选择上，西方企业注重个体，强调个体的存在价值和自由发展的权利；而中国企业注重整体，强调整体对个体的重要性和优先地位。另外，考察中国企业伦理建设的历程，不难发现，自从近代企业产生以来，中国企业的不同伦理模式主要在马克思主义、中国传统文化、西方文化的碰撞、融合、对比、选择中形成。每个企业在生存过程中，都会形成自己的文化，因此，企业伦理模式作为一种企业的文化形态，必然具有文化的一些特征，即继承性、民族性和时代性。

二、企业伦理的主要模式

企业对自身伦理模式的选择是由每一个企业的经营管理者的伦理观念、制度安排和战略选择、社会基础等变量决定，是企业个性的重要表现形式之一。但从根本上说企业伦理模式的选择又是一种文化选择，民族的、历史的、时代的及社会制度等背景

① 王小锡，朱金瑞．中国企业伦理模式论纲［J］．道德与文明，2003，（4）：26.

② 王小锡，朱金瑞．中国企业伦理模式论纲［J］．道德与文明，2003，（4）：26－27.

因素给每个企业的伦理模式烙下深深的印记，充分展现出其共性的一面。这种共性为研究已有的企业伦理模式提供了可能，下面我们就选择性地对已有的五种主要的企业伦理模式做一些分析和介绍。

（一）家族模式

以私营企业中的家族企业为代表。家庭以及家族经济共同体是人类经济发展史上最古老的经济组织，现代意义上的企业大多数也是从家族经济共同体转化而来。家族企业作为一种特殊的企业形态，已经遍及世界各个国家和地区。全球五百强企业中175家是家族控股企业，占到35%；在欧洲的上市公司中，法国和德国的上市公司中家族企业的比例高达64%，其他国家也接近50%。

家族企业一般以血缘关系为纽带，具有血缘关系和非血缘关系的家族成员是主要的管理人员构成，企业的所有权与经营权合二为一，实行“家长式管理”。这种以血缘亲情为纽带的企业伦理模式在伦理精神方面的同质性和继承性表现明显，在一定程度上有利于企业的迅速成长和发展，主要表现在：

1. 家长制有利于企业决策成本最小化

在实行家长制决策的企业中，相对较少的管理层次，避免了科层管理的层层申报、批准、下达、执行等烦琐的制度模式，简单的组织机构减少了决策的中间环节，节约了决策的时间，使企业能快速、灵活地应对市场变化。

2. 家庭信任转化为企业强有力的凝聚剂

家族信任是基于血缘、亲缘、姻缘基础之上的信任，它从本质上讲应是一种私人信任。正是这种内外有别的特殊主义信任，大大增加了企业内部成员的认同效应，降低部门之间的协调成本和费用，并使部门间产生互补效应，有利于整个公司和企业整体功能的发挥。

3. 家庭利益的至上性成为企业发展的强大动力

在家族企业伦理模式中，家族整体利益是超越个人利益之上的至上利益，家族的责任义务远高于个体的权利和需要，是所有家庭成员思想和行动的最高标准和价值尺度。

一些学者的研究表明，在日本、“亚洲四小龙”的崛起与腾飞中，儒家以血缘为中心的家族主义伦理发挥了重要作用。关于以家族主义为核心的血缘伦理模式所具有的优势，法国学者曼弗雷德·凯茨和德·维里尔将其描述为：“长期取向、行动的独立性、没有股市的压力、没有收购风险、家族文化是自豪的源泉、稳定性、强烈的认同、承诺与动机、领导持续性、困难时期的韧性、赚回利润的愿望、有限的官僚主义和非人格性、灵活性、财政收益、成功的可能性大、商业适应、家庭成员的早期培训。”① 但是，家族伦理模式存在着偏重于人的作用和价值实现而忽略制度效应和条例管理，偏重于血缘之间的特殊信任而缺乏推之于所有人的普遍信任，偏重于“任人唯亲”而

① ［法］曼弗雷德·凯茨，德·维里尔．金钱与权力的王国——家族企业的兴衰之道［M］．北京：机械工业出版社，1999：22－23.

不能广用贤能等缺点。这些缺点如不能有效地解决，势必成为企业发展的绊脚石。正如福山在对中西方文化进行对比后所言：“核心形态的家族企业的交替沉浮，这些企业在制度化或长存于二三代以上等方面的失败，对陌生人普遍存在的不信任，不愿把非亲非故之人带入家庭以及继承时平分家产的风俗，使得后工业化的中国台湾、中国香港和改革开放后的中国内地难以积累庞大的财富，这不啻是阻碍发展大规模企业的社会障碍。”①

(二) 制度伦理模式

企业制度伦理模式是以契约论为基础，将企业价值观及伦理精神渗透于制度安排的一种理性模式。其伦理模式有着明显的特征：一是企业不仅具有基于契约精神而制定的完备的制度系统，而且有严格的保证制度运转的规章。“一切按合同办”，“一切按制度来”是全体员工的共同理念。二是通过非正式制度提倡职业精神和个人价值实现，营造主动积极的企业氛围，降低管理成本和道德风险，以弥补正式制度的不足。同时，这类企业用人的重要评判标尺是业绩和能力，激励与约束机制比较健全和合理，职工成长的职业通道也较规范。

从多数学者一致认同的角度来看，制度伦理分为两个层次：制度中的伦理和伦理制度化。制度伦理是人们从既定的企业管理制度的本质规定和运作框架中引出的道德价值和道德评价，即制度的合伦理性、合道德性。它既强调制度本身蕴涵的伦理追求和道德价值理想，也包括人们对一定管理制度所做的伦理评判。它讲求公平精神、强调公共精神、注重人道精神。伦理制度化这是从管理制度方面来解决企业生活的伦理道德问题，也就是把一定社会的伦理原则和道德要求提升、规定为制度。推崇合理的价值观，倡导职业理想和个人实现，努力营造主动积极的企业氛围，降低管理成本和道德风险。

联想集团即为这类模式的典型。这种以契约正义为价值导向的模式，员工的权利和能力得到了尊重。他们既是劳动者，又是企业“老板”；既是利润的创造者，也是利润的分享者；既是为企业劳动，也是为自己劳动。员工在劳动和分配的过程中感受到为企业即是为自己。因此，员工的积极性、主动性和创造性可能得到最大的发挥。再如海尔公司持守可持续发展理念，实施品牌文化战略，其品牌文化包括“质量意识——有缺陷的产品就等于废品；市场意识—— 品牌无国界；用户意识—— 用户永远是对的；品牌意识—— 先卖信誉后卖产品；服务意识—— 星级服务”等；华为公司以岗位品质管理和各种业余委员会进行团队创新为主线来激发员工职业精神的任职模式，都是这方面的典型。

(三) 德性伦理模式

这种模式以志同道合为总体特征，有一种为大多数成员共同认可的企业使命，有共同的道德情感，有深厚的企业道德传统，有一套倡导主人翁精神的机制。这种模式也被另外一些学者称之为使命和责任模式，因为具备此类品质的企业往往表现出对国

① ［美］弗朗西斯·福山．信任——社会美德与创造经济繁荣［M］．海口：海南出版社，2001：94－95.

家、民族、社会等强烈的使命感和责任感的特征。

"那些被称赞的或可贵的品质就是德性"，这些品质体现于人称之为有道德的人，具体到企业同样可称之为有道德的企业。在一个内蕴德性伦理模式的企业，其德性的表现大致有两个方面：第一，德性的内在性。它有一种为大多数成员共同认可的企业使命，这种企业使命的来源不是厚积于企业长期形成的文化传统中，就是来自于行业领先者所受到的社会尊重和较高的社会预期压力之中。作为中国钢铁行业现代化、国际化标杆企业的上海宝钢集团是国家投巨资、集中了国内钢铁行业精英人才建成的具有世界先进水准的企业，振兴民族钢铁工业是宝钢全体员工认同的使命感。"日本企业之父"、株式会社的创始人涩泽荣一将国家的利益作为企业的重要使命和责任，他认为只要是对国家公众有益的事业，就应该出于"义"去做，即使有所亏损也在所不惜。第二，德性的自律性。当德性内化于企业并成为企业的核心价值观，必然会体现于企业的整体行为，甚至具体到每个员工的言行举止。我们熟知的中国传统药业的老字号同仁堂，其品牌以及仁德传统积淀了一代又一代同仁堂人的深厚情感，因而，从企业最高领导人到刚进入的新员工，人们说得最多的话是"不能让同仁堂这块金字招牌砸在咱们手中"，"不能对不起祖宗"。出于德性的自律行为，蕴涵着主体从事这种行为的自觉与自愿。同仁堂三百余年一直严格遵守"品味虽贵必不敢减物力，炮制虽繁必不敢省人工"的祖训，同修仁德、共献仁术、济世养生的仁德规范一直为新老同仁堂管理者和员工所遵守。

这种模式体现出的是一种德性权威，是一种高尚的境界，其形成与发展的文化基础是这些企业具有强劲的组织道德传统，企业领导人具有很高的道德素养和道德追求，员工的素质也比较高，从而为企业创造了良好的社会声誉。

（四）嫁接模式

跨国公司和外资企业大多采用这种模式。正如马克思、恩格斯所言："资产阶级，由于开拓了世界市场，使一切国家的生产和消费都成为世界性了。"① 到20世纪80年代后，经济全球化的进程大大加快，跨国公司在世界经济舞台上扮演越来越重要的角色，但同时这些企业在跨国经营中也面临着比国内经营更为严峻的伦理挑战。

当代企业伦理学家对形成这些挑战的根源进行了深入的探讨，认为其主要来自于不同的社会制度、文化传统和价值标准导致不同地区和国家的商业伦理准则的巨大差异。所谓伦理差距，并不是指一个国家比其他国家拥有伦理水平的高低，而是指不同国家之间的由于政治、法律及社会制度而导致的企业遵循的伦理标准制之间的差距。"不同的文化价值观和制度体系必然意味着人们不总在一个人'应该'做什么上达成共识，外派经理人员可能会遇到当地商业管理违背其文化敏感性及其母国法律的处境。"② 企业在面对诸如商务谈判的礼仪礼节、环境污染等问题时，必须要根据各个国家的商业伦理准则不同灵活处理，否则会出现轻则导致企业发展受阻、重则导致破产的后果。

---

① 中共中央马克思恩格斯列宁斯大林著作编译局．马克思恩格斯选集（第1卷）［M］．北京：人民出版社，1995：276.

② ［美］约翰·B. 库伦．多国管理［M］．北京：机械工业出版社，2000：406.

管理大师杜拉克指出："当前社会不是一场技术，也不是一场软件、速度的革命，而是一场观念上的革命。"在经济全球化的背景下，经济文化之间的冲突和融合加剧，跨国公司作为经济全球化的载体，实行本土化政策是其扩张的必然选择和成功的关键因素。企业本土化不但包括政治的、经济的、法律的方面，也应包括企业伦理的本土化，亦即杜拉克提出的"观念上的革命"。这里的企业伦理本土化指的是跨国公司的经营在遵循自身的伦理观念的基础上，必须结合当国、当地的伦理文化传统，并做出创造性的转换。由于类似于生物学的嫁接技术，我们把这种伦理模式称之为嫁接模式。

嫁接伦理模式建设中应注意两个原则：一是本土化原则，包括与当地合法政府合作，尊重所在国的文化、道德、宗教等传统；二是开放原则，企业要以开放的胸襟，平等地吸取不同伦理文化中的精华。嫁接模式是经济全球化过程中企业伦理模式建设的一种主流趋势，为许多的知名跨国公司所采用，如我们熟知的沃尔玛、家乐福、肯德基等。

三、企业伦理模式建设的关联因素

企业伦理模式的选择与建设与企业的观念、制度、形象等都有重要关联。企业只有不断创新企业观念、建立健全企业制度、树立良好企业形象才能找准自身模式，并不断发展。

（一）创新企业观念

观念是人类支配行为的主观意识。观念创新即观念的创造革新，就是要改变人们对某种事物错误的、背时的或不利于实践的既定看法和思维模式，换一个新的观察角度，得出一个新的认识，从而用新的观念指导行为的过程。在当前经济全球化、信息化、网络化、一体化趋势下，科技日新月异，经济生活瞬息万变，每个企业，都应当放眼世界，以追求卓越的思维和观念，不断改革与创新，否则随时都有被淘汰的可能。

1. 观念创新在企业创新体系中的地位

（1）观念创新是一切创新的先导。创新就是打破旧的规则、秩序、平衡，是人们对事物发展规律认识的深化、拓展和升华，但不是随心所欲的主观臆想或标新立异。概括起来，创新其实只有一个字，主动地"变"，而这种"变"就会与固有的文化、观念产生很大的冲突，因此，在进行各种创新之前，首先要解决观念创新问题。古人云，"不谋全局者，不足谋一域；不谋万事者，不足谋一时"，说的就是"思路决定出路"。而思路的形成离不开观念创新。海尔的创新就是打破原有的成功经验，不断地打破原有的平衡，重塑自我，超越自我。

（2）观念创新是管理创新的灵魂。管理创新，就是按照现代企业制度的要求，放弃旧的传统的管理模式及其相应的管理方式和方法，通过管理创新，提高自身的管理水平和生产力水平，再创企业竞争优势。但管理创新始于观念创新，管理创新的动力来自观念创新。要进行管理创新，首先要清醒地认识企业现状和内外竞争形势，充分认识管理创新的重要性、必要性和紧迫性，这样才能激起源源不断的管理创新动力。要使企业始终保持旺盛的管理创新能力，必须有先进的观念创新机制作保证。观念创新，不光是企业高层领导的观念创新，而是整个企业、每个员工的观念创新。

（3）观念创新是制度创新的关键。制度创新，就是用一种效率和效益更高的制度代替旧的制度。要改变一个人，先要改变他的观念，如果观念不变或勉强接受，是无法达到预期效果的，所以，要改变一个企业，必须从改变员工的观念开始。因此，如果不解决观念创新问题，就无法推进企业制度创新。目前一些经济发达国家的企业正在进行公司制度的改革，如在组织企业机构建设方面，讲求精干、灵活、高效；在产品定位方面，讲求高质量、高品位、高科技、高档次。日本企业也在积极寻求制度创新，逐步打破财团网络，改革僵化的等级制度等。要从观念创新下手，构建一套完全由市场效率和效益所决定的创新机制，始终保持观念创新的超前性和紧迫性，这样才能确保企业制度创新能够朝着健全、高效的方向进行下去，真正消除企业创新瓶颈，使企业能够主动融入世界经济一体化大潮中，在竞争中拥有一席之地。

（4）观念创新是技术创新的基础。技术创新是一个从新产品或新工艺设想的产生，经过研究、开发、工程化、商业化生产，到市场应用的完整过程的一系列活动的总和。换句话说，就是从新思路的形成开始，到研发生产，再向市场推出适销产品，强调的是以新的技术创造出尽可能多的经济效益，并获得最大的企业利润。它是以企业为主体，以市场为导向，以提高企业经济效益、增强市场竞争力和培育新的经济增长点为目标，以及创造性的构思和市场成功实现为基本特征，成熟性技术活动的综合成果。新思路的形成离不开观念创新，技术创新没有观念创新作后盾，很容易走入误区，甚至是死胡同。

2. 企业观念创新应具备的基本条件

（1）观念创新要敢于自我否定。观念创新的过程是一个自我否定，自我超越的过程，因此，企业若能进行自我否定，居安思危，不满足于现有成就，摒弃惯有的思维定式，建立一种全新的思想，就具有了进行观念创新的思想准备，就能够迎合时代的要求，解决现实生活中出现的各种问题。

（2）观念创新要有创新知识作坚强的后盾。知识的价值就在于它本身就是财富，而且现在的财富主要是由知识创造的，所以，观念创新必须要有一定的理论知识为支柱。企业要生存，要发展，离不开学习，学习新知识，认识新事物，不断进行“知识更新”，调整自己的生存结构和生存方式。因此，企业应成为学习型组织，只有通过不断学习，企业才会具有一定的创新知识，在获得技术更新和提高的同时，产生超前策划观念，并实现已有观念的突破，为企业的可持续发展奠定基础。

（3）观念创新必须具有创造性思维。创造性思维不是对固有知识的运用和再现，而是采用水平思考法，尽量摆脱既存观念，从新的角度对某事物重新思考，得出创造性解答的思维方式。有了这种创造性思维，就善于在事关企业命运的紧要时刻，根据企业的内部条件和外部环境，发现和抓住机遇，迅速作出决断，并对企业要素进行新的组合，使企业在市场竞争中以新制胜，以奇制胜。

（4）观念创新要敢于打破原有的利益机制。企业经营管理的创新，实质上就是调整利益机制，必然会使现存的某些利益群体受到损失，这些群体为了维持自己的既得利益，会对观念创新造成极大的阻力和障碍。因此，为了企业的长远利益，必须打破旧的平衡，建立更高层次的新平衡。

（5）观念创新要有全球意识、速度意识。进入电子化、信息化、网络化知识经济时代，世界成了“地球村”，如果说过去干企业是拿着全国地图，现在干企业则需要拿世界地图了。如今，产品寿命周期大大缩短，产品更新的速度越来越快，如果一个企业的创新速度慢于其他企业，说明这个企业缺乏竞争力。在迅速变化的市场竞争中，要求企业的管理者要随时觉察身边的变化，而且要知道是什么在变，知道怎样去适应变化。

（二）建立健全企业制度

以人管人是原始的管理模式，以制度管人是现代的管理模式。现代企业的发展与制度密切相关，企业要健康、科学发展就必须建立企业制度。制度是决定企业发展的最重要的因素之一，是企业管理的基石，是办好企业的重要保证。企业制度是指企业对其内部各个相关元素如人、物、资金等的各种约束和影响，以及这些约束和影响之间的关系共同组成的有机的整体。它不仅指企业中明文规定的各种规章制度，还指以这些规章制度为基础的人人都知道并遵行的企业工作规范。在现代企业中评价制度的优劣有两个标准：①是否有利于企业的核心利益，这种核心利益是企业长远利益、企业员工利益和股东利益的最优组合。②是否与企业特殊的经营的环境相适合，尤其是与环境中的人相适合，能否激发人的潜能。

1. 企业制度建设的作用

（1）有助于建立正常的生产和经营秩序。企业是一个多因素、多层次、多系列、多结构的复杂的综合体，要把这个综合体里的每一个成员的智慧和力量充分发挥并最优化地组织起来，高质高效地完成经营生产任务，就必须要有一整套管理制度，使企业的一切工作和成员有章可循。

（2）有助于调动成员的积极性。当企业建立起符合市场规律，符合现代管理原理，并能充分体现道德观念和行为规范的管理制度时，就会使全体员工知道应该做什么，不应该做什么，应该怎样做，不应该怎样做，以及明确自己的主要职责，所担负的职责对整个企业工作具有什么意义和作用。这样，就能把全体企业员工的工作积极性充分地调动起来，成为推动企业生产经营工作不断前进的巨大动力。

（3）有助于企业形成一流的企业文化。井然有序，蓬勃向上的员工队伍是办好企业的重要条件，也是一流企业的重要标志。企业制度的显著特点是具有实践性，制度一经制定，就要求所有员工按章办事。这样，在日积月累、反复实践的过程中，形成一种良好的风气和优良的学习、工作习惯，进而形成一流的企业文化。

2. 企业制度建设的思路

从企业管理的角度来看，若我们能够通过制度设计将企业经营目标和个人价值实现统一起来，使企业员工在追求个人价值最大化的过程中，自然而然地实现企业价值的最大化，那么这种制度设计就算成功了。作为一个优秀的企业，其制度建设应体现以下几个特性：

（1）系统性。在具体的制度建设过程中，系统性问题是首要考虑和解决的问题。

系统性在制度建设上主要体现在两个方面。第一个方面是制度管理的全面性，它要求企业各项管理制度及其所包含的规范、规则和程序充分满足企业正常、有效经营的需要。第二个方面是各项管理内容的完整性，它要求企业的各项管理制度充分满足各专项管理的需要。企业在制度设计及其日常管理过程中，如果没有坚持贯彻系统性的原则，其制度建设就会普遍存在制度内容和管理程序交叉、重复、冲突，以及形式不规范等问题。

（2）规范性。规范性在制度建设上主要体现在三个方面。第一个方面是行为规范。管理制度本身就是一种规范，是企业员工在企业生产经营活动中所要共同遵守的规定和准则的总称，它要求企业员工在职务行为中按照企业经营、生产、管理相关的规范与规则来统一行动。第二个方面是编制规范。专业性管理制度一般由一些与专业或职能方面的规范性标准、程序、控制、检查、奖惩等因素组合而成。在管理制度的内涵及其表现形式诸多因素中，属于规范性的有编制目的、编制依据、适用范围、制度构成等；属于程序性的有制度实施环节，实施的具体程序，控制制度实现或达成期望目标的方法及程序，以及形成、完善或修订制度的过程，制度生效的时间，与其他制度之间的关系等。第三个方面是实施规范。管理制度要得到规范实施，必须具备下面两个条件：第一，编制的制度是规范的，符合企业管理科学原理和企业行为涉及的每一项事物的发展规律；第二，实施制度的全过程是规范的，企业员工的整体职务行为或工作程序是规范的。

（3）动态性。在企业的发展过程中，企业制度具有相对的稳定周期与动态时期，这种“稳定”与“动态”受企业的行业性质、产业特征、企业环境以及企业人员素质、企业经营者的个人因素等的综合影响。企业应该依据这些影响因素的变化，控制和调节制度的稳定性与动态性。一般来说，导致制度动态变化的因素有三种情况：第一种是企业经营环境、经营产品、经营范围、成员素质等是会经常变化的，这些变化相应会引发组织结构、工作岗位、员工队伍、工作技能的改变，继而会导致制度使用主体发生变化，这些变化反映在制度上便是制度及其所含的规范、规则被改变或进行修改、完善。第二种是产品结构、新技术的应用导致生产流程、操作程序发生改变，与之相关的制度会因此而改变或进行修改、完善。第三种是企业发展战略及竞争策略的调整，需要不断提高工作效率、降低生产成本，当原有的制度成为提高效率的阻碍因素时，就有必要重塑企业机制，改进制度。

（4）创新性。企业制度的设计、编制过程，是企业结合实际，按照事物的演变过程及其内在本质规律，依据企业管理的基本原理与创新的方法或原则形成规范的过程。同时，制度的动态变化需要企业进行有效的创新，也只有创新才能保证制度的相对稳定性与规范性。

（三）树立企业形象

今天，企业产品在功能和服务上的差距日渐缩小，企业之间的竞争已从传统上的产品竞争、价格竞争、服务竞争等拓展到企业的整体性竞争，即企业形象的竞争。企业形象是企业物质生产活动和精神活动的集中体现，一般是指企业的关系者（主要是公众）对企业的整体感觉、印象和认知，是公众对企业理性认识的结果。企业要想在市场竞争中取胜，就必须塑造良好的企业形象，以扩大企业影响，增强企业的凝聚力和竞争力。企业形象的构成要素很多，如企业的名称、标志、环境，企业的成员形象，企业的产品质量和服务水平、诚信状况、管理水平，企业理念、精神和社会责任等。评价企业形象最基本的指标有两个：知名度和美誉度。知名度是公众对企业知晓、了解的程度，美誉度是企业在公众中受到的信任和赞许程度。知名度和美誉度实际上是对同一感知对象评价和分析过程中量和质的问题，知名度主要衡量和评价量的大小，美誉度则涉及社会舆论的质的价值评判。企业形象塑造所追求和期望的是高知名度和高美誉度的统一。

1. 市场经济条件下企业形象的作用

（1）导向作用。企业形象是企业文化的重要内容，其核心是企业的价值观。这种价值观，具有强有力的引导行为的作用，即对企业员工的心理、性格、形象、价值取向等起导向约束作用，对企业的发展起引导作用。这种导向作用引导着企业及企业员工约束自己的行为，维护企业和个人的形象，为实现其目标而努力奋斗。

（2）凝聚作用。良好的企业形象，能使企业员工产生强烈的归属感、自豪感和对企业目标、准则、观念的认同感，从而在企业内部形成强劲的向心力和凝聚力。企业员工都能想企业所想，急企业所急，并在参与企业管理、维护企业形象和利益的活动中，发挥自己的聪明才智，实现自己的人生价值，形成巨大的整体效益。

（3）激励作用。良好的企业形象，能激发企业员工的内在积极性，能有效增强员工的使命感和责任感，激励员工发挥主动性、积极性和创造性，自觉地把自己的命运与企业的发展结合在一起，从而更加努力地工作。

（4）宣传广告作用。良好的企业形象，能起到宣传企业、推销产品、吸纳资金、促进企业发展的作用，有助于增强企业的外引力、知名度和美誉度；有助于让世界认识企业，让企业走向世界；有利于增强企业的协同力和对外环境的吸引力，特别是在企业遇到特殊困难时，能及时得到政府及社会各界的理解、支持和帮助。

（5）竞争推动作用。企业形象愈独特，就愈有交流性和竞争性，也必将带动企业人财物的交流性和竞争性，从而有助于企业引进更多的人财物，推出更多的企业特有产品，增强企业的市场竞争力，加速企业的发展和进步。

（6）社会辐射作用。企业形象有物质文明和精神文明建设的要素、目标，企业形象的塑造，必将整体提高企业两个文明建设的管理水平，全面提高员工队伍的整体素质。这样，内外形象的协调发展，经济效益与社会效益、物质文明和精神文明的共同进步，不仅对企业产生越来越大的影响，而且能向社会辐射，直接或间接地推进整个社会的进步与发展。

2. 市场经济条件下企业形象的塑造

（1）培育优秀企业文化。培育优秀企业文化是塑造企业形象的根本。企业文化是企业全体成员在长期生产经营过程中逐渐形成的经营思想、管理方式、群体意识和行为规范的总和，反映了员工的共同理想和价值观念，代表着企业的强烈追求和努力方向，具有鲜明的企业个性特征。企业文化是企业形象形成的基础，企业形象是企业文化的综合外在体现。因此，在企业形象塑造过程中，企业文化建设应该是第一位的。所谓培育优秀企业文化，其实质就是建设与环境变化相适应的企业文化，要求企业通过文化变革，树立“以人为本”的核心管理理念，塑造新的企业价值观，营造出一个追求效率、讲诚信、顾大局、责任心强、团队精神与协作精神强、不断学习、勇于创新的文化氛围，培育适应知识经济环境的学习文化、创新文化、速度文化、融合文化、诚信文化等。如海尔“真诚到永远”，菲利浦“从现在开始做起”等。

（2）加强全面质量管理。产品是企业联系社会的桥梁和纽带。人们认识企业，首先从认识产品开始。产品形象如何，将直接关系到企业形象的优劣和企业的兴衰存亡。树立产品形象，争创名牌，其前提条件必须是保证和提高产品质量。产品的优劣标志着企业的发展水平、科技含量、企业员工的素质与技能。在企业管理过程中应强化质量意识，注重市场调研和产品的开发设计，并结合企业实际情况采用先进适用的技术，加强全面质量管理，确保提供给用户的产品是优质的产品。如，夏普公司的液晶显示技术使其可以在笔记本电脑、袖珍计算器、大屏幕电视等领域都比较容易获得市场的青睐。

（3）提高企业员工素质。企业员工的素质，主要指文化素质、生产技术素质、经营管理素质，包含服务态度、职业道德、行为规范、精神风貌、文化水平、业务技能等，其代表着一个企业的形象，对企业形象的建设、塑造和传播，起着至关重要的关键作用。因此，提高企业员工素质，是塑造良好企业形象的保证。

（4）加大环境建设，创造社会效益。企业生产经营的目的，不但要创造经济效益，还要净化社会环境，创造社会效益。因此，企业必须将经营功能和社会功能合理有效地融为一体，主动地在为国家社会履行义务、承担责任的过程中，吸引人们去了解企业，关心企业，使企业形象在人们的心目中完善起来。创造社会效益应从五大环境工程入手，即建设洁净有序的工作环境、优美舒适的生活环境、团结互助的人际环境、健康向上的文化环境、遵纪守法的社区环境。

（5）进行有效的形象宣传和形象推广。塑造良好的企业形象是以实实在在的内涵为基础的，但要扩大企业知名度，提高企业社会信誉，做好企业形象的对外宣传是必不可少的。为使公众对企业留下良好而又深刻的印象，可通过导入企业识别系统（CIS）战略，通过系统的设计来实现形象再造。CIS 是企业给公众建立的认知系统，通过认知系统中的视听识别系统、理念识别系统、行为识别系统把企业文化创造所包含的信息全方位地传播给公众，让公众认识企业，认同企业宗旨，信赖企业活动，参与企业行为，从而形成企业良好的社会形象。

美国可口可乐公司的总裁曾经说过：如果可口可乐遍及全世界的工厂一夜之间被大火烧光，我们也不会害怕，我们将凭借可口可乐火红的标志向银行贷款，可以迅速再现一个可口可乐王国。这是因为可口可乐公司拥有良好的企业形象，其在红色背景前简简单单的八个英文字母标记已深深印入消费大众的心中，得到全世界消费者的认可。所以说良好的企业形象是企业的一种无形财富，能给企业带来巨大的经济效益和社会效益。塑造良好的企业形象已成为企业的无形资产保值和增值的主要手段。

【本章小结】

企业，作为独立的经济实体，要在市场上生存和健康发展，离不开企业伦理的支撑。一定程度上，一个企业的伦理观念与模式决定着其自身的形象和在市场中的地位。并且，我们发现，越是追求卓越的企业往往越是重视自身伦理“修养”。通过深入剖析企业伦理的观念与模式，可以为正在适应市场经济的现代企业提供重要参考。本章第一节从企业与道德的关系入手，阐述了企业树立伦理观念的必要性、企业伦理观念的基本问题及企业伦理的五大核心观念；第二节阐述了企业伦理模式的含义及特征，并介绍和分析了企业伦理的几种主要模式，最后对企业伦理模式建设进行了机制分析。

【思考与练习题】

一、名词解释

1. 企业伦理观念
2. 企业伦理模式

二、简答题

1. 企业伦理的核心观念有哪些？
2. 企业伦理的主要模式有哪些？

三、论述题

试论述企业与道德的关系。

四、思考题

企业伦理观念与企业伦理模式之间的关系是怎样的？

【本章参考文献】

[1] 张应杭，黄寅．企业伦理：理论与实践［M］．上海：上海人民出版社，2001：6.

[2] 刘红叶．企业伦理概论［M］．北京：经济管理出版社，2007：4.

[3] 徐大建．企业伦理学［M］．上海：上海人民出版社，2002：51.

[4]［美］查理德·T. 德·乔治．经济伦理学［M］．李布，译．北京：北京大学出版社，2002：17.

[5] 欧阳润平．企业伦理学［M］．长沙：湖南人民出版社，2003：58－62.

[6]［美］詹姆斯·L. 多蒂，德威特·R. 李．市场经济：大师们的思考［M］．

林季红，等，译．南京：江苏人民出版社，2000：5.

［7］［美］乔治·斯蒂纳，约翰·斯蒂纳．企业、政府与社会［M］．北京：华夏出版社，2002：15.

［8］［法］曼弗雷德·凯茨，德·维里尔．金钱与权利的王国——家族企业的兴衰之道［M］．北京：机械工业出版社，1999：22－23.

［9］［美］弗朗西斯·福山．信任——社会美德与创造经济繁荣［M］．海口：海南出版社，2001：94－95.

［10］中共中央马克思恩格斯列宁斯大林著作编绎局．马克思恩格斯选集（第1卷）［M］．北京：人民出版社，1995：276.

［11］［美］约翰·B·库伦．多国管理［M］．北京：机械工业出版社，2000：406.

［12］王小锡，朱金瑞．中国企业伦理模式论纲［J］．道德与文明，2003，(4)：26－27.

第四章　企业伦理决策与困境

【知识目标】

了解企业伦理决策的起源和相关理论基础；
了解企业伦理决策的过程及重要性；
理解造成企业伦理决策困境的制约因素及对策。

【技能目标】

运用伦理决策模型分析企业的伦理决策问题；
能够根据伦理决策的过程分析企业决策遇到的实际问题。

【本章内容】

第一节　企业伦理决策

现代企业管理的过程中，存在众多的决策问题。传统上，企业做出一项决策主要从经济、技术、政治等角度考虑和分析问题，从而做出符合企业管理目标的相应决策。近年来，国内外一些企业发生了一系列耸人听闻的商业丑闻，为追求利润最大化，有的企业不择手段，唯利是图、偷税漏税、欺诈交易、偷盗商业秘密、制假贩假、不履行合同、做虚假广告、行贿受贿、污染环境等行为充斥市场、不绝于耳。企业伦理道德出现大幅滑坡的颓势，让人担忧。企业的伦理道德、诚信等问题逐渐成为一个世界性的话题，人们对企业责任日益重视，企业伦理道德方面的考虑逐渐出现在企业的各项决策中。

一、决策与决策理论

（一）决策的定义

“所谓决策，是指组织或个人为了实现某种目标而对未来一定时期内有关活动的方向、内容及方式的选择或调整过程。”① 企业的管理人员通常要就一些问题做出抉择：要做什么，由谁来做，何时、何地以及如何去做。这个抉择的过程就是决策。决策是

① 周三多．管理学［M］．北京：高等教育出版社，2010：98－103.

企业活动的重要组成部分，它几乎贯穿企业的全过程。

（二）决策依据

在组织或个人作出决策的过程中，决策相关信息的数量和质量直接影响该项决策的水平。高质量的信息是做好决策的关键因素。但是在收集信息的过程中，决策者不能不计成本地收集各方面的信息，也不可能不分主次，收集所有相关的信息。因此，决策者应该在确定所需信息的数量、种类及信息来源时考虑获取信息的成本，信息量过大可能有助于决策水平的提高，但必然会导致决策成本增加；而信息量过少则有可能使决策者无从决策或导致决策不当。因此，适量、关键的信息是决策的依据。

（三）决策理论

1. 古典决策理论

古典决策理论，也叫规范决策理论，是基于“经济人”假设提出来的，20 世纪 50 年代以前曾一度盛行。古典决策理论认为，决策的目的在于为组织获取最大的经济利益。古典决策理论的主要内容是：

（1）决策者必须全面掌握有关决策环境的信息情报。

（2）决策者要充分了解有关备选方案的情况。

（3）决策者应建立一个合理的自上而下的组织体系，以确保命令的有效执行。

（4）决策者的目的始终都是在于使本组织获取最大的经济利益。

古典决策理论假设决策者是完全理性的，决策者在充分了解有关信息情报的情况下，可以作出符合组织目标的最佳决策，使组织获得最大的经济利益。但是古典决策理论忽视了非经济因素在决策中的作用，这种理论不一定能正确指导实际的决策活动，从而逐渐被更为全面的行为决策理论代替。

2. 行为决策理论

行为决策理论研究始于对理论决策理论中的不足和弊端进行的探索，于 20 世纪 50 年代开始发展起来。该理论认为除了经济因素以外，决策者个人的行为表现，如态度、情感、经验和动机等因素也会影响其决策。该理论的代表人物是西蒙。他认为人的实际行动不可能完全理性，决策者是有限理性的行为人，不可能预见一切结果，只能在供选择的方案中选出一个较为“满意的”方案。

行为决策理论的主要内容是：

（1）人是有限理性的，在复杂的现实决策环境中，人的知识、想象力和计算力往往是有限的。

（2）决策者在发现问题、识别问题的过程中容易受知觉上的偏差的影响，而在对未来的状况作出判断时，直觉的运用往往多于逻辑分析方法的运用。

（3）即使决策者充分了解和掌握有关决策的信息，也会受决策时间和可利用资源的限制，只能做到尽量了解各种备选方案的情况。决策者的理性是相对的。

（4）在风险型决策中，与经济利益的考虑相比，决策者对待风险的态度起着更为重要的作用。风险厌恶型的决策者往往倾向于接受风险较小的方案，尽管风险较大的方案可能带来较为可观的收益。

（5）决策者在决策时往往只求满意的结果，而不愿付出更多的时间成本、物质成本去寻求最佳方案。

二、企业伦理决策理论

传统企业往往只认同“利润最大化”这一单极价值观，在决策时只注重经济效益，决策方案的衡量多考虑经济的、技术的与政治的标准，而较少考虑社会的伦理的标准。随着社会发展的不断深入，伦理问题越来越引起人们的关注，伦理决策也越来越为企业所重视。

企业伦理决策是指企业在作出决策时，除了经济、技术、政治等因素以外，也要考虑道德因素，即企业作出决策时遵循伦理原则。

（一）企业伦理决策的兴起

随着企业伦理学的兴起，学术界开始了对企业伦理决策的研究。20 世纪 70 年代，很多企业为了追求最大利润，往往罔顾企业道德，商业欺诈、商业贿赂、不安全产品等不正当企业行为泛滥，企业丑闻不断曝光，如美国国际电话电报公司、海湾石油公司、埃克森公司、格鲁曼宇航公司、默克公司等贿赂事件，海湾石油公司、布兰尼弗和美国航空公司非法捐款资助尼克松竞选连任，以外，用垃圾债券诈骗投资者的钱财、非法操纵市场和违规股票交易，随意处置有毒化学物质、严重污染环境、生产有毒或危险产品等事件层出不穷，引起公众极大的不满。1962 年，美国政府公布了“关于企业伦理及相应行动的声明”，企业伦理开始应用于一些美国企业的决策实践中，揭开了伦理管理的序幕。1974 年，美国堪萨斯大学哲学系和商学院共同发起召开了首届企业伦理学研讨会。接下来的 30 年中，企业伦理的触角逐渐延伸到整个“经济生活领域”。此后，许多欧洲国家也越来越重视企业伦理的应用，并于 1987 年在比利时首都布鲁塞尔成立了欧洲企业伦理网络。在英国、德国，许多企业制定了自己的企业伦理准则，并设立了专门的企业伦理机构。其他西方国家也逐步引入企业伦理，开始重视伦理决策。而我国经济伦理学的起步始于 20 世纪 70 年代，决策伦理的研究则起步更晚，大概在 20 世纪末。

（二）企业伦理决策的理论基础

企业伦理学作为一门古老的学科已经形成了各种伦理理论，如目的论、道义论、美德论、直觉论等。各种理论又由多个流派组成，可谓五彩纷呈。西方的伦理决策通常是以伦理学理论为基础，主要有目的论中的合理利己论、功利论；道义论中的显要义务论、公平公正论；结合了目的论和道义论的相称论以及后来产生的社会契约论。

1. 目的论

目的论强调决策的后果，从后果来判断决策是否符合道德。仅重视决策的结果，而不重视决策的动机与过程，代表性的理论是合理利己论和功利论。

（1）合理利己论。合理利己论的代表人物有洛克、爱尔维修及费尔巴哈等。该理论认为每一个经济利益主体都有权利追求自己的利益，但在追求自身利益的过程中，必须遵循两个基本条件：第一，通过利益共享的手段，让交易各方都得到理想的效益；

第二，保证非当事人享有最低限度的权利。

可见，合理利己论既承认经济利益主体追求自身利益的合理性，又要求不损人利己，支持企业与其他利益方的互惠和双赢，要求避免对其他方的严重伤害。这符合企业活动追求利润及企业社会性的要求，因而成为西方企业伦理决策的主要理论基础。

（2）功利论。功利论是 19 世纪颇具影响的目的论流派。该理论认为“最大多数人的最大幸福”就是“善”的行为。善可以被描述为“效用”，如果一个决策中，最大多数人的效用总和比任何别的选择都大，那么它便是道德的。该理论的前提条件是人们可以对某个决策或行为所产生的利弊后果做出权衡，可以对几种决策备选方案进行成本－效用分析，然后选择能产生最大效用的行动方案。

2. 道义论

道义论基于行为本身是否遵守了某些义务来评价人们的行为，决策是否道德与该决策的结果无关。它重视决策的过程，而不重视决策的结果。道义论的代表理论有显要义务论和公平公正论。

（1）显要义务论。显要义务论由当代英国哲学家罗斯创立，他认为在大多数场合，一个正常的人往往能认识自己应当做什么，并以此作为一种道德义务。他归纳出六条最基本的义务——忠诚、感恩、公正、行善、自我完善、无伤害，违背其中任何一条基本义务的行为都是不道德的。

显要义务论从正常人的直觉出发，以决策或行为是否遵守显要义务为判断标准，符合人们的生活体验，易于实践，因此在很多企业伦理决策模型中被运用。

（2）公平公正论。公平公正论由美国哈佛大学哲学教授罗尔斯提出。该理论提出了自由原则和差异原则这两大原则，如果决策遵循了这两大原则，决策本身就是符合道德的。

所谓自由原则，是指在不影响其他人行使同样权利的前提下，让社会每一成员尽可能多地享受自由。这意味着企业决策者必须尊重利益相关者的自由和权利，否则就是不道德的。比如消费者有权利根据自己的意志选择产品，获得关于产品和服务方面的完备信息，并获得安全、可靠的产品，企业决策不应当剥夺消费者的这些权利。

所谓差异原则，是指社会、经济中如果有不平等，应使社会最底层的人获得最大的利益。根据差异原则，企业不能凭借在交易中的优势地位损人利己。如果企业的行为使最底层的人生存状况变得更差，这是不道德的。

公平公正论主张保障社会最底层的弱势群体的基本利益，从道德公正角度确定了企业应该树立的经营观念。强调企业决策者应该关注在市场中处于弱势状态的消费者的权利，要求企业决策不能恶化弱势群体的生存状态，为企业决策提供了基本的依据。

3. 相称论

相称论是一种结合目的论和道义论的综合性伦理理论，由美国学者加勒特提出。该理论主张没有普遍适用的伦理原则，一切“视情况而定”。该理论认为应该从目的、手段、后果三个方面来考虑某项行为是否合乎道德。该理论包括四条基本原则：

（1）无论是作为手段还是目的，对他人造成“大恶”是不道德的。

（2）若某项决策中所用的手段和想达到的目的均无可指责，但决策者可以预见该项行为将产生不利的副作用，则决策者应该避免副作用的产生，否则，该决策就是不道德的。

（3）找出不相称的理由就允许或放任一种“大恶”，或给人造成重大损害，这是不道德的。

（4）提不出相称的理由就期望、允许或放任一种对他人的“小恶”或“小害”发生，同样也是不道德的。

在指导实践上，相称论要求人们将商业活动中有规律地发生的不道德弊病划分“严重等级”，以便采取不同的控制和补救措施，是很有应用价值的，因而广泛地为企业采用。

三、企业伦理决策的重要性

近年来，安然公司、世通公司、环球电信、施乐公司等接连爆出经济丑闻，这些企业的老总们纷纷受到司法指控。中国著名的三鹿集团也因为生产含有三聚氰胺的问题奶粉付出了沉重的代价。冠生园的陈年月饼馅、毒大米、地沟油、上海在建楼房倒塌、北京的电梯事故等事件直接导致了当前中国市场上的企业伦理危机和企业生存危机，企业的社会责任越来越受到公众的关注，企业管理者们开始思考棘手的伦理问题，企业伦理决策成为企业关注的重点。企业的道德形象正在成为企业提高自身竞争力不可忽视的资源优势，企业的生存发展必须建立在诚信、守约、信誉、质量基础之上，企业伦理化决策不仅是利益相关者对企业的要求，更是增强企业竞争力、提升企业形象、实现企业可持续发展的重要组成部分。

（一）有利于企业自身的生存发展

企业决策时引入伦理观念将会延长企业的生命周期，提升企业自身的学习能力，增加企业的长期竞争优势。众多的企业实践表明，正确的伦理决策有助于增强企业内部的凝聚力，树立良好的企业形象和信誉，使企业更易取信于社会，赢得社会及公众的认可，为企业的长期稳定与繁荣提供重要的保证，实现道德与经济的双赢。众多的企业实践表明，在市场经济日益成熟、法制逐步健全的社会里，企业必须履行企业的社会责任，否则就难以生存下去。从长远来看，只有重视伦理的企业才能获益更多。

（二）有利于赢得消费者的信任

企业在参与市场竞争的过程中，必然要追求并实现其利润最大化，这是无可非议的。但同时企业必须时时处处事事为消费者着想，保护消费者越来越多的健康和安全的需要，为消费者提供安全良好的产品和服务以提高企业在消费者心目中的信誉，获得较高的顾客满意度和忠诚度。这样，才能维持老客户，开发新客户，保证企业经济利益最终得以实现。企业为了追求自身的经济利益而放弃自己的伦理责任、损害社会公共利益或消费者权益的行为都是对企业自身和其他利益相关者不负责任的行为，它会导致企业失去社会公众的信任和支持，最终必然要为自己的行为付出沉重的代价。

（三）有利于获得企业内部的最大支持

企业必须通过有秩序、有组织地从事生产经营活动来创造利润和价值，任何生产和经营都离不开企业员工的参与。企业尊重员工的价值，保障员工的安全，维护员工的身心健康，为企业员工提供安全、舒适的工作环境和生活环境，重视企业员工的需要，一方面可以最大限度地提高员工的积极性、主动性和创造性，激发员工对企业的忠诚感和责任感，增强员工之间以及企业内部上下级之间的信任，从而减少工作中的摩擦和冲突，降低管理成本；另一方面企业员工素质和道德认知水平的提高也会提升企业的整体素质和道德认知水平。和谐的企业文化必然有利于企业的长期发展。

（四）有利于企业实现与合作伙伴的双赢

重视企业伦理的企业往往有着良好的声誉，负责任的企业能够更快、更易得到合作者的信赖和支持。坚持合理的道德准则，可以帮助企业更快地建立与合作伙伴的牢固关系，使企业更易于在协商处理商业上遇到的障碍时得到对方积极的回应。企业间的相互信任、互惠互利有助于建立良好的市场秩序，提高市场运行的效率和经济行为成本的降低，实现与合作伙伴的双赢。

（五）有利于提升企业形象

现代社会是信息社会，电视、报纸、网络等传播媒介的迅速发展，使社会舆论的监督力量大为增强，企业的各种行为都在公众的视野之中，无视企业伦理和社会责任的企业必然受到社会公众的道德制裁，甚至是法律制裁，从而导致管理的效益追求得不偿失。作为市场的主体，企业既是一种经济组织，又是独立的道德责任主体，应该承担起相应的社会责任和义务，伦理在企业决策过程中的体现会使企业赢得顾客和社会公众的赞赏，树立良好的企业形象，提高企业的声望，维持自身的长远利益，这是企业宝贵的无形资产。

第二节　企业伦理决策模型与过程

一、企业伦理决策模型

为了将企业伦理理论更易于应用到企业实际决策过程中，西方学者和企业提出了一些伦理决策模型，研究企业决策应该遵循怎样的行为规范，帮助企业管理者做出符合伦理的决策。

西方的伦理决策模型一般建立在以下四项基本因素的考量上：

（1）决策后果将影响到谁？

（2）决策后果将产生怎样的效益？

（3）决策时个人的权益保护如何？

（4）决策时的依据是什么？

下面将简单介绍影响较大的道德树决策模型、伦理检查模型及九问式模型三种伦理决策模型。

(一) 道德决策树模型

此模型是由杰拉尔德·卡瓦纳等人提出的。它的基本逻辑方法如图4.1所示。

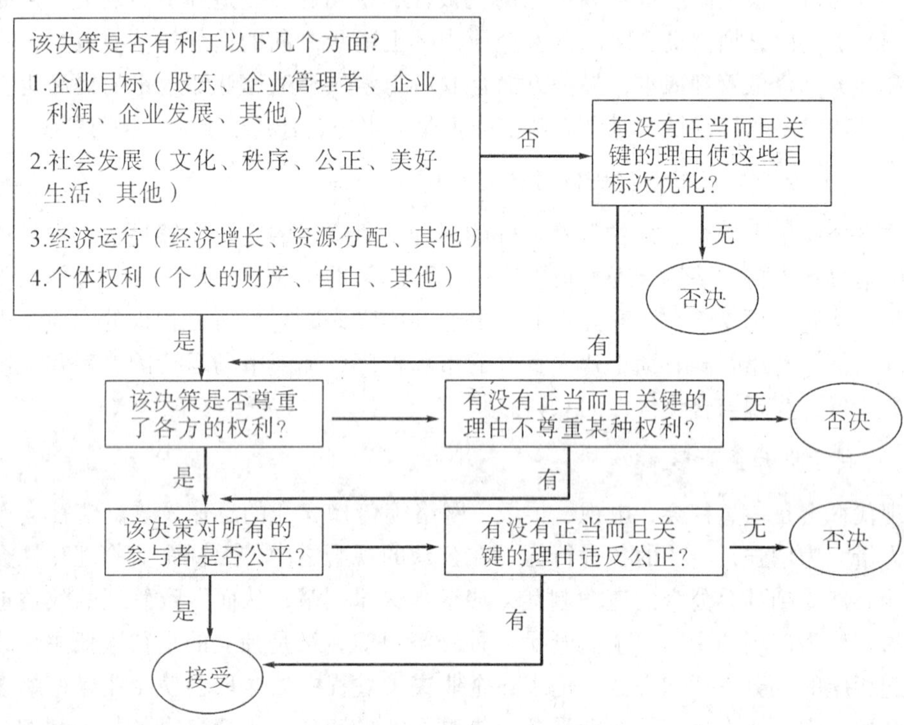

图4.1 道德决策树模型

(资料来源:阎俊,常亚平.西方企业伦理决策:理论及模型.生产力研究,2005.)

这个模型首先从决策的后果和决策对义务与权利的尊重两方面来评价决策在道德上的可接受性。模型首先要求决策者考虑该项决策对利益相关者的影响,如对企业目标、社会发展、经济体系的运转、该项决策涉及的个人权利的影响。从后果的角度衡量之后,模型要求继续从道义方面评价决策,考虑对受影响者权利的尊重和对各方的公正性。最后运用加勒特的相称理论,考虑例外情况的解决方式。该模型的缺陷在于对利益相关者长短期利益平衡未加考虑。下面我们通过案例来了解这个模型。

案例1:有家美国公司要在某个环境法规不太严格的国家建立一间制造厂。在美国,法律规定建立同样的制造厂必须安装污染控制设备,而在当地,法律未作要求。假设该公司在当地的制造厂不安装污染控制设备,公司可节省费用1 000万美元。但是,该公司经调查得知,若不安装污染控制设备,制造厂排放的未经处理的污染物将会破坏当地的渔业,造成数千万美元的收入损失,并危害当地居民的健康。

让我们运用道德决策树模型来解决这个案例中的决策问题。首先要问的是,建立不具标准污染控制设备的工厂是否对企业目标、社会发展、经济运行和个体权利都有利?答案显然是否定的。制造厂排放未经处理的污染物将会破坏当地的渔业,造成巨大的损失,对当地的社会经济秩序不利。那么是否有正当且关键的理由呢?若决策者认为没有,该公司就不会建立没有安装污染控制设备的制造厂了。若决策者认为这将会使企业利润最大，他接下来应该问：这项决策是否尊重了各方的权利？答案也是否定的，因为这必将损害当地居民的收入和健康。

对于该公司而言，对决策树上所有问题的回答都得出了同一个结论：如果该公司建造这间海外工厂，从企业伦理上说，它必须安装污染控制设备。

当然，商业上的伦理问题不可能这么简单，在现实世界中，是否设立工厂的决策会涉及财务、法律和道德等方方面面的权衡，会牵涉从海外的渔民一直到国内的员工、股东和客户等众多的利益相关者。因此，决策树的作用并不是用来简单处理每一个道德问题，而是为企业决策者提供一个研究道德问题的框架。

（二）伦理检查模型

伦理检查模型的理论依据是合理利己论和显要义务论，该模型由肯尼斯·布来查德和诺曼·V. 皮尔在1988年提出，包括三个伦理检查项目。

（1）合法吗？

（2）长、短期利益是否平衡？

（3）自我感觉如何？

伦理检查模型如图4.2所示。

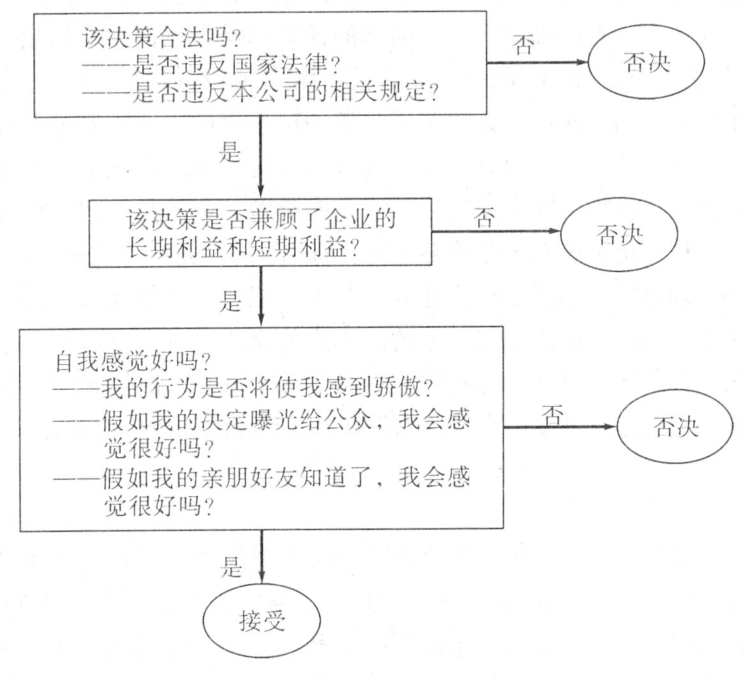

图4.2 伦理检查模型

（资料来源：阎俊，常亚平．西方企业伦理决策：理论及模型．生产力研究，2005.）

企业在运用该模型制定伦理决策时，首先要进行合法性检查。依据合理利己论，个人或本企业利益的实现应当在合乎良心与法律规范的前提条件下进行。一般而言，伦理与法律是一致的，不合法的往往是违背伦理和道德的。然后，检查一项决策是否兼顾了长远利益和短期利益。其理论依据是：具有长远利益的行为不大可能是不道德的行为。违反伦理的行为，有时在短期是有利可图的，但从长远看则得不偿失。最后，企业决策者对一项决策进行自我感觉检验和曝光检验。这里，模型实际上假定决策者知道对他人、对社会应有的义务，如果决策违反了诸如诚实、感恩、公正、行善、自我完善、不作恶等当然的义务，决策者应该会感到良心的谴责和无法面对其他人。若决策者做出违反伦理的决策由于环境压力或利益诱惑，对自我感觉这一项目的检查就会唤醒决策者本身的伦理意识。

让我们用伦理检查模型来解决案例 1 的问题。首先是合法性检查，建造不具标准污染控制设备的工厂是否合法？在该案例中，答案为“是”。接下来要问的是：“该项行动是否兼顾了企业的短期利益和长远利益？”显然，该项行为在短期是有利可图的，但从长远看，却损害了工厂周围的环境和所在社区的福利，势必会使企业的声誉受到影响。若决策者判断建造不具有污染控制设备的工厂对企业声誉的危害大于取消该计划给股东带来的损失，决策者就会回答“否”，从而做出“不要做”的决策。

现在，假设董事会建议建造一间与此多少有些不同的工厂，该工厂将装备污染控制设备，尽管这会减少股东价值。这将把我们带回决策较早的另一个分支，回答“不采取该项行动（即不安装污染控制设备）合乎道德吗”这一问题。如果答案是“否”，决策树就会要求董事会启动这项计划，但同时必须公告说明该决策对股东产生的影响。

对于该公司而言，对决策树上所有问题的回答都得出了同一个结论：如果该公司建造这间海外工厂，从道德上说，它必须安装污染控制设备。

该模型的优点是简单实用，无须掌握抽象的伦理原则，便可做出大致符合伦理的决策，因此被很多企业采用。但是这三个核查项目所追求的伦理层次不高，可以用来避免明显或严重违反伦理的决策或行为，但不能激发企业及员工的高标准的道德意识追求。此外，该模型也不能系统分析某些复杂的问题，仅凭自己对道德不道德的认识，而没有系统的伦理分析，是无法获得比较清晰的答案的。总体来说，这三个核查项目比较适用于只求不受谴责而无意追求道德高标准的企业。对追求道德高标准的企业也可作为对决策备选方案进行初步筛选的工具。如果对每一个决策方案都能对照这三个问题进行核查，则能避免许多因没有考虑伦理因素而导致的严重决策失误。

【资料卡】

得克萨斯仪器公司在发给每个雇员的卡片上印有以下六句话：该行为合法吗？该行为符合我们的价值观吗？如果实施该行为，你会感到不舒服吗？报纸会如何报道？如果你知道这是错的，就不要做。如果你对此没有把握，请提出来。（上述内容作者根据相关材料整编）

（三）九问式模型

该模型由美国马奎特大学营销学教授基恩·拉克兹尼亚于 1983 年提出。该模型的理论依据是显要义务论、相称论和公平公正论，企业决策者可以通过回答问题来制定符合道德的决策，如果答案全部为“否”，则该决策在道德伦理上是可以接受的。该模型由九个问题组成：

(1) 该行为是否违法?

(2) 该行为是否违反以下任何一条的道德义务?

——忠诚的义务

——感恩的义务

——公平的义务

——行善的义务

——自我完善的义务

——无伤害的义务

(3) 该行为是否违背相关组织的特定义务?

(4) 该行为的动机是邪恶的吗?

(5) 是否会由于该行为而出现重大邪恶的事情?

(6) 是否故意放弃了好处相同或更多而邪恶更少的备选方案?

(7) 该行为是否使他人或群体利益受损?

(8) 该行为是否侵犯其他组织的权利?

(9) 利益受损的他人或群体是否属于弱势群体?

我们可以看出，这一分析框架综合了义务论和相称论，该模型遵循的设计思路是：从法律检验开始，依次进行显要义务检验、特殊行业责任检验、目的检验、结果检验、过程检验、权利检验、公正检验以及弱势群体的保护。它不仅照顾到了一般性的问题，还针对了特定行业、特定产品面临的特殊问题，该模型的缺陷在于没有考虑到当道德义务发生冲突时应该如何抉择。

【资料卡】

1993 年的《北京日报》刊登了一则新闻：嵩山少林寺民主管理委员会向郑州市中级人民法院提起民事诉讼，状告河南省漯河市罐头食品总厂侵犯少林寺名誉权，并要求被告立即停止生产和销售“少林”牌火腿肠；立即停止以“少林”作为火腿肠商标；要求被告赔偿包括名誉损害在内的各种损失 500 万元。原告的诉讼代理人河南省经济律师事务所的王京宝律师说，近一个时期来，市场上出现了漯河市罐头食品总厂生产的“少林”牌火腿肠，该商品的牌子使不少人误认为，少林寺也在经商办企业，并且是肉类加工企业。更有甚者，被告竟在中央电视台反复播出“少林”牌火腿肠广告，该广告公然以少林寺山门为背景，以电影《少林寺》主题歌的旋律配音，并且还有从少林寺山门推出火腿肠的特技镜头，少林寺为此遭到了众多的责难和误解。王律师指出，被告的行为违反了《商标法》关于“商标不得使用有害于社会主义道德风尚或者其他不良影响的文字和图形”的规定。

后来，郑州市中级人民法院于 1994 年立案，并于 1996 年 9 月作出一审判决，判决被告向原告道歉，并赔偿损失 5 000 元。但事实上，该罐头厂在两年的官司中耗费的人力、物力、财力等损失远远大于 5 000 元。

(资料来源：《中国律师》，1994 年 03 期，“少林”牌火腿肠引起诉讼。)

对于该罐头厂来说，这个决策明显是错误的，如果能事先进行伦理分析，这个错误是完全可以避免的。

若用“九问式”模型来分析这个案例，我们可以依次用这九个问题来判断该罐头厂作出这个决策是否合理。在回答第七个问题“该行为是否使他人或群体利益受损”时，我们发现，除了企业职工、公众、广告公司、竞争者等利益相关者之外，少林寺也是该广告决策的利益相关者。该广告播出以后，少林寺因此受到了宗教界的指责，蒙受了巨大的名誉损害。可以预见，少林寺在受到名誉损害后不会保持沉默，在作出上述分析后，企业会发现该广告决策是不合伦理的。

当然，前面讲述的三个简单的伦理决策模型并不能完全处理每一个道德伦理问题，但是这些模型可以为企业决策者提供一个研究企业伦理问题的框架。在市场上，商业上的道德伦理问题更加错综复杂，企业的决策会涉及财务、法律、技术、政治、利润和道德等方方面面的权衡，并关系到股东、客户、员工等众多的利益相关者的切身利益。因此，企业决策者在实际的决策行为中并不能总是做出符合伦理的决策，重要的是如何处理不良决策的结果，以及提高优良决策的数量和质量。

二、企业伦理决策过程

通过前面的学习，企业伦理决策为企业发展的方向做出的决定性策略，不仅要容易被接受、真实可靠、有建设性，同时这个决策必须符合道德评判标准。这就要求我们在做企业伦理决策时有一个符合各方面实际情况的客观而有责任感的过程。这将是我们在这一小节学习的最基本的伦理决策过程（Ethical Decision - making Process）。

基本的伦理决策过程包括六个步骤：确定问题事实、识别伦理问题、考虑利益相关者、比较和衡量选择、做出正确决策、评估反馈信息。

我们先看一个简单的案例，以帮助大家更加具体地了解和学会分析伦理决策过程的各个步骤。

一枚戒指引发的故事

星期天的早上，我约了好朋友一起去王府井购物，提前到了，在周生生店门口的地上，一样闪闪发光的物品吸引了我的注意力，走上前发现是一枚铂金戒指。我捡起来仔细看了一下，发现这枚戒指尽管不是很贵重但做工精细，而星期天的早上也没有太多行人，暂时没有人看到眼前发生的这一幕，但是我迟早会引起别人的注意，好朋友也马上就到了，于是就把戒指放进了自己的口袋。

接下来我该怎么办？

星期天大清早，王铭约了我一起去王府井购物，见到他时，他告诉我在周生生店门口的地上发现一枚铂金戒指，尽管不是很贵重但做工精细，且没有人看到这一幕，他问我怎么办。

我该怎么办？

（上述材料作者根据相关资料整编。）

上述案例或许是大家在实际生活中经常碰到的，但是在这个案例中，我们该做出怎么样的决策呢？在我们按照伦理决策过程中的六个步骤依次分析后将会做出一个符合道德评判标准并具有责任感的决策。

(一) 确定问题事实

任何决策都是从发生事实、发现问题开始的，通过各种途径首先全面了解事实发生的前因过程结果，再来区分事实中会有的不同观点是极其重要的一步。因为个人以个体的行为存活在社会中，每个个体从遗传基因到成长经历，造成了人生观、价值观等各方面的差异性，这种差异性就造成了伦理学中的伦理分歧。对问题实施的充分了解将会帮助我们把这种分歧的矛盾在第一步骤得到有效解决，不至于在决策过程的后续步骤中造成分析和决策的偏差。

在做出决策之前，我们需要知道这个案例中哪些事实呢？首先，我们需要考虑这样的一枚铂金戒指为什么会在地上，它属于周生生店里的货品，还是已出售给别人的物件？是不小心遗失的还是由于特殊原因，比如情侣吵架等故意遗弃的？根据事件起因的不同，你会做出不同的决策。其次，事实发生的过程是你亲眼看到你前边的行人的戒指不小心掉在地上，或是你手上的戒指价值远远超过这枚戒指，或是这枚戒指是银材质的，或是戒指已经破旧残缺无法佩戴，你做出的决策会发生什么变化吗？

所以，确定问题事实的重要性在伦理学或是推理等方面都发挥着巨大作用。对事实认真进行分析，刨根问底后做出的决策是更加具有意义的，同时，从个人行为而言，一个人三思而后行的行为比起武断而为的人是更加有道德感和伦理感的。同样的道理，一个企业在做出一项伦理决策的时候，需要考虑事实对于决策所造成的影响，企业也需要认真分析事实的前因后果，不以个人行为、偏离道德准则的偏激看法、敷衍了事的麻木态度来草草确定事实，致使在后边的步骤中由于没有尽早解决矛盾而做出错误的伦理决策。

(二) 识别伦理问题

很多人自以为拥有识别伦理问题的能力，甚至有人认为很多问题是小事，无须提到伦理这个层面进行研究学习，这是一种错误的思想，最终会导致一些无法挽回的损失。

有同学会指出在案例中的“我”只是将戒指暂时装进口袋保管并没有据为己有，而且这枚戒指是掉在地上被“我”发现，并不是“我”主动盗窃得来的，这也构成了伦理问题吗？我们需要确定的是，这的确构成了伦理问题，并且需要准确识别。我们决策的伦理意义是让伦理决策使利益相关者感受到尊严、公平、幸福等一系列的满足感，并对伦理问题保持高度的敏锐感，发现遗失物品后暂时保管与发现遗失物品寻找失主或寻求其他途径得到解决相比而言，后者的伦理敏锐感更容易帮助他准别识别伦理问题；或者在事情发生后，我们选择原地等待或者求助于其他组织或个人帮助找到失主；也或者你会认为反正你不捡，下一个人也会捡了自己拿走，哪一种行为更具有伦理性，相信大家会有一个识别。

在企业这个商业环境中，利益获得所做的决策和伦理决策之间是不矛盾的，相反很多企业在做出商业决策的时候优先识别企业伦理问题，从而做出每一个环节都具有伦理性的决策，更能得到经济利益的最大化。

(三) 考虑利益相关者

所谓的利益相关者，指的是受到决策影响的组织和个人，其中组织可以是政府、公司，也可以是一个机构、部门。我们所做的伦理决策第三步骤就是要求考虑到利益相关者。如果单从一个人的观点视角来分析和决策，我们将不能得到一个全面客观并且具有责任意识的结论；相反，从各个利益相关者的角度来思索和剖析事实问题，我们做出的决策就会符合实际情况，有利于个人和组织的长足发展。

在案例中，如果我们的角色发生变化，从捡到戒指的人变为丢失戒指的人，决策会如何？如果你是周生生店里的工作人员，你会如何看待这个问题？其实我们在考虑利益相关者的步骤中，需要做的一件事情是“换位思考”。将你在这件事情中所处的位置与其他涉及的组织或是个人进行调换，考虑问题的视角会帮助我们做出一个更加合理的决策。决策的伦理性的评价正是以决策是否不损害任何相关人员的利益被欣然接受为标准。换句话说，就是你以任何一个身份来决策这个事件，任何身份都愿意接受，这个决策就是有伦理性的。那么这个案例中，怎样的决策具有伦理性相信大家应该有一个判断标准了。

我们再看以下案例：

A 国 STAR 制药公司，在当地雇用 4 500 名员工，以卓越的业绩和良好的口碑成为世界知名企业。

2011 年 5 月，突然有记者接到匿名电话声称在 STAR 制药公司中某部门的数名员工被怀疑在工作中长期受到某种有害化学药品的刺激个别导致身患绝症，其余员工身体均有恶疾。患病员工要求进行医疗鉴定并向劳工部申请诉讼，认定为工伤。因为如果认定为工伤，该企业必须马上停止运作接受相关部门的调查，以 A 国政府的大力支持作为平台的海外项目将会被搁置甚至取消合作；如果调查结果与匿名电话所述情况一致，STAR 制药公司面临的问题就是破产。该企业高层经过考虑后拒绝认定工伤，同意给患病员工一次性支付一笔医疗救助金，但要求患病员工停止诉讼并与相关患病员工解除劳动合同。

（上述材料作者根据相关资料整编。）

在上述案例中，大家认为高层管理者的决策是出于对哪些利益相关者的考虑？假如你是该企业的高层管理者，你所考虑的利益相关者又是哪些？

（四）比较和衡量选择

当然在步骤三中以维护全部利益相关者的权益作为决策的依据是我们最希望看到的，可现实让我们很难保全所有利益相关者的权益做出决策，STAR 制药公司高层做出的决策就是以损失一部分人利益为代价。这个时候，就要对所有利益相关者的得失做一个比较和衡量，考虑各种选择可能出现的问题和造成的后果，也有一种考虑不计较结果本身，而是更加关注社会的道德要求、行业的原则。不管是否计较后果，关键在于比较衡量后一个你所认为负责任的决策是否让所有人觉得公平合理，可以接受并依然愿意在组织中生存。

在做比较和衡量的时候，另一个重要因素是决策者自身的道德修养、素质性格等。一个具有高尚情操的决策者不会将戒指据为己用，一个受到宗教信仰约束的决策者不会以他人生命为代价成就自己的事业。当我们做决策的时候，最好问问自己：我所做出的决策是以什么作为标准？这样的决策是否符合企业所倡导的文化和精神？决策本身是否被行业规则和社会道德所认可？诸如以上的问题将帮助你判断，作为决策者，你在决策过程中的影响是怎样的。

通常所用的选择衡量方法有：①经验判断法，即用领导者的经验作为判断标准来选取决策方案；②归纳法是将众多方案归为几大类，看哪类最有效最合理；③数学方法是在控制变量属于连续型的情况下，用数学的计算方法在无穷多的方案中择优用之的方法；④试验法是对重大决策或新问题不便于其他方法所选择时，以建立试点进行试验后总结经验作为方案选择的方法。

任何一种方法都有利有弊，现实中复杂的情况无法用一种方法进行选择的时候，就需要从实际出发，灵活地采用多种方法来解决问题。

（五）做出正确决策

以上四个步骤完成后，我们需要做的就是一个正确的决策了，之前我们学习和掌握的三种伦理决策模型，也是在做出正确决策的时候可以帮助大家的。做出决策不意味着口头通达一个结果，而是需要将决策的优化方案形成书面报告，将决策理由与决策相符合的实施方案向利益相关者做出解释，并动员全体齐心协力为决策后要达到的目标而努力，并对各个组织、部门甚至人员需要在决策实施过程中的工作做出明确要求和安排，必要的话需要形成规章制度或规范，奖惩分明。在决策实施中进行跟踪调查，不断反馈信息。

（六）评估反馈信息

不要认为做出正确决策就是一个完整的伦理决策过程了，在执行过程中，主观客观的各种因素都会导致我们做出的决策与预想的优化方案有偏差，没有经过检验和评估的伦理决策还是会缺乏责任感和道德感，那么在伦理决策做出后需要多方面地收集来自各个角落的声音——利益相关者的反馈信息。任何一个决策都不应该是一成不变的，随着现实情况的变化，这些有效的信息使我们以积累经验的管理方式来不断改变和优化伦理决策的过程，保持谨慎全面的态度，不被现有决策方案麻痹，更不会遇到问题全盘否定决策计划，适时适度地对决策进行修正，通过反馈信息来评估所做的伦理决策的重要性。在评估结果中，我们又可以看到存在的问题和可以提升的空间，在今后遇到该类问题的时候，就更有信心和把握让伦理决策更加完善。

第三节　企业伦理决策困境及对策

前面，我们学习了怎样做出具有伦理性的决策，在实践过程中，本节学习内容将阐述企业伦理决策面临的困境以及我们用怎样的对策来“困境逢生”。

一、企业伦理决策的困境

企业伦理决策的困境也可以被认为是企业做伦理决策的制约因素，我们从企业内部和外部两个方面进行研究。

（一）企业伦理决策困境内部制约因素

1. 知觉差异化的领导层

所谓的领导层在企业内部拥有的特权决定了这个阶层是决策做出的最终者。在严格意义上，领导层和管理者是有区别的，领导层更加偏重于决策，而管理者重在对决策的执行。这也就要求企业的领导层具有战略化眼光并拥有不同于管理者某一专业化水平的综合素质和强烈的道德、责任感。

在上一节我们提到，由于遗传、个人成长经历、人生观、价值观等各方面的差异造就了不同性格特征、处事风格的领导层，这就是我们要讲的知觉差异化。知觉差异化就是每个人对事物感知的差异所出现的伦理分歧。

我们看一则案例：

A电脑公司有两位老总甲、乙。甲总为人谦和，善于和员工沟通，喜欢听取员工内部的声音，在得知公司内个别员工家属因为员工忙于暑假促销活动无暇顾及家庭而引发矛盾后，甲总在某个周末邀请员工家属聚餐并派发了公司的慰问品。从此，每年的中秋、春节员工家属都会惊喜地收到来自公司的祝福和慰问。

乙总性格比较强势，为人处世喜欢用原则来作为标准，以规章制度严格进行管理，强调等级观念，在得知公司员工协助派出所抓获小偷上班迟到后要求人力资源部对该员工处以经济责罚，并以未上报人力资源部请假备案为事由追究该员工主管领导的管理责任。乙总认为对公司员工必须严格管理，以儆效尤是可以采用的手段。

（上述材料作者根据相关资料整编。）

以上案例清晰地说明了知觉差异化的领导层处理问题截然不同的方式方法，为企业做决策的时候，这些仁者见仁智者见智的差异化就成为企业内部困境制约的关键因素，这里就需要简单介绍一下领导性格理论。它又称为领导特质理论、素质理论、品质理论、性格理论。这种理论着重研究领导者的品质和特性。按其对领导特性来源的不同解释，可分为传统的领导性格理论和现代的领导性格理论。前者认为领导者所具有的品质是天生的，是由遗传决定的；而后者则认为领导的品质和特性是在实践中形成的，是可以通过教育训练培养的。在此基础上，许多学者做了大量的研究，提出了许多理论。所以领导层不同，就决定了企业的不同！尤其是领导层的性格不同，决定了企业命运的不同。

2. 形形色色的员工个体

员工是企业发展的动力环节，也是企业能否壮大的重要因素，正是由于个体的差异性，无法统一思想行为，领导层做任何决策都要为全体利益相关者考虑，从真正意义上将决策上升到伦理决策的层面，而形形色色的员工个体就成为企业伦理决策面临困境的又一内部制约因素。

在第一营销网中曾看到一篇文摘，它将企业中不同性格特征、不同行事风格的员工和几种动物联系起来，分别是老虎、孔雀、猫头鹰和无尾熊。老虎型指代那些强势的、权力欲和支配欲很强的员工；孔雀型指代那些爱表现的、会讨领导欢心的员工；猫头鹰型指那些专能发现问题但是执著好钻牛角尖的员工；无尾熊则指代那些默默无闻无私奉献的员工。不得不说，这种指代很形象具体，但是很客观地为我们表现了企业内部员工的不同特征。同时，文摘里更是引用了中国四大名著《西游记》中的人物进行解释说明："《西游记》里猪八戒是个典型的孔雀型员工，这种人在企业里是必不可少的，可以帮助调节工作气氛，宣传造势游说是最好的人选，但是不能多；孙悟空是猫头鹰型的员工，发现妖怪必要除之而后快，但是个性强悍、桀骜不驯，不服从管理，这种人让领导挠头却实在是不可或缺，如善加利用绝对是个打市场做项目的好手；而沙和尚则是典型的无尾熊，勤勤恳恳的老黄牛式的员工，企业里安排他们做些没有开拓性的事情倒也十分合适。"

请看案例：

某企业销售部接到人力资源部通知，部门内部开会讨论新的薪酬制度并拿出最终意见，这次薪酬改革调整了底薪和绩效工资的比例，并提倡"老人老办法，新人新办法"，这意味着老员工不能再"倚老卖老"地享受特权和优待，新员工也可以凭借自己的能力争取加薪提拔等机会。消息一传出，销售部立即炸开了锅，每个人看法不一，令部门经理颇为头疼。

刘远首先发话："人力资源部这样考虑是不是意味着要逐步淘汰我们这些为公司立下汗马功劳的'老人'？用业绩说话，这个无可厚非，可是新来的就凭是本科生学历就享有津贴补助，而我们的底薪不增反减，这是不是不太合理啊，这些毛头孩子还不是要我们花自己做业绩的时间手把手带，手把手教？"

说罢，刘远气呼呼地望着老王。另一个新员工苏勇不以为然地嘟囔着："公司改革，和我们新来的又没有关系，何必拿我们说事撒气啊！"

老王和程海也是公司里的老员工，老王斩钉截铁地说："我不同意新的薪酬制度改革，我们部门不适用，新进员工也最好由公司统一安排培训，我和客户约了时间，先走了！"

张丽刚从大学毕业，看到老王甩门就走，立即笑呵呵地迎上经理说："对于改革，我们两个新人没有发言的权利，但是没有老前辈的辛苦努力，想必咱们部门也不会这么成功，我会努力好好向前辈学习，做好自己的本分，请大家多多给予指导！"

经理无奈地望向最后一个发言人，程海头也不抬地一边忙工作一边说："做自己的事情吧，大家都有难处！"

面对一个部门内部的众说纷纭，经理头疼：这个最终意见，我该怎么办？

（上述材料作者根据相关资料整编。）

在这个案例里，谁与哪种动物类型相对应，相信大家有一个判断了。如果你是经理的话，面对这样的争执，一边要保证公司全局的利益，一边要考虑员工个体对部门稳定和发展的影响以及他们的个人利益，你将如何做出一个具有伦理性的决策？由此可见，员工个体的差异确实影响着伦理决策。

3. 频频冲突的企业文化

企业文化是企业在运作过程中以共同价值观念形成道德准则，规章制度等具有巨大影响力的文化氛围，塑造内部员工令企业长足发展不断发展壮大，这种文化可以为员工创造和谐的人际关系、宽松的工作环境，让员工能够充分发挥才干最终实现自我价值，为自己和公司创造财富。

以上是比较理想的状态，现实中企业文化的冲突很多。所谓文化冲突是指不同形态的文化或者文化要素之间相互对立、相互排斥的过程，它既指跨国企业在他国经营时与东道国的文化观念不同而产生的冲突，又包含了在一个企业内部由于员工分属不同文化背景的国家或地域而产生的冲突。这些冲突来源于经营理念的冲突、决策管理方面的冲突、价值观方面的冲突、劳动人事方面的冲突等。

（二）企业伦理决策困境外部制约因素

1. 法律与道德的选择

在我们对法律的学习中，我们明白法律具有明示、预防、校正、扭转社会风气、净化人们的心灵与社会环境的作用。但同时我们必须清醒地看到，法律的局限性也是不可忽视的，法律法规和伦理道德规范是不画等号的两个概念。

法律提供的只是最基本的原则，或者我们可以认为，法律给我们的是一个道德伦理的底线。道德伦理要求得更多的是具有发达社会文明的行为存在，这些行为可以塑造整个社会的风气，而法律可以有效地减少危害事件的发生，但对于超出仅仅遵纪守法本身的高尚品德和行为却无法给出鉴定和鼓励，例如，法律可以要求子女赡养父母，但无法要求子女对父母言听计从或者分秒不离，这些事不现实而且根本不可能得到监控和评价。法律和伦理道德相辅相成却又存在着矛盾，缺乏任何一个都无法更好管理和约束企业。所以，企业在做伦理决策时，就显得困难重重。

2. 总体欠佳的商业环境

《2007全球商业环境报告》令人记忆深刻，它指出在全球175个经济体中，中国的综合商业环境排名比去年提升了15位，但仍然位居93位，属中等偏下。中国商业环境的多项指标排名靠后，主要表现在新企业建立（第128位）、行业经营许可（第153位）、信贷获取（第101位）和税收制度（第168位）等方面。不过，中国以多项重大的法律法规和机构改革措施，荣获全球商业环境改革的第4名，革新步伐名列东亚地区第一。

国务院发展研究中心郭励弘曾在一篇名为《我国商业环境总体欠佳》的文章中这样说：商业环境所包含的内容十分广泛，它是某一地区为工商活动所提供的以及所固有的所有条件的集合。美国政府认为，在确保国家的经济增长与经济繁荣的因素中，最重要的莫过于健全的商业环境。人才是可以流动的，资金是可以流动的，唯有环境是固定的，只能改善不能替代。

二、企业伦理决策困境的对策

（一）企业伦理决策内部困境对策

1. 领导角色的伦理管理

企业的领导需要具有的综合素质包括性格、品德、知识、才能等多方面，现在谈到的是领导角色的伦理管理，所以品德和才能是我们需要重点关注的方面。

从品德方面而言，首先企业领导诚信是企业生存和发展的基础。领导的诚信可以直接影响到企业文化，无论是开会的准时与否，还是给生产商提供原材料质量好坏，或者是对于给员工的承诺是否兑现等方面，都将成为一面镜子。其次，领导应公平处理问题，在企业内部，对待员工要人人平等，不偏私护短，努力用公正公平的态度为员工创造一个和谐的工作环境。再次，领导应该具有民主意识，这也是一种难得的品德。民主意味着听取多方的意见，不是一己裁决而快之的强调领导权力。民主可以听到更多真实的声音，优化机构配制。然后，一个宽以待人的领导是员工所拥戴的。宽以待人不意味着放任自流，领导应该允许员工在为企业创造利益的实践、创新工作中犯一些错误，并能够给予指导和帮助，激发起员工对企业、对自己负责的心态来避免失误再次发生，营造一个积极向上，用动力激励员工的文化氛围，而不是员工一犯错，非罚即责，人人恐慌不敢进步创新，固步自封。最后，领导应有好的习惯，亚里士多德曾说过，“品德即习惯”。一个人一次做了好事，不能说他善良，只有做好事成为他日常的行为习惯时，这才是真的善良。一个领导一次讲信用，一次的民主，公正对待员工，这并不能说明什么，关键在于，在和企业共同成长的时光中，领导能一直坚持不懈，自审不倦地让自己优良的品德成为一个习惯。

领导所具备的才能，有这样的几个方面：

（1）学习能力。学习能力是人不断发展自我、完善自我的一种最基本的能力，也是人的生存能力、竞争能力和创造能力的基础，领导只有具备一定的学习能力，才能不被时代淘汰，保持自身和企业的先进性，从繁杂的社会、激烈的竞争中看到机遇。

（2）沟通协调能力。有些领导学富五车，博学多识，对于管理很有一套，可是沟通协调困境严重制约着领导才能的发挥。这里的沟通不仅仅是口头上的，还有文字书面的，协调也不单纯是领导对下属，还有领导与政府、媒体、同行、合作伙伴等各个方面的。好的沟通协调能力可以团结一切力量在企业周围，上下一心，共同为企业的发展群策群力。

（3）知人善任。领导观察人，了解人的能力在管理中也是很重要的，清楚地掌握一个人的优点、缺点，在一个合适的工作岗位中让长处得以发扬，短处得以规避，充分调动工作积极性，激发员工潜在的能力，让对的人在对的位置做出最大的贡献，实现自我价值，创造企业财富。

（4）领导能力。企业中的领导是领头羊，俗话说“火车跑得快，全凭头来带”，领导在企业中不仅要“领”着员工实现企业的宏伟蓝图，还要在遇到困难时指导员工如何解决问题。这种领导力也被认为是企业号召力，号召力更多的是在企业文化的层面，我们将在企业文化的伦理依赖里做出分析。

（5）执行能力。中国企业最大的通病就是执行力差，执行力指的是贯彻战略意图，完成预定目标的操作能力，是把企业战略、规划转化成为效益、成果的关键。往往我们对目标做出了计划和部署，在落实的环节，不具备执行力的领导会拖沓工作，无法按照时间计划严格执行，导致的直接后果就是无法达到目标完成任务。具有执行力的领导会剖析目标环节，对每个环节做出具体并能够符合实际的时间安排，按照进度，严格落实，并不断反馈和评估，直至目标达成。具有好的执行力的领导，其所在团队的执行力也一定很强，团队的执行力必将推动整个企业的战略目标的完成。

（6）决策能力。美国麻省理工学院一位著名的管理学专家认为，作为领导者，在其综合素质上，有三方面是属于核心能力的，即决策、用人、专业。对于领导者而言，最重要的是决策，企业的创办、生存、发展都是由无数个决策构成的，任何一个决策的不同会造成结果的不同，正确的伦理决策引导企业更好地发展，错误的决策或许会导致全盘皆输，这不但要求领导者远见卓识，具有战略性眼光，也需要领导犀利准确地把握时机，在恰当的时候做出完美的决策。

一个优秀的领导角色，所需要的品德和能力远远不及以上所述，在不同的企业环境中，对于领导的角色有不同的要求，但是无论侧重点有何不同，目的都是一致的，希望领导在不断提高自身综合素质的基础上，减少对企业伦理决策的制约，能更好地发挥领导在企业伦理决策过程中的作用。

2. 员工道德的伦理引导

从企业管理实践角度而言，我们聘用员工时无法在短时间内确切了解员工的综合素质，除了成长经历、学历、表达能力以外，更多的素质是在长期工作中不断被发现的，领导者可以根据企业的文化、工作的需求，不断塑造培养员工一些素质的提高、习惯的养成。所以我们强调的是对员工道德层面的伦理引导，从易到难可以分为三个层面：

第一，技能引导。这里所说的技能远远不止员工的知识水平、文化层次，更多的是引导员工培养学习能力，提高与其所在职位吻合的所有技能，例如沟通技能、写作技能、人际交往公关技能、创新技能等。

第二，群体意识引导。所谓群体意识，是指群体成员共同具有的信仰、价值观念和规范准则等，是共同性和特殊性的统一，群体意识是群体实践的结果，是对群体共同的社会生活的反映。对员工群体意识的引导就是要强化员工对于所在群体，即组织目标与个人目标，集体利益与个人利益这些问题上的认识，让员工的价值观、人生观在群体中交融并共同为企业的发展协作。其次，群体意识的引导，也是一种情感归属的需要，员工在工作场所与人交流的时间多于与家人一起，很多企业强调，工作环境就是另一个家，群体意识让员工在集体中和谐、轻松、愉悦地生活，情感归属的升华在出现矛盾甚至危机时，会帮助企业积极地面对解决困难问题。再次，群体意识的引导也有利于员工责任感的培养，责任感是道德行为的前提和保证。

第三，职业意识引导。企业和员工的雇佣关系，往往让员工淡化了主人翁意识，落袋为安的思想就使得员工和企业之间只有金钱利益关系，员工为了生存而生存，为了工作而工作，缺乏工作激情和向上的态度，久而久之，职业倦怠感必将在企业无法满足员工需求、帮助员工解决困难问题的时候成为企业与员工之间的矛盾，造成员工对立逆反心理的产生。企业需要通过引导和培训，让员工为自己的职业道路进行合理规划，并提供给员工在职业生涯中有发展的机遇，员工就会把企业的发展与自己的发展紧密联系在一起。优秀员工在企业中应具备的道德素质还包括诚实、忠诚、自制、宽容等。

3. 企业文化的伦理依赖

企业文化的组成部分很多，从伦理方面研究，我们着重了解一下企业哲学、企业道德。

企业哲学是比较抽象的概念，是对于公司如何生存发展的一种哲学性理念，更是企业文化的核心所在。托马斯·彼得斯说过："一个伟大的组织能够长久生存下来最主要的条件并非结构形式或管理技能，而是我们称之为信念的那种精神力量，以及这种信念对于组织的全体成员所具有的感召力。"例如，苏宁的经营理念是"整合社会资源，合作共赢，满足顾客需要，至真至诚"；价值观是"做百年苏宁，国家、企业、员工，利益共享；树家庭氛围，沟通、指导、协助，责任共当"；苏宁精神是"执著拼搏，永不言败"。在企业哲学里，我们更关注的是企业的核心价值观，它强调的是企业对组织及其组织内的员工的人、事、物共同的评价和看法，是评判对错是非的标尺，也是对所从事的共同事业的认同感。核心价值观对企业伦理决策的影响是很关键的。

企业道德是指企业在社会这个庞大的组织中，以法律法规作为最低要求，以传统道德要求和现代道德视角为标准依靠社会舆论进行评价的道德原则、道德规范和道德活动的综合。一个企业的道德水准是企业文化对内塑造员工，对外展示企业形象的直接手段。

企业文化的培养和塑造不是一朝一夕可以成功的，相反是日积月累，坚持不懈的一种文化精髓，其重要性不言而喻。

（二）企业伦理决策外部困境对策

给企业伦理决策造成困扰的外部因素，需要政府层面提供更多人力、物力、财力，加大力度去帮助企业发展改革。而我们能给出的对策，更多地是希望政府在对企业从开办到发展有所为，通过法律与道德的促进，政府的调控，给企业更多的积极刺激，让企业做出伦理决策时更加有保障并具有责任感。

1. 完善法律法规，提升道德的影响力

法律在某种程度上来讲，是道德的底线在社会中的要求，但是企业的伦理责任必将会引发出种种新的问题，有些是企业，甚至社会和法律都不曾碰到的新状况。这就需要出台一些与之相对应并且行之有效的法律法规，来进一步完善道德底线对企业伦理的约束力。但是这绝对不是解决问题的最好方法，只有不断提高整个社会环境中人们对道德的认识，对道德的认同，对道德的推崇，以个人作为提升道德影响力的最小单位，才能帮助企业重塑一个良好的外部环境。

2. 营造公平和谐的商业环境

我国在对商业环境的改革方面虽然已经有了很大的进步，也取得了一定的实效，但仍有很长的路要走。政府应该更加密切关注市场经济发展中的问题，参照国际商业环境改革，吸收发达国家在商业环境改革中的成果。

在企业创办等方面，政府应给予支持和鼓励，切实为企业为提供便利条件；应加强政府与私营企业合作，消除企业发展的各种障碍；完善相关法律法规，让企业的经营行为有法可依；正确对待国外资本，为本土资本创造条件，建立健康公平的商业竞争环境；还应该关注低收入和失业群体，改变一贯的救助作风，授人以渔而非授人以鱼，鼓励创业者通过自我创业实现价值。总之，通过政府等多方面的共同努力，将仍需改进的商业环境逐步完善，让企业的发展更具活力。

综上所述，企业伦理决策内部、外部制约因素的对策问题是值得深入研究和探讨的，更需要在实践中不断积累总结经验。问题不会一直存在，但是却会有新的矛盾出现，无论针对企业内部，还是企业外部环境，需要根据实际情况对症下药，创新和改革，才能确保企业伦理决策的有效性。

【本章小结】

通过本章的学习，我们在了解决策与决策理论的基础上，阐述了企业伦理决策的起源和理论基础，重点学习了企业伦理决策模型的运用，并引用案例对企业伦理决策过程的六个步骤进行了分析。最后，企业伦理决策在实际生活中面临着许多的困境，我们从内、外部两个方面提出了一些意见和对策。我们通过对企业伦理决策相关知识的掌握，在实践环节中，针对如何做出一个伦理决策，如何评价决策是否具有伦理性，我们将会有更清晰的思路和更全面的思考。

【案例分析】

从三鹿奶粉事件看企业伦理决策

2008 年 6 月 28 日，位于兰州市的解放军第一医院收治了首例“肾结石”病症的婴幼儿，据家长反映，孩子从出生起就一直食用河北石家庄三鹿集团所产的三鹿婴幼儿奶粉。随后的两个多月，该医院收治的患婴人数迅速增加到 14 名。

9 月 11 日，除甘肃省外，陕西、宁夏、湖南、湖北、山东、安徽、江西、江苏等地都有类似案例发生。

经相关部门调查，高度怀疑石家庄三鹿集团股份有限公司生产的三鹿牌婴幼儿配方奶粉受到三聚氰胺污染。卫生部专家指出，三聚氰胺是一种化工原料，可导致人体泌尿系统产生结石。

9 月 11 日晚，石家庄三鹿集团股份有限公司发布产品召回声明称，经公司自检发现 2008 年 8 月 6 日前出厂的部分批次三鹿牌婴幼儿奶粉受到三聚氰胺的污染，市场上大约有 700 吨。为对消费者负责，该公司决定立即对该批次奶粉全部召回。

9 月 15 日，甘肃省政府新闻办召开了新闻发布会称，甘谷、临洮两名婴幼儿死亡，确认与三鹿奶粉有关。

此次引发牛奶问题的三鹿集团，作为中国乳品中发力较早的企业，率先做出了改革。1987 年左右，田文华正式任三鹿总经理。她上任的“第一板斧”就是砍掉三鹿自己的郊区牧场，提出“奶牛下乡，牛奶进城”模式。即奶牛卖给农民，农民再把奶卖给三鹿。农民没有资本买牛，三鹿就把牛“送”给农民，让农民喂牛后用奶来还债；或者，农民可分期付款。“奶牛下乡”某种意义上正是成本最小的扩产改革路径。

三鹿集团用此种方法将奶牛外包给农民，农民在当时养牛利润远高于种地的诱惑下，养牛的越来越多。三鹿的产能也迅速扩大。同时，三鹿与各县、乡、村政府合作，由政府供地、三鹿提供技术规范、农民个人提供资金建设收奶站（政府帮助贷款，三鹿和政府起初都有补贴)。各散户奶农的奶都通过奶站最终被集中至三鹿各家工厂。这样，就形成了“奶农—奶站—乳企”的奶源供应模式。

“奶牛下乡，牛奶进城”模式一度非常成功，各地国营乳企纷纷到三鹿学习取经。奶牛从此进入中国寻常百姓家。直至如今，中国1 600万头奶牛的80%为散养，即源于此。这与西方牧场式养殖形成了鲜明对比。

这种模式在此后的二十余年中，让中国成为世界第三大乳品国（仅次于印度和美国)，但也埋下了巨大的隐患。这种模式只能对应于中国乳企都各自偏于一隅的时代。因为乳企在一地独大时，是买方市场，各个私人奶站都有求于乳企。三鹿集团过去在河北掌握着鲜奶的终极验收权，奶站送来的奶如果不合格，甚至可以当场倒掉，这种较强的控制权一直持续到2005年前后。

2005年后，中国乳品业竞争加剧，各大乳企纷纷在全国抢夺市场，河北省内也陆续新开了众多工厂，各家的总产能严重超过了河北省的奶源总量，开始出现各家抢奶源的现象，此时，奶源由买方市场进入卖方市场，奶站与乳企话事权易位。在实际运作中，乳企无法监管奶站，政府管理又不到位，巨祸最终酿成。

2005年起，与河北乳业混战同步，奶站掺假愈发猖獗。先是加动物源蛋白，后加植物源蛋白，再加其他提高蛋白含量的东西，比如高蛋白精（添加了三聚氰胺的植物蛋白粉)。最终，部分掺假者于2008年初直接用上了三聚氰胺。

不过，业内人士指出，三鹿奶粉被查出的三聚氰胺含量如此之高（每公斤2.3克)，问题可能不限于奶站，不排除层层添加，即部分奶农加，奶站再加，厂家自己也加的可能性。

这种漠视消费者权利的利令智昏之举，使众多家庭陷入深深的痛苦，众多的婴幼儿遭受到病痛的折磨，更使三鹿集团陷入了严重的信用和生存危机。按照有关法律规定，三鹿集团停业整顿，对流入市场的婴幼儿配方奶粉全部召回，约万吨问题奶粉被销毁，同时面临着2亿多元人民币的行政重罚。2008年12月23日，石家庄市中级人民法院宣布三鹿集团破产。一家经营了几十年的百亿级企业一朝崩塌。

请根据本章所学内容，分析三鹿集团、奶站、奶农在本案例中的决策。

（上述材料作者根据当时新闻整编。)

【思考与练习题】

一、名词解释

1. 决策
2. 知觉差异化
3. 企业文化
4. 群体意识

二、简答题

1. 简述企业伦理决策的理论基础。
2. 简述企业伦理决策的重要性。
3. 企业伦理决策的模型有哪三种？请选择其一进行简述。

三、论述题

1. 企业领导应该如何做好角色的伦理管理？
2. 政府应如何改善商业现状，为企业的伦理决策提供保障？

四、思考题

1. 如何在企业文化中塑造核心价值观？
2. 请思考企业中员工的技能引导和道德的关系。

【本章参考文献】

[1] 周祖城. 管理与伦理 [M]. 北京：清华大学出版社，2000.

[2] 张应杭，黄寅. 企业伦理：理论与实践 [M]. 上海：上海人民出版社，2001.

[3] 张应杭. 企业伦理学导论 [M]. 杭州：浙江大学出版社，2002.

[4] 刘光明. 商业伦理学 [M]. 北京：人民出版社，2010.

[5] 周祖城. 管理与伦理结合：管理思想的深刻变革 [M]. 北京：清华大学出版社，1999.

[6] 方金，王仁强. 论企业的伦理管理 [J]. 商业研究，2001.

第五章　企业经营管理的伦理问题

【知识目标】

了解企业与员工之间的伦理关系；

了解企业道德与员工道德的含义；

明晰企业员工的基本权利；

理解企业员工幸福管理的内涵。

【技能目标】

在具体实践中能够清晰地辨明企业和员工的道德行为与不道德行为。

【本章内容】

第一节　企业与员工之间的伦理关系

一、企业与员工的关系

企业的发展与员工的劳动是密切相关的，企业与员工之间有着一定的关系。但这种关系不是一成不变的，它伴随着社会、政治、经济、文化背景的变化而变化。企业对员工的管理逐步由“机器人”、“经济人”发展到“社会人”，由此，员工的身份也在不断地升级，从而形成了不同时期的不同企业与员工的关系。结合马斯洛的需要层次理论，将企业与员工的关系划分为以下几个阶段。

（一）低层次需求阶段的人身依附关系

在工业化的早期，工人阶级的思想觉悟较低，具备强烈的小农意识，他们都抱有得过且过的心态。特别是在劳动供给远大于劳动需求的情况下，工人对企业有很强的依附性，他们很难或不愿意选择过多的企业去获得更多的利益。他们最关心的就是企业能够为他们提供基本的生存保障，而不会过多地考虑工作的环境、个人的发展等方面的要求。从企业的角度来讲，它们一方面拥有较多的劳动工人，不会过多考虑工人的感受，也不会花心思来留住工人；另一方面，当时企业都是粗放型发展，工人进行的都是简单的加工劳动，不需要较高的技术水平，而企业也不会考虑工人的培训、教育等问题。在这一阶段，企业与员工之间的关系主要表现为员工为追求个人温饱，而对企业产生人身依附关系。

（二）中层次需求阶段的劳动契约关系

随着工业化的进一步发展，生产方式的改进，生产门类的进一步细分，各行各类对员工的要求也进一步提高，需要一批具备劳动技术和知识的员工。同时，企业为提高员工的工作效率，开始加大对员工技能的教育投入，并且关注员工的待遇、安全、工作环境等方面的问题。而作为员工本身，也逐步摆脱小农意识，思考自身的劳动价值，慢慢地形成了一定的工会组织，从而增强自身的话语权，他们的关注也从基本的生存需要转变为更多的工作条件改善、具有一定的尊严、生活质量有所保障等方面的生活需求。这一阶段，员工的地位开始受到重视，他们摆脱了以往对企业较强的依附关系，而是具备了和企业谈判的筹码，形成了企业与员工间的劳动契约关系。

（三）高层次需求的心理契约关系

进入新的世纪，知识逐渐取代自然资源、资本、机器，成为价值创造的最核心要素。企业对员工的劳动需求，不仅仅是对体力的需求，更多的是对脑力劳动的需求。而新世纪的员工，作为知识的载体，受到了企业的重视。特别是高新技术的特殊人才，更是受到企业的青睐。而企业的管理方式也从以往的“以物为本”“以利为本”转向了“以人为本”，实现了以人为中心的管理格局。具体表现为企业更注重员工的生活质量，个人发展需求，而个人在企业发展中也不只是为了获取利益，更多的是期望自我价值的实现。这一阶段，企业更关注员工对企业的心理期望，而员工也希望与组织的发展形成一种默契，从而建立起企业与员工间的良好信任关系，达成心理契约，实现企业和员工的双赢。

（四）新时代的战略合作伙伴关系

在信息化的新时代，科技日新月异，产品和服务也快速地更新换代。企业管理的内部，传统的金字塔管理层级被淡化，员工和企业之间的等级链和权威日趋减弱，企业和员工之间开始了平等对话。企业和员工间在注重利益达成双赢的同时，更注重彼此的价值观念得到认同。员工对企业的要求已经远远超出了工资、福利、工作环境等物质层面，而企业对员工也超出了一般意义上的对员工的教育、对员工生活质量的关注等精神层面的利益。这一阶段，他们之间形成的是一种战略合作伙伴的关系，他们关注的也不仅仅是双方的利益问题，更多的是社会乃至全球的发展问题。

二、企业对员工的伦理责任

（一）企业的雇主责任

企业的雇主责任是企业对社会责任的重要内容之一。米尔顿·弗里德曼曾在20世纪50年代对企业责任进行了颇具代表性的描述：企业的责任就是使利润最大化。[①]近年来，许多学者认为利润最大化只是企业最基本的经济责任，除此之外，企业还应当承担更广泛的社会责任。“当前国际上普遍认同的企业社会责任理念是：企业在创造利

① 李杰，尹贵超．“责任营销”呼出了什么［N］．华夏酒报，2007－09－14（12）．

润、对股东利益负责的同时，还要承担对员工、对社会和环境的责任，包括尊重商业道德、生产安全、职业健康、保护劳动者的合法权益、节约资源等，最终实现企业的可持续发展。”①具体而言，企业的社会责任主要体现在对环境、投资者、员工、顾客、社区等方面。

（二）企业对员工的忠诚

企业对员工的忠诚就是企业对员工工作以及生活真诚负责，对员工价值的尊重和对生活质量的改善。

1. 企业要在制度上体现出对员工的忠诚

忠诚作为企业与员工之间的相互性行为，在实践中却需要以企业对员工的忠诚为先导。员工进入企业后，企业的各项人事制度、方针政策，在一定程度上而言，是对员工权利的保障，同时也表明了企业对员工的忠诚度。在制定政策制度上，如果企业把员工当成必须依靠的、互助互利的合作伙伴，并对他们忠诚与负责，像关心企业利润一样关心员工的发展，则员工一定会与企业同舟共济。反之，企业只想让员工多做贡献，少些获取，不关心其工作环境、人身安全、职业生涯及个人发展，则企业就不能赢得员工的信任和忠诚。

2. 企业要尊重员工的价值

为了实现企业的价值和员工个人价值，企业要把总体发展目标具体分解成员工的可执行目标，并给予员工激励，使员工的个人价值能够在为企业的贡献中得以承认和实现，使企业与员工成为一个利益共同体，只有在此基础上的相互忠诚才是长久的。

3. 企业要从以人为本的管理中促使员工的忠诚

以人为本的管理，就是要从员工的根本实际需要出发，创造较好的工作环境和工作氛围，并且人尽其才，让员工从管理中感受到企业对其的尊重和信任，从而以企业为荣，对企业高度忠诚，发挥最大才智，创造更好的产品和服务，达到企业与员工相互忠诚的共赢局面。

4. 企业要从加强员工的可雇性中促使员工的忠诚

对于较传统的雇佣制度，可雇性是指员工离开原有企业，再去寻找工作时，其所具备的工作所需要的竞争力。换言之，就是使员工更具有“跳槽”所拥有的能力。可雇性将是对传统雇佣关系的一个划时代的超越。但同时，可雇性的出现又缓解了原有的雇佣关系中存在的僵局。表面上看，对于企业而言，可雇性像是为其他企业培养人才，但从长远来看，可雇性的出现，能在一定程度上降低有价值员工的跳槽风险，还能降低员工对利益的过高要求。加强员工的可雇性，就是让员工拥有更高的专业技能和知识技能，无形中能达成企业与员工之间持久的平等互利关系，从而换取员工更好的业绩表现，同时加强了员工对企业的忠诚和投入。

（三）企业对员工权益的维护

员工权益问题是企业社会责任的重要内容，目前国际上普遍认同的企业社会责任

① 徐金发，等. 企业伦理学［M］. 北京：科学技术出版社，2008：132.

理念中对权益问题的阐述是：企业在创造利润、对股东利益负责的同时，还要承担对员工、对社会和环境的社会责任，包括遵守商业道德、生产安全、职业健康、保护劳动者的合法权益、节约资源等。

有关企业社会责任当中的员工权益问题，表现在企业与员工相处过程中的方方面面。其中，在员工最基本的劳动条件问题上，主要体现在六个方面："生产条件、生产安全、职业中毒、加班、劳动关系紧张和员工基本权益保障。包括禁止使用童工，禁止强迫性劳动，企业应尊重所有员工的结社自由和集体谈判权，消除对员工在聘用、报酬、培训、晋升、退休等方面的各类歧视性行为，公司不得从事或支持体罚、精神或肉体胁迫以及言语侮辱；不得违反法定工时与工资标准；企业应具备避免各种工业危害与特定危害的知识及制度措施，为员工提供安全健康的工作环境等健康安全标准；企业高层应制定符合社会责任与劳工条件的公司政策，并定期审核；委派专职的资深管理代表具体负责，同时让非管理层自选一名代表与其沟通等等。"①

三、员工对企业的伦理责任

（一）员工的雇员责任

在强调企业对员工履行责任的同时，也必须重视员工对企业应尽的责任。只有企业责任而不谈员工责任的企业不可能成为一个健康向上、士气高昂的企业。员工的责任感要求员工具有做出承诺、遵守承诺并为之负责的"主人翁"精神。要求员工在现在或者将来为自己的承诺付出努力，而不是被动地对已发生的事情进行解释。具备这样的责任感，员工就能够帮助自己、协助他人尽一切努力去克服困难，实现企业的目标。

首先是正视困难，不回避困难。企业在发展过程中会面临困境或僵局，员工在企业中同样也不可避免地会遇到困难。在困难面前，员工是选择逃避还是选择面对，对员工而言，是一种自我突破。只有正视困难，不逃避，才能冷静地分析局势，从而做出正确的决策。如果在困难面前因为惧怕而选择逃避，不进行改变，则很难从现有的困难中突破出来，并且一直处于停滞的状态。

其次是敢于对结果负责。员工在企业中，其所作出的行为，既要对自己负责，更要对企业负责。这就要求员工一方面要树立起"主人翁"意识，只有把自己真正当作企业的一部分，自己是企业的一个代表，则员工在实际劳动中，会更加以集体意识来约束个人行为，并及时纠正和承担不良后果。另一方面，要求员工拥有较好的职业道德，爱岗敬业，用发展的眼光来看待事情，要善于明晰今天行为所造成的后果对于明天甚至于未来的影响，要有承担责任的勇气，及时扭转行为所造成的不利局面。

再次是追求水平线以上的表现。这就要求员工在做好本职工作的同时，再提高自我要求，询问自己"我还可以做些什么，我要怎样做才可以更好"。如果员工只安于现状，周而复始地做同样的事情，不追求有更大的进步，那么企业的总体发展也会相对

① 徐金发，等. 企业伦理学［M］. 北京：科学技术出版社，2008：138.

缓慢，同时，对于员工而言，长期的重复劳动会产生一定的职业倦怠，久而久之，就会丧失创新的想象力，止步不前。因此，员工要突破对原有能力的更高追求，保持一个前进的状态，对未来有预期目标，并不断开拓进取，才能有超越水平线的表现。

最后是强调执行。全面质量管理专家戴明提出了著名的 PDCA 循环理论（也叫戴明循环理论），这个循环的四个阶段分别是：P——计划，包括方针和目标的确定以及活动计划的制订；D——执行，就是具体运作，实现计划中的内容；C——检查，就是要总结执行计划的结果，分清哪些对了，哪些错了，明确效果，找出问题；A——分析，对总结检查的结果进行处理。从中可以看出，执行是一个重要的环节，只有在计划的基础上，开展执行，才能保证后面的检查和分析环节的进行。同样，企业员工也只有着手完成了任务，才能产生企业的价值。

（二）员工忠诚

员工忠诚可以从不同的角度来进行说明。从行为上来讲，员工的忠诚是员工表现出来的对企业的一系列具体行为，着重强调对企业的贡献标准；从态度上来讲，忠诚实际上是员工对企业的一种态度，应该着重从员工的认识、情感和行为倾向方面加以考察。综合行为和态度，员工忠诚是指员工对企业追求的认同及为实现企业目标而竭尽全力的态度和行为。

还有一些学者把员工忠诚分为被动忠诚和主动忠诚。“被动忠诚是指员工本身并不愿意长期在该企业工作，然而由于一些客观上的约束因素，导致其不得不继续留在该企业；主动忠诚指的是员工在主观上有强烈的忠诚于企业的愿望。这种愿望往往是由于组织与员工目标的高度协调一致、组织帮助员工发展自我和实现自我等因素造成的。”①

总之，员工忠诚是关系到企业能否持续发展的重要因素。

真正的员工忠诚是建立在企业与员工之间的相互尊重、相互信任、视彼此为合作伙伴的关系之上的。从员工的角度来讲，主要表现在以下三个方面：

1. 忠于企业的事业

主要表现在员工要与企业有共同的价值理念，忠于企业的事业，做好主人翁。在做好本职工作的基础上，努力改善工作方式方法，为企业发展建言献策，同时承担对应的工作责任。

2. 维护企业良好形象

员工作为企业的一分子，企业发展得好，员工的发展前景也相对广阔。企业形象的好坏，也一定程度上反映了员工的素质。因此，员工也要为维护企业的良好形象而不断提升自己，要以高标准来要求自己，同时提高自我修养，并以良好的形象和行为来影响和带动身边的员工，形成共同维护企业形象的凝集力。

3. 做企业制度的有力执行者

企业制度的制定，是从维护企业和个人利益出发的，因此，员工要自觉遵守企业

---

① 邓金平．解密员工忠诚［J］．商场现代化，2006.

的制度并用心执行。一方面要提出合理建议来改进和完善制度建设，提高执行力；另一方面，要维护企业制度的权威，不钻制度的漏洞，不从制度上来谋取不正当的利益。

（三）员工承诺

员工承诺，不仅包含了满意和忠诚，还表示员工有能力并懂得如何为公司的战略目标和方向而努力，同时能取得正向的业绩成果。

加拿大学者 Meyer 与 Allen 将员工对企业组织的承诺定义为"体现员工和组织之间关系的一种心理状态，隐含了员工对于是否继续留在该组织的决定"，"在这里，员工的组织承诺被分为三个层次：延续承诺、感情承诺和规范承诺"①。

1. 延续承诺

主要是指员工对离开组织所带来的损失的认知，是员工为了不失去多年投入所换来的待遇而不得不继续留在该组织的一种承诺。从员工角度来讲，这是一种相对被动的承诺，在某种程度上来讲，这种承诺包含有员工的不情愿心态，员工对企业进行的承诺更多地是从个人的物质利益角度考虑。

2. 感情承诺

主要是指员工对组织的情感依赖、认同和投入，员工对组织所表现出来的忠诚和努力工作，主要是由于对组织有深厚的感情，而非物质利益。这是延续承诺的进一步加深，员工对企业之间是有情感认知的，员工对企业的忠诚和努力，是出于员工对企业的肯定和热爱。

3. 规范承诺

主要反映的是员工对继续留在组织的义务感，它是由于受到了长期社会影响形成的社会责任而留在组织内的承诺。这类承诺主要体现在老员工身上，一直以来为企业的努力，让其与企业更加紧密地联系在一起，他们认为企业的发展与自己的发展是共同的，他们有义务为企业的发展做出努力。

员工对企业的伦理不应该仅仅局限于员工对企业应尽的雇员责任上，也应当超出员工对企业忠诚的层面，因为忠诚仅仅表明了"愿不愿"，只有上升到员工承诺层面，才能体现"能不能"和"让不让"。员工对企业的承诺应该不仅仅是基于物质的承诺，更应该是基于情感和义务的一种承诺。这也从一个层面上体现了，企业对员工的管理方式，也要从以往的"以物为本"转化为"以人为本"，更多地从员工的需求角度来考虑人性化的管理方式，让员工对企业的伦理上升到内化规范层面。

【资料卡】

从劳资纠纷到员工关系管理

近期某大酒店发生了一些劳资纠纷。从一位员工追讨加班费到十八位员工集体追讨，从追讨加班费继而到员工提出追讨探亲假。这些员工争取权益的活动，作为一个具有四五百人的五星级大酒店来说，本来也不足为奇，问题在于员工没有向酒店管理

① 谭晟，凌文辁．员工的组织承诺及其思考［J］．中国人力资源开发，2003：17－19.

层提出过正式的或书面的要求，也没有员工与公司管理层正式协商，而是直接跳过公司管理层上告到劳动局，其中加班费一案又进一步告到法院。这到底是员工的问题还是酒店管理层的问题，我们不能片面地指责一方。

由此看来，酒店的员工关系管理是有所欠缺并需要加强的，因为在这次事件中酒店一开始就没有很好地了解员工的需要，了解员工的心理并制定出相应的解决问题的办法。在十八位上告员工中，有一大半是在酒店工作了5年以上的老员工，这说明酒店对员工还是很有吸引力的，起码能够留住员工。但留住了员工的人，却没有留住员工的心。员工不爱企业，不以企业为荣，损害了企业的声誉。员工的工作满意度、敬业度与对企业的忠诚度和归属感可想而知。

随着国家劳动人事改革和外资企业在中国的蓬勃发展，员工关系管理和劳动争议处理正越来越受到社会的关注，并已经成为人力资源管理的重点和难点。如何恰当运用劳动法规保护公司和员工双方的合法利益，避免劳资冲突，已经成为人力资源管理人士和各级劳动与社会保障部门的工作重点。

员工关系管理中一个典型的案例是：员工持股多达55%的美国联合航空公司，居然会因为员工反对以减薪渡过难关的方案而被迫申请破产保护。2002年12月，美国联合航空的管理层和机械师工会举行了非公开谈判，希望代表1.3万名机械师的工会同意减薪方案，结果却遭到拒绝。员工关系的僵局最终将美国联合航空逼上了破产保护之路。

为更好地平衡企业的员工关系，优化人力资源环境，降低劳资之间的矛盾，不少企业，尤其是一些大企业，设立了员工关系经理或员工关系专员的职位。如沃尔玛、雅芳、国际商业机器公司（IBM）、宝洁等，都有自己的员工关系经理，专门负责做好员工关系管理工作。而有效利用员工关系管理，不仅能降低企业成本，提升公司品牌，还能增强对新人的吸引力，帮助企业赢得人才、留住人才。更为重要的是，做好员工关系管理工作，还能使企业管理和业务运作效率大幅提升，从而让企业保持持续的竞争优势。以下一段摘自《深圳商报》的报道可能会给我们一些启示：

万科物业公司有一个与众不同的岗位：员工关系专员。你可别小瞧这个岗位，它必须经过600多名员工投票选举产生，其主要职责是协调员工关系，反馈员工心声。何艳苹小姐在这个岗位已经干了两年多了。她告诉记者，由于公司严格执行国家《劳动法》等法律法规，自觉维护员工合法权益，她在这一岗位两年多来，受理最多的是员工们就政策及规章制度方面的咨询，投诉内容少之又少，工资和劳动合同方面的投诉更是为零。员工们把“员工关系专员”当成自己的知心人，何艳苹更是把这一岗位当做沟通协调决策层和普通员工关系的纽带。

和谐的员工关系，是企业文化的一方面，也是企业形象的重要一面；和谐的员工关系是润滑剂，它能激励员工工作热情，减轻工作压力，有利于员工之间的沟通，也有利于培养员工团队意识。

怎样才能做好员工关系管理呢？首先企业必须清楚地了解员工的需求与愿望，具有良好的沟通非常必要。这种沟通更多采用柔性的、激励性的、非强制的手段，从而提高员工满意度，支持组织其他管理目标的实现。

再者，要做好员工关系管理，“攻心”是关键。20世纪70年代，美国心理学家施恩提出了心理契约的概念，虽然心理契约不是有形的，但却发挥着巨大的作用。企业清楚地了解每个员工的需求和发展愿望，并尽量予以满足；而员工也为企业的发展全力奉献，因为他们相信企业能满足他们的需求与愿望，进而实现员工对组织强烈的归属感和对工作的高度投入。

简要评论：企业的良好发展，需要所有员工的共同努力。因此，企业与员工的关系就显得更为重要，企业能从人本管理的角度出发，考虑员工的实际需要和基本权利，员工能在享受权利的同时，更好地履行其职责和义务。只有企业和员工间构建和谐的伦理关系，才能有效避免在实际管理中劳资关系的纠纷问题。

（资料来源：http：//www.0757rc.com/art/ArticleShow.aspx？ArticleID = 7292；从劳资纠纷到员工关系管理，2011 - 07 - 15。）

第二节　企业道德与员工道德

一、企业道德和员工道德的含义

（一）道德阶段发展假说

“道德阶段发展假说首先是由心理学家皮亚杰根据儿童道德判断力形成的实证研究提出来的。随后，劳伦斯（Lawrence）和科尔贝格（Kohlberg）又对这种基本假说进行了系统化，并形成一种发展逻辑，分三个阶段，而每个阶段又具有两个发展层次。”①具体阶段和层次如表5.1所示。

表5.1　　科尔贝格的道德阶段发展假说

发展阶段	基本特征	具体阶段发展层次	
第一阶段：习惯养成前阶段	对规则的遵守仅仅是出于自我中心动机。只是因为对自身带来身体的或快乐的结果而对“好”与“坏”的标准做出反应	第一个层次：惧于惩罚与屈从定向	个人仅仅因为害怕惩罚或由于对权威的身心屈服而遵守规则。被遵守规则的人类价值根本无关紧要，而避免遭受惩罚才是其纯粹目的
		第二个层次：天真的利己主义定向	个人遵守规则是为了能够满足自身的需要。即使存在公平和公正的因素，也是在交换关系平等意义上被当做手段使用

① 参阅科尔贝格（Kohlberg）的《道德层次》；也可参阅阿佩尔（Apel）的《伦理学》，第59页。

表5.1(续)

发展阶段	基本特征	具体阶段发展层次	
第二阶段：习惯已养成阶段	个人行为对作为秩序载体出现的群体、家庭和国家的规则的遵守，已不再考虑直接的或明显的结果。个人的态度取决于对其具有重要意义的相关群体的忠诚和支持	第三个层次：人际相似特征	对规则的遵守取决于对多数行为的认同
		第四个层次：法律与秩序定向	服从已有的权威、书面的规则和维护社会秩序。正确的行为是履行自身的义务，即维护现有社会秩序本身。规则本身就是有效的
第三阶段：习惯养成后阶段	明确表示努力遵守道德价值和原则，而不管这些原则是由哪些群体或个人提出来的，也不管这些原则对自身有利与否	第五个层次：合法的契约定向	个人遵守经过整个社会检验和确认的行为准则。个人形成一种明确的个人意见具有相对性的自我意识，并相应地要求按照程序规则实际达成共识。个人有义务履行已达成的契约
		第六个层次：良知或原则定向	个人结合自己选择的伦理原则，凭良知决定——而不是依据所扮演的社会角色——来判断行为的合法性

从道德阶段发展假说的观点来看，道德的形成不是一蹴而就的事情，需要社会、他人、个体的相互牵制和影响才能树立起来。道德的形成首先是外在的约束，然后才能逐步内化为个人的自我约束，进而形成一种自我意识的行为契约。只有当个体的道德行为形成一定的良好定向规则，整个社会的道德程度才能向高标准发展。企业作为社会的一个子系统，其道德的发展也遵守同样的阶段模式。

（二）企业道德

1. 企业道德的含义

企业道德，有广义和狭义两种理解。广义的企业道德是指企业经营活动参与各方行为善恶的规范。企业及其员工、顾客、供应者、竞争者、政府、社区等都是经营活动的参与者。企业道德作为调节企业及其成员与利益相关者关系的规范，不仅应该约束企业及其成员的行为，而且还应该规范利益相关者关系的行为。狭义的企业道德定义为“指导企业及其成员经营行为善恶的规范”。“管理学界对企业道德应该在企业经营中占有一席之地的看法正在逐渐增强，国外和国内的专家学者从企业文化、战略管理以及企业业绩的角度论述了企业道德与企业发展的关系。”①

学者聂沉香认为，所谓企业道德是指企业在生产、经营、管理过程中形成的道德意识，道德规范和道德实践的总和，是企业在长期的发展过程中总结出来的，是一种群体行为规范和价值标准。它是一种非制度化的规范，它不是被颁布、制定或规定出来的，而是企业价值观念，是企业法规的补充，是企业文化的集中表现。其具有阶级性、历史继承性、可操作性以及理想性的特点，并且具有约束、调节等功能。

而学者任志敏定义企业道德为调整企业与职工、职工与职工，以及企业与社会关

① 王朝晖．企业道德实力培育研究——兼评唐人神集团企业道德化管理［D］．湖南大学，2003.

系行为规范的总和。它是一种内在价值观念，一种企业意识。是企业生产经营管理理论与实践的必然产物，又是人们在实践中求生存、谋发展的主体反映。它不同于一般的社会道德，是一种非制度化的规范。

无论哪一种定义，都强调了企业与职工、其他企业、社会之间的行为规范，同时也说明了企业在发展各环节中所形成的道德意识。因此，这里把企业道德定义为：企业在其生产、经营、管理等各环节发展过程中，与企业经营活动各参与方之间形成的道德规范。它贯穿于企业的日常经营活动中，是企业获取长远利润的重要保证。

2. 企业道德的功能

企业道德是一种无形的资产，它伴随企业生产经营的各个环节，在潜移默化中发挥着重要的功能作用。

（1）规范功能。企业是社会系统中的一部分，要对社会承担一定的责任，而企业的道德就从责任和义务上为企业提出了一个行为准则。使企业在追求自身利益的同时，本着为社会负责的态度约束自己的行为。因此，企业道德具有规范的功能。

（2）导向功能。良好的企业道德，对内可以影响员工的行为，形成共同的奋斗目标和发展愿景，对外可以与其他企业和机构形成合作，并树立良好企业形象和声誉。因此，企业决策层会意向性地树立企业道德。

（3）预警功能。企业发展的最终目标是为了追求最大利益。但不代表为获取利益可以不择手段，它要求有一定的道德约束。当企业的行为突破了道德的界限，则会引起一定的不良影响，这时企业决策者要统筹协调，采取有效方案改变企业行为，把企业的发展牵引到符合企业道德的道路上来。

（4）激励功能。企业的发展表明，具有良好道德的企业，其社会认可程度较高，从而会激励企业向着更高的标准去发展，并且对企业中的员工起到很好的激励和监督作用，这会激发员工的主动性和积极性，从而促使企业更好地向前发展。

企业道德功能的发挥，需要企业道德的树立为前提。只有当一个企业把企业道德作为其企业发展的文化或精神指引准则，才能把企业道德的形象播撒到员工身上，为创造企业利益，为维护企业形象而发挥企业道德的功能。

（三）员工道德

1. 员工道德的含义

我国公民的基本道德规范为："爱国守法、明礼诚信、团结友善、勤俭自强、敬业奉献。"作为一名合格的公民，要遵守以上二十字方针。从范围的角度上来讲，员工属于公民的范畴。所以，涉及员工的道德，最基础的便是要具备作为一名公民所应有的道德规范。

从企业道德的对立面来阐述员工道德。员工道德，从广义上来讲，是指员工在其从事的职业领域中，所应具备的职业操守和行为规范的总和。从狭义上来讲，员工道德一定程度上等同于职业道德，职业道德也是衡量员工道德的一个指标。员工所从事的行业不同，就会有不同的道德要求。一般而言，具有良好的职业道德的员工，也基本满足了员工的道德要求。员工道德的形成，一方面有赖于员工自身的道德修养的高低；另一方面，又受到所处的工作环境好坏的影响。

2. 员工道德的功能

（1）自我约束的功能。具备道德的员工，其心中基本上有一根衡量自己行为的准绳，并且他们会以此来约束自己的行为，努力做好本职工作，不做有损企业利益的事情。

（2）塑造形象的功能。员工是企业中的一分子，企业形象的塑造，也要靠员工整体形象的支撑。员工具备良好的道德，一定程度上也反映出企业具备良好的道德。从外界来看，更容易让人信任和认可。

二、企业不道德和员工不道德

（一）企业不道德的含义及分类

1. 企业不道德的含义

有的学者认为企业不道德行为就是企业在生产经营过程中，为了自身的经济利益而无视企业道德要求、推卸社会责任的行为。同时，企业不道德行为意指那些我们依据一定的伦理原则和道德观念对其评价为“恶”和“不应当”的行为。

与上述企业道德的定义相对应，这里把企业不道德定义为：企业在其生产、经营、管理等各环节发展过程中，为谋取企业的经济利益，而与企业经营活动各参与方间形成的违背道德规范的行为。

2. 企业不道德的分类

根据企业与不同的关系主体交往行为中出现的伦理道德评价情况，可以对企业不道德行为进行分类。

（1）企业与企业间的不道德行为。在市场经济中，企业作为经济组织，面临的首要任务是要在竞争中生存下来，因此在企业与其他经济组织的竞争尤其是与其他企业的竞争与合作行为是企业行为的主要内容。企业与企业之间由于竞争与合作产生的不道德行为，称为企业的竞合不道德行为。主要表现为，有些企业间为了竞争需要而采取不正当手段诋毁其他企业声誉，互挖墙脚等行为。

（2）企业与社会间的不道德行为。企业除了与以其他企业为代表的竞争对手发生关系以外，还要与企业所处的社会环境中的关系主体打交道，政府是其中的代表，企业与以政府为主体和代表的社会关系主体发生的不道德行为，称为企业的社会不道德行为。主要表现为，用贿赂的手段或凭借与政府官员的连带关系获得商业机会等等。

（3）企业与人之间的不道德行为。企业总要与人发生关系，这里的“人”有两个指称：一个是指企业内部的员工，他们是企业从事生产经营活动不可缺少的要素；另外一个是指企业与消费者，当然企业内部的员工也是产品的消费者。企业与消费者和内部员工之间产生的不道德行为，称为企业的人际不道德行为。主要表现为，针对消费者，会隐瞒产品缺陷，生产有毒产品，售后服务承诺不兑现；针对企业员工，会延长劳动时间，增加劳动强度促进生产，压低报酬或薪资增长与企业发展不同步，欠薪，性别歧视，劳动争议等等现象。

（4）企业与环境间的不道德行为。企业的生存与发展离不开环境，无论是直接从事生产性活动的企业还是为生产性活动提供服务的企业，都在直接或间接地同生态环境发生联系。企业与生态环境之间产生的不道德行为，称为企业的生态不道德行为。最主要的表现为企业的“外部性”问题，企业向生态环境中排放废气、废水、废渣，污染生态环境的行为。随着高技术企业的发展，现在由于推广转基因植物的种植，造成了自然生态环境中的“基因污染”。这样的行为也属于企业不道德行为。

（二）企业不道德的行为表现

（1）拖欠支付成本、债款，如拖欠贷款、工资、社会保障金等。“以2011年7月1日《每日经济新闻》报道为例，太子奶集团清算得出拖欠的薪金及社保费超过1亿元，此外，已被法院判决认可的有抵押银行债权达4亿多元，太子奶集团破产重整管理人——德恒律师事务所全球合伙人坦承，要优先清偿的债权加在一起约有6亿元左右。”① 太子奶集团面临着重大的清算整改工作。拖欠员工的工资，这一点在外出打工的民工身上表现得最为突出。

（2）以暴力抗拒、逃避、拖延、不履行合同、协议规定的义务。比如没有按照合同要求按时完成产品货物的送交，或者所送交的货物不符合合同的要求。

（3）生产不安全、不健康、不合格的产品。此行为最明显的表现就是生产假冒伪劣商品。其中，从2008年至今，食品安全更是成为人人关注的焦点问题，从三鹿的三聚氰胺奶粉，各大餐馆中的“地沟油”，到河南济源双汇公司的瘦肉精猪肉，再到上海浦东华联超市和联华超市的“染色”馒头……这些企业所生产的食品，严重危害着广大群众的生命安全。

（4）偷工减料、短斤少两。偷工减料主要体现在一些建筑工程单位，它们为了节约开支，采用劣质钢材或者减少用料，造成了“豆腐渣工程”，有的甚至造成了重大事故，如重庆綦江大桥垮塌事故。

（5）恶意地制造需求。比如，有些商家借助一些社会舆论，进行炒作和宣传，造成客户恐慌，从而增加客户对商品的需求。在非典期间，有些药制品厂家，就大肆宣传板蓝根可以抵抗非典病毒，造成大众哄抢板蓝根，从而提高价格，从中牟取利益。

（6）商业欺诈。主要表现在一些商业行为中，存在的价格欺诈、假投标、假合同、假票据、假投资、非法融资等。

（7）不履行纳税义务，偷漏税费。

（8）采取不正当手段参与市场竞争。不正当竞争主要表现为垄断，或者勾结同行制定并抬高价格，窃取对手的商业机密等。

（9）贿赂。贿赂最主要的方式是通过利益引诱，往往是通过对交易方内部关键人物进行收买和利益引诱达到对其控制和利用，从而获得市场或减少支出以谋取商业

---

① 夏子航．太子奶重整清算期限将至，管理人确认拖欠工资社保上亿元［EB/OL］http://finance.stockstar.com/JL2011070100000452.shtml.2011－07－25.

利益。

（10）倾销，即通过低于成本的价格销售商品的方法逼迫对手退出市场，以便独占市场。

（11）迎合不健康的消费行为。比如销售色情音像制品、迷信用品、毒品等。

（12）跨国公司不道德经营。例如，不尊重国家主权的行为；钻当地政策法规空子，非法使用童工和女工，实行低工资和低报酬。

（13）跨国公司的消费歧视。比如，在商品上有歧视其他民族的语言，或对不同消费者制定差别较大的消费条件，对消费者有身份限制等。

（14）不尊重客户和对顾客的不作为。比如，对重要的不利商品信息有意隐瞒、不告知客户，如有的房产商明知房产即将拆迁还把房产销售给客户，客户往往事后才发现；又或者对客户的要求拖延敷衍等。

（15）不公平对待员工。如随意解雇、性别歧视、干涉隐私。

（16）违反劳动安全规定，生产环境恶劣。企业应确保员工的工作环境安全，工作环境中的事物不会对员工的身体或心理造成危害，员工安全问题在实际生活中屡见不鲜，严重地危害着雇员的身心健康。

（17）使用童工和超时加班。这里的超时加班主要是指不支付加班工资，让员工义务加班的行为。

（18）不真实、不合理的广告宣传。比如电视广告为了吸引消费者的关注，而刻意夸大某种商品的功效。

（19）财务假账、虚假报表。比如，企业主把工资化整为零，逃避缴纳个人所得税。

（20）掠夺性使用资源，破坏环境、污染环境。这里主要是指一些化工类的企业，在进行产品生产里，没有严格按照相关部门要求进行质量工程建设而造成的环境污染。

（三）员工不道德的含义及分类

1. 员工不道德的含义

员工的行为是贯穿于企业的生产经营过程中的，员工的不道德行为也主要是在企业运营过程中产生的。员工不道德可以定义为：员工在企业生产经营过程中，以利己主义为导向，无视伦理原则和道德观念，为谋取个人的经济利益，对企业造成一定利益损害而违背道德规范的行为。

2. 员工不道德的分类

根据员工与不同的关系主体交往行为中出现的伦理道德评价情况，可以对员工不道德行为进行分类。

（1）员工在企业内部的不道德行为。员工在企业生产经营过程中，因个人需要暂时不能满足或过于追求个人利益，而采取的一些利己行为。主要表现为，利用工作的方便，而谋取个人利益使企业受损的行为，或是对企业发展中的一些不良行为不管不顾，听之任之等行为。

（2）员工在企业外部的不道德行为。这类员工的不道德行为主要由员工的不忠诚引起。员工对企业没有投入最大的热情和信心，甚至产生跳槽的念头，就会表现出一些不道德的行为。主要表现为，主动与其他企业联系，告知本企业的相关信息；当企业出现困境或危机时，员工不顾企业发展的迫切需要，趁机跳槽，出现另觅发展前景的行为。

（四）员工不道德的行为表现

1. 缺乏劳动积极性，消极怠工

存在这种现象的员工，主要是从意识层面对企业与个人的关系没有认识到位。他们认为企业和个人是相对独立的，员工进入企业只是为了挣工资，只要员工能从企业中得到利益，他们不会太在意企业的好坏。因此，在实际劳动过程中，他们缺乏积极性，出现磨洋工、做其他私活等消极怠工现象，抱着得过且过的心态，不会从企业的长远发展来考虑个人的实际发展。

2. 盗窃企业财产

这种行为是由于几十年国有体制、计划经济的影响，员工认为自己为企业劳动，自己就拥有企业财产中的一部分，拿取企业中的一部分东西也是理所应当，并没有感觉到不道德。有些企业员工甚至利用自己所拥有的权力和职务，谋取部分企业利益，盗窃企业财产。随着市场体制的改革和企业规章制度的不断完善，员工盗窃企业财产的行为也逐渐减少。

3. 泄露企业机密

为保障企业的发展和利益，员工对企业的机密都有保密的义务。尤其在现代的高科技企业中，泄露企业机密是法律和道德所不允许的。员工个人听从其他企业竞争者要求，并从中获利，泄露企业的重要资料或是机密文件，从而造成企业利益损失或竞争力减弱，是员工不道德行为的重要表现。

4. 散布企业的谣言

散布企业谣言，主要存在于部分员工在企业中受到不公正的待遇，问题没有得到及时解决，从而对企业以及企业领导者、管理者极度不满，怀恨在心。为了发泄自己的不满，采取散布企业谣言、说企业坏话等方式，从而毁坏企业的声誉和形象，使企业竞争失利或发展受阻。

5. 利用工作之便谋取私利

员工在企业中处于一定的机构和部门，有一定的权力。员工的权力是职责所赋予的，不能利用工作之便谋取个人私利。有些员工会把企业部门的物品带回家使用，或者是利用上班时间做其他兼职工作，从而获得经济利益。

6. 对企业的不道德行为不予制止

企业不道德行为总是通过企业员工实施，当员工被要求以可能伤害“外人”的代价维护企业利益时，“集体规范、服从的压力会对他们施加很大的影响，使其屈从于降低道德标准的要求”。[①] 有些企业为了获取最大的利益，无视消费者利益和企业道德，

① S. 普拉卡什·赛提．经济伦理：企业需要遵守的美德［N］．文汇报，2002－07－07（3）．

制造和出售不合格或有害产品，影响和危害到消费者身心健康。但是，这些企业中的员工，为了同时保证自己的利益，对企业的这种不道德行为保持缄默，进行包庇纵容。每个人都有道德行为的权利，对于不道德行为有制止的义务，知道行为是不道德的而不去制止，这也属于员工的不道德表现。

【资料卡】

双汇“瘦肉精”事件始末

“瘦肉精”再度来袭！央视3·15特别行动节目抛出一枚食品安全重弹，曝光了双汇在食品生产中使用瘦肉精猪肉。一时间，市场哗然。

新闻曝光的济源双汇食品有限公司位于河南省济源市，是河南双汇集团下属的分公司，主要以生猪屠宰加工为主，有自己的连锁店和加盟店。据销售人员介绍，他们店里销售的猪肉基本上都是济源双汇公司屠宰加工的，严格按照“十八道检验”正规生产，产品质量可靠。然而，按照双汇公司的规定，十八道检验并不包括“瘦肉精”检测。风波一起，双汇股价午后一路下行至跌停。双汇方面表示，正在调查济源厂，一定会给消费者一个交代。

“双汇肉品可能含有瘦肉精”的消息传出后，各大超市卖场一片紧张，对其场内销售的双汇猪肉产品进行紧急排查并急召供应商。“为了安全起见，我们公司先将双汇火腿肠下架了。”昨天，广州某大型连锁超市有关负责人告诉记者，该公司旗下超市没有销售双汇的冷鲜猪肉，但有双汇火腿肠销售，虽然供应商方面解释，供应给该超市的双汇火腿肠非央视曝光的问题厂家生产，但为了消费安全，该公司还是决定先行下架。

广州家乐福昨天也向记者表示，全国家乐福旗下所有超市的双汇新鲜猪肉均决定采取下架处理。不过，家乐福广州区内的超市没有销售新鲜猪肉，至于目前在售的双汇火腿肠、香肠类产品，则尚不下架，正在与供应商进行沟通。

“据供应商方面解释，他们供应给超市的是清远双汇分公司和河南漯河产的，并不是媒体所提及的河南济源双汇公司产的，与央视所说的事无关。”广州华润万家宣称，该公司对这起事件很重视，将会加强自检，请第三方检测机构来检测猪肉及相关产品瘦肉精问题。

双汇：一定给消费者一个交代

使用瘦肉精被曝光，双汇又有什么说法？记者昨天就此联系了双汇集团，据该集团宣传部工作人员表示，公司已知悉此事，正在调查济源厂情况。

双汇集团副总经理杜俊甫昨天也向媒体表示，该集团对此事件非常重视，他正在回公司召开紧急会议，目前暂时还没有结论。他还表示，农业部对瘦肉精有着严格的管理规定，“双汇集团同样一直对瘦肉精有严格的管理和检测规定，不可能出现这样的事情，所以集团一定会严格核实，了解具体实情，一定给消费者一个交代”。

探因：多头管理终致谁也没管好

医学资料表明，食用含有瘦肉精的肉会使人产生恶心、头晕、四肢无力、手颤等中毒症状，早在2002年，农业部、卫生部、国家食品药品监督管理局就发布公告，明令禁止在饲料和动物饮用水中添加瘦肉精。而近几年来，各地“瘦肉精”致人中毒甚至死亡的案例还是时有发生。

为什么食品市场瘦肉精问题屡禁不止？央视特别行动曝光的一些养猪户称，他们铤而走险偷偷在饲料中添加瘦肉精，无非就是为了使养成出栏的猪看上去卖相好、更容易出手。“使用瘦肉精比不用瘦肉精的猪，每头能多卖几十元钱。”然而，这条黑色利益链条的背后，流通监管体系疏漏和品牌企业诚信缺失问题也难逃其责。

据了解，一头喂养了瘦肉精的猪从猪圈走到餐桌上，要经历养殖、收购、贩运、定点屠宰、市场销售等多个环节，经过这层层把关，各环节监管要求本该非常严格，但最终却堂而皇之一路顺利过关，这其中存在哪些问题呢？有专家称，正是监管部门层层使用障眼法漏洞百出才催生了这种现象。

广东大同律师事务所朱永平律师表示，我国食品生产流通属于“分段管理”，仔细算下来，有7部法律与8个部门在管着猪肉，但往往最终却是谁也没管好，追究起来也不完全是某一家的责任。

“我们的监管往往就是玩猫捉老鼠的游戏，而且这只猫还经常打瞌睡。比如说在生猪流通渠道，所谓的抽检往往是流于形式，交钱放行。”中国畜牧业协会猪业分会理事、高级畜牧师梁皓仪说。

他还指出，监管部门除了要加大抽检力度，还应当重点加强对猪贩子的监管，“有些猪贩子要求养猪户喂养（瘦肉精），不用‘白粉’（对瘦肉精的称呼）不收猪，即使收了也会压价”。

“瘦肉精的使用应该是比以前收敛了很多。”梁皓仪昨天对记者表示，2009年广州曾发生市民食用含瘦肉精猪肉中毒事件，一度引发社会广泛关注，在有关部门加强监管后，给生猪喂养瘦肉精行为受到一定抑制。但他也指出，瘦肉精出现了替代品，在某些饲料添加中仍存在，这些要检测出来有一定难度。他建议有关部门重点加强对猪贩子的监管。

梁皓仪向记者透露，瘦肉精以前通常指的是盐酸克伦特罗，这种使用少量效果就很明显，但也较容易被查检出来。现在使用更多的是莱克多巴胺，通常出现在饲料添加剂中，比如少数饲料店卖的“后期料”。梁皓仪还表示，使用后者检测起来更加难，他建议有关部门到猪舍突击检查。

出路：政府监管媒体监督敦促企业诚信

有网民称，随着欧典地板、三鹿奶粉等名牌企业在市场的检验中应声倒下，产品假冒伪劣、价格欺诈、虚假宣传等现象严重地扰乱了市场竞争秩序，损害了消费者的利益，双汇“诚信立企、德行天下”的企业信条如今就备显尴尬。

针对名牌企业诚信缺失现象，广东商学院流通经济研究所所长王先庆认为主要由两个原因造成。其一，现在中国市场经济体制不完善，是国内国外企业存在大量不诚信现象的主因。政府之前没发现是因为监管力量不均衡造成的，而监管不到位，就不会给企业提供诚信的土壤。其二，目前中国经济体制面临转型，过去粗放不完善的经营模式，迟早会遭遇滑铁卢，企业早一点觉醒和发现问题，可为品牌再造创造好的基础。“相信双汇现象不是个案。奶粉也好，粮食也好，食品领域频频曝光的安全问题一直是消费者最大的担心。”

王先庆表示，名牌企业要树立诚信，未来还要靠政府、各种行业协会、媒体监督等力量多管齐下，矫正企业因利益驱动而产生不诚信的行为，各方督导让企业自觉回到关注社会责任和企业责任的层面上来。

事件进展：双汇集团正在自查

农业部赴河南查处

双汇集团总部位于河南漯河，集团总资产100多亿元，年产肉类总产量300万吨，是中国最大的肉类加工基地。而济源双汇食品有限公司是漯河双汇集团在济源投资建设的一家集生猪屠宰和肉制品加工于一体的工厂。项目总投资2.4亿元，设计年屠宰生猪150万头，年产低温肉制品3.3万吨。

双汇：正了解具体实情

央视报道称，济源双汇虽然宣称其产品经过“十八道检验”，但这些检验中并不包括瘦肉精的检测。报道还引述猪贩曹复兴的话称，济源双汇名义上不收含瘦肉精的猪，但其实专要这类猪，因为“出来的肉好”。

人民网记者采访双汇集团副总经理杜俊甫。他坦承，在3·15这样特殊的日子出现这样的报道，对企业的伤害是很大的，因此集团非常重视，他正准备回公司召开紧急会议，目前暂时还没有结论。

但他表示，农业部对瘦肉精有着严格的管理规定，双汇集团同样一直对瘦肉精有严格的管理和检测规定，不可能出现这样的事情，所以集团一定会严格核实，了解具体实情，并承诺一定给消费者一个交代。

农业部：派员赴豫查处

记者还获悉，农业部在央视播出报道后已经在第一时间责成河南、江苏农牧部门严肃查办，严格整改，切实加强监管，并立即派出督查组赶赴河南督导查处。

工商：暂无下架计划

广州市工商局食品处处长曾庆鹏昨日接受本报采访时表示，目前暂时没有对广州市场上的双汇火腿肠进行下架的计划。曾庆鹏说：“按照相关规定，一般应该从源头部门开始查，现在知道是双汇出了问题，应该是当地工商部门先进行查处。广州暂时没有对其进行下架的计划，不过会密切关注这一事件。”

曾庆鹏还表示，广州逢年过节都会对火腿肠进行抽检，频率平均来说是一两个季度会抽查一下，“但从以往抽查的结果看，还没有在火腿肠中发现有瘦肉精”。他同时表示，在火腿肠中如果有瘦肉精残留，含量也是非常低的。

昨天，广州市质监局告诉本报，对于广州的肉制品生产加工企业都要求索证索票，进货原料必须要有农业部门或者牲畜屠宰管理部门出具的检验检疫合格证。2009年下半年开始，按照市食安办的要求，广州将瘦肉精检测纳入日常监管范围，每两个月检测一次，2010年至今共检测282批次，没有检出问题猪肉。

超市：广州双汇产品多产自清远

昨日，本报走访广州多家超市看到，包括火腿肠和冷鲜肉的“双汇”品牌商品仍被摆在货架显眼的位置，在火腿肠销售区，“双汇”品牌更是占据了六七成的份额。

家乐福、百佳、华润万家等多家大型卖场负责人均表示，他们高度重视该事件，超市已对相关产品进行自查，均未发现来自被曝光的济源分公司的产品，而且双汇的产品每一批都提供检验检疫合格证，均显示瘦肉精含量合格。有商场负责人告诉记者："由于考虑到运输成本，广州市场销售的双汇产品大部分都来自双汇清远分厂，只有小部分来自河南，但没有来自济源的产品。"

上述超市均表示，正在与双汇厂家及检验部门进行沟通，根据与供应商签订的条款，如果没有政府部门的权威报告，超市暂不下架。

不过，有不愿意透露姓名的知名超市负责人告诉记者，虽然商场销售的双汇产品都不是来自济源公司，但是为了安全起见，还是将产品下架了。

资料来源：新浪网

（http：//qcyn. sina. com. cn/news/shwx/2011/0811/14384248245. html；双汇"瘦肉精"事件始末，2011－08－11。）

第三节　企业员工的基本权利与幸福管理

一、企业员工的各项基本权利

企业和员工关系权利的阐述中，员工权利宪章表现得较为具体。哈佛大学商学院的 D. Ewing 是主张"员工在企业内的公民权利"的主要代表人物。他对美国企业雇主与雇员的关系进行了系统的研究，并提出了所谓的"员工权利宪章（an Employee Bill of Rights）"。[①] 其具体内容由以下九条构成：

（1）任何员工都可以以口头或书面的方式对管理行动是否道德、是否合法或负社会责任提出批评，组织或管理人员不得因此用解雇、降级或其他的歧视手段来对待他们。

（2）任何员工都可以自由参与各条工余活动，不论是政治活动、经济活动、社会活动还是文化活动；可以自由购买自己所用的各种商品；可以在政治、经济和社会问题上发表或赞同与企业的最高层领导相对立的见解，而不应因此受到处罚。

（3）员工可以拒绝执行违反一般道德规范的上级指令，组织或管理人员不得因此予以处罚。

（4）在事先没有征得员工同意的情况下，任何组织都不得允许对员工的谈话或行动进行录音或录像。组织也不可以要求员工或求职者接受在他们看来侵犯了其隐私权的性格测试、测谎检查或其他的测试。

（5）当员工不在场时，除非高层管理人员有充分的理由认为该员工的文档中含有管理决策所必需的信息并且当时必须做出决策，否则任何人都不可检查该员工的写字台、文档或柜橱。

（6）任何雇主或组织都不要收集并保留与有效的管理无关的员工档案。每个员工

① See W. M. Hoffman &J. M. Moore，Business Ethics，New York ；McGraw－Hill，1990：290－293.

都有权利检查自己的人事档案并有权利对其中的材料（其他员工所作的个人评语除外）的精确性、相关性和必要性提出质疑。外部的个人和组织如要接触员工的档案，只限于查阅有关雇用的基本事实。

(7) 任何管理人员都不可把自己对被解雇或已被解雇的员工的看法无缘无故地传播给该员工的可能的新雇主，除非这些看法不会妨碍该员工找到新的工作。

(8) 被解雇、降级或调离工作的员工有权利从管理部门那里得到一个书面的理由陈述。

(9) 任何员工若认为自己由于行使了以上各项权利而受到处罚，有权利向有关部门、董事会或仲裁机构提出申诉并举行听证会；听证会的调查和结论应以书面形式下达给有关的员工和管理部门。

归纳起来，大致可以分为三个部分：其一是关于员工在企业内的言行的自由权利，其最终目的是保护员工不被随意解雇；其二是关于员工在企业内的隐私权，其主要目的是维护员工作为人的尊严；其三是关于员工的申诉权利，这是为了保障以上两项权利。

根据不同的企业性质，员工享有不同的权利。从纵向的时间范畴来看，员工的权利可以分为：受雇前——受雇中——解雇后的权利。从横向的内容范畴来看，员工享有基本的一般权利。员工权利宪章有其时代意义，以下结合现代企业的发展情况，分析企业员工的基本权利。

（一）员工受雇前的权利

一个人在社会生活中最基本的权利是生存权和发展权，对于员工来讲，就表现为求职者有获得工作的权利。具体表现为员工具有生存权和发展权。员工可根据自己的实际情况进行职业选择，同时，企业应当给每一位符合要求的员工平等的获取工作机会的权利。

（二）员工在受雇中的权利

当员工进入企业具体的工作岗位之后，基本上满足了其生存和发展的权利，而职位晋升和合理工资是其要进一步考虑的问题。同时，在企业和员工成立雇用与被雇用关系期间，员工还具有言论自由、组织工会和罢工的权利。

（三）员工在被解雇时的权利

企业可以依照企业的相关制度要求来解雇不合格员工，但解雇员工必须要有充分正当的理由；员工被解雇时应当被告知理由，并应当提前得到通知；员工在企业服务的时间越长，就越不应当被解雇。

（四）员工所享有的一般权利

(1) 员工有平等就业和选择职业的权利。根据我国的《劳动法》规定，企业与员工应当依法在平等自愿、协商一致的原则基础上订立劳动合同，以确立劳动关系，明确双方的权利和义务。订立劳动合同不得违反法律、行政法规的规定，不得采取欺诈、威胁等手段。同时，员工有选择职业的权利，也意味着其有辞职的权利。

（2）员工有按所付出的劳动依照劳动合同规定享有获得薪酬的权利。从企业道德的角度来讲，企业在正常情况下应当及时发放员工劳动薪酬，不能克扣或无故拖欠。

（3）员工有依照规定享有休假的权利。

（4）员工有获得劳动安全卫生保护的权利。企业必须建立、健全劳动安全卫生制度，严格执行国家劳动安全卫生规程和标准，对员工进行劳动安全卫生教育，防止劳动过程中的事故，减少职业危害。企业必须为员工提供符合国家规定的劳动安全卫生条件和必要的劳动防护用品，对从事有职业危害作业的员工应当定期进行健康检查。从事特种作业的员工必须经过专门培训并取得特种作业资格。员工在劳动过程中必须严格遵守安全操作规程。员工对企业管理人员违章指挥、强令冒险作业，有权拒绝执行；对危害生命安全和身体健康的行为，有权提出批评、检举和控告。

（5）员工有接受培训和职业教育的权利。应当建立职业培训制度，按照国家规定提取和使用职业培训经费，根据企业实际，有计划地对员工进行职业培训。

（6）享受社会保险和福利的权利。社会保险基金按照保险类型确定资金来源，逐步实行社会统筹。企业和员工必须依法参加社会保险，缴纳社会保险费。国家发展社会福利事业，兴建公共福利设施，为员工休息、休养和疗养提供条件。企业应当创造条件，改善集体福利，提高员工的福利待遇。

（7）提请劳动争议处理的权利。企业与员工发生劳动争议，当事人可以依法申请调解、仲裁、提起诉讼，也可以协商解决。调解原则适用于仲裁和诉讼程序。劳动争议发生后，当事人一方要求仲裁的，可以向劳动争议仲裁委员会申请调解；调解不成，当事人一方要求仲裁的，可以向劳动争议仲裁委员会申请仲裁。当事人一方也可以向人民法院提起诉讼。劳动争议调解委员会由职工代表、私营企业代表和工会代表组成。

（8）参加工会和职工民主管理的权利。

（9）法律规定的其他劳动权利。

二、企业员工的幸福管理

（一）员工幸福管理的理念

1. 马斯洛的需要层次理论

马斯洛需求层次理论也称为基本需求层次理论，是行为科学的理论之一，由美国心理学家亚伯拉罕·马斯洛于 1943 年在《人类激励理论》论文中所提出。他将人的需求分为五种，像阶梯一样从低到高，按层次逐级递升，分别为生理的需要、安全的需要、社会上的需要（爱和归属的需要）、尊重的需要、自我实现的需要。这五种需要是根据人的需求层次而提出的。

在实际的企业管理中，了解员工的需要是应用需要层次论对员工进行激励的一个重要前提。要从员工的实际出发，了解到他们所属的需要层次，才能对症下药，实施恰当的激励，以达到事半功倍的目的。

2. 人本主义的管理

人本主义的管理，是从马斯洛的需要层次理论中对人的重视的角度出发延伸的管理。主要强调要以人为本，把人看做社会经济活动的主体，是一切资源中最重要的资源。一方面，企业要注重个人巨大潜能的开发。要通过有效的管理方法，最大限度地调动人的积极性。另一方面，要注重员工的精神需要，并维护和尊重员工的需要。最后，组成有强大竞争力的团队，从而实现现代企业的管理最优化。

（二）员工幸福管理的具体措施

"幸福感"理论最早由美国学者罗伯特－莱恩（Robert E. Lane）提出。随后，许多学者进行了相关的研究，具体在企业管理中，具体表现为对人的管理，对员工的管理。结合人本主义的管理，就是要形成企业员工的幸福管理。

1. 改善物质条件，满足员工的基本需要

企业物质条件的改善，主要是要满足员工在收入、衣食住行方面的需要。具体主要表现在：按时发放薪酬，不拖欠员工工资；为员工提供良好的工作环境，建设文明安全的生活工作环境，保障其人身安全；关心员工的生活状况，帮助有困难的员工解决生活工作上的问题。保证员工在满足基本生活需要的基础上，能较好地投入工作，发挥主观能动性。

2. 营造良好氛围，促进员工的精神需要

精神需要是员工的更进一步追求，因此，企业要营造良好的工作氛围。具体表现在：建立友善的人际交往关系。形成上下级、同级之间的和睦相处，真诚相待，能够充分沟通协作，形成团队的合力；建立企业发展的良好组织文化。组织文化是一种无形的资产，能在日常生活中对员工产生潜移默化的影响。一个企业，有了良好的组织文化，则会把全体员工凝聚在一起，形成合力；管理者要促进公平和公正。员工希望得到尊重、信任和理解，他们同时也需要得到公平的待遇，因此，管理者一方面在制定制度时保证民主公平；另一方面在实际管理中要杜绝不公平事件，及时解决员工之间的纠纷。

3. 创造发展平台，保证员工的发展需要

员工在做好本职工作的同时，不但实现了企业的发展，而且更加强了对自我发展的需求。只有这样，才能最终实现企业和个人共同发展的双赢局面。企业则有必要为员工创造发展平台，保证其实现自我发展。具体主要表现在：定期进行调查，了解员工的自我发展目标和现状需求。在调查的基础上，制定合理的方案，为员工发展提供一定的条件；有计划地组织员工培训，一方面加强员工的实际工作技能，另一方面满足员工的提升需要。

【资料卡】

幸福企业

当富士康连续13跳之后，人性化管理已经在中国这个制造业大国开始发芽。然而，这一概念深入人心的代价实在过大。作为台湾的知名企业，富士康应该深知，台湾早已走过这条道路。

如今，台湾习惯于将实行人性化管理的企业称为幸福企业，反之则称为铁血工厂。

与内地流行的血汗工厂相比，铁血更侧重于管理层面的认知。企业决策管理专家王在安说，“富士康罪恶”成为一个社会现象，正是社会转型期的大部分中国企业所面临的管理难题：如何与“铁血式管理”说再见？如何不再“把人当成机器”？如何让企业和员工更加幸福？超越简单的“待遇”、“福利”的认知，一个“幸福企业”必须尊重员工，并让员工感受到这种尊重。104人力银行（中国）特约顾问、台湾中华人力资源管理协会驻上海代表陈志钰认为，“不是企业家自己觉得幸福就幸福，而要从员工的角度去看，员工有幸福感才是真正的幸福企业。如果企业让员工没有不满意，但没有让员工满意，那就只是一般感受，而不是幸福的感觉”。庆幸的是，幸福企业概念获得越来越多人的认同。全国工商联副主席、用友股份公司董事长兼总裁王文京在接受《数字商业时代》记者采访时说，用友已经把“幸福企业”作为新的企业经营愿景。企业幸福与否，已经成为企业能否持续发展壮大的核心因素。

与钱无关

“每年都有涨工资的消息，事后都不了了之。”在北京通州某印刷厂上班的小董在听到记者告知其“政府说了要涨工资”的消息后，并没有表现出过多的热情，“我不想再开这个破机器了，想去制版部学一些排版设计的知识”。20岁的小董来自重庆万州，在北京打工时间已经超过3年，并没有学会一技之长，目前月收入为1 500元。7月7日，北京市人保局发布2010年企业工资指导线方案，规定职工平均工资增长基准线定为11%。通过老乡介绍进了印刷厂，小董对自己的现状很不满意，对公司也没任何感情，“我上班和机器没什么区别，按时开，按时关”。在小董心中，理想的工作应该是“懂技术、坐办公室，最好还能抖一点威风”的活，而且不用老是加班，尤其是周末和节假日，可以陪女朋友出去逛街。像小董这样的80后、90后新生代农民工，目前在1.5亿外出打工的农民工里面占到60%，大约有1个亿。“如果和60后、70后这些所谓的第一代农民工以找工作赚钱为目的相比，新一代农民工基本上是想出来见见世面，想闯一闯天下。”福建师范大学人口与社会发展研究中心主任朱宇博士在接受记者采访时说，新生代农民工除了希望有一份不那么劳累的工作外，还希望实现自己的理想和追求。

当理想和现实出现落差的时候，极容易出现极端事件。富士康就是典型的例子。“富士康的基层员工来到全世界最大的代工工厂，期望值都很高，但进来后发现，自己只是工厂的一个机器，那些看起来很好的福利，都不是普通工人能有时间和精力去享受的，比如游泳池是保健因素，而不是激励因素，对员工来说没有任何动力。”陈志钰先生说，如果员工的期望值越高，那么失望就越大，又得不到及时宣泄的话，最后就会出现过激行为。

然而，仅仅提高劳动者的收入就真的能解决问题吗？记者在江苏新日电动车股份有限公司采访时遇到了司机老马。今年42岁的老马是陕西宝鸡人，2009年3月经老乡介绍来新日电动车当司机，此前在宝鸡开出租车，爱人在商场做生意，租了个摊位卖服装。

对于老马来说，挣钱不是最重要的，他说自己与别的打工的老乡不一样，喜欢到处跑，感受生活。“国内比较好玩的旅游城市都去过，来无锡也是想来这里玩一玩，深圳还没去过，准备有机会去看看，更想去香港看看。”

新日电动车的企业文化和员工福利对老马来说是比较有吸引力的。“这里能按时发工资，有社会保险，不用过多地加班，春节期间员工往返单位租大巴接送，让我们在同乡面前也有面子。”老马说，不是每一个人都看着钱来的，也不是高工资就一定会吸引到人，重要的是有一个完善的对员工的回报。在高薪的证券行业，也有着“富人”的烦恼。瑞银证券财富管理部客户顾问小忆说，即使单位每年有20天的强制休假时间，自己也无法安心游玩。“只要有空，总会打开网络看着大盘。满脑子都是客户的钱，生怕给人做亏了不知道该怎么办。除非出国去旅游。”

为了拉一个客户，小忆说自己已持续服务了5年，才刚有一点眉目，就马上约领导和客户见面，希望早日促成合作。“每到年终绩效考核时，总有业绩不太好的同事，因为精神高度紧张而临近崩溃状态，板着个脸，对谁都不理。单位也没有给员工提供心理减压服务。”虽然年收入过百万，小忆并不觉得自己“幸福”，整个饭局期间，她说得最多的就是：“你们不知道我们压力有多大！”

幸福秘籍

两年前离开橘子酒店的马跃，如今已经是某经济型酒店的销售总监了。站在橘子酒店北京总部的院子里，马跃看见当初亲手栽下的桃树已经挂果了，雀跃着跑了过去，“哇，没想到我的这块牌子还在呢！”让每一位员工亲手栽下一棵果树，自己挖坑、浇水，并挂上一块写上自己姓名和时间的铭牌，是橘子酒店创始人、首席执行官吴海的一个创举，“我不敢说每一个员工在我们这里都是幸福的，即使有些员工因为各种原因离开了我们酒店，我也希望他们能在这里留下一点东西，就算是有一个牵挂也好，如果几年之后他有机会回来，还能看到自己曾经留下的足迹，也能看到你曾经为之努力过的企业现在是什么样了”。吴海说自己的这番苦心，大部分员工都能够理解，并能自发地转化成工作态度。“在企业整体运作过程中，员工是否全身心地投入工作，对企业工作绩效的影响非常大。”陈志钰说，绩效 =（知识 + 能力）×态度，按照这个公式，作为一个正常的员工来讲，知识和技能不可能为零，为零的话就不会用这个人了，但是态度可以为零，甚至可以为负，此时如果前面的参数越大，导致的负面就越大。

“那么，态度是什么呢？就是员工是不是觉得幸福，越幸福的员工，态度就越好，对于企业的绩效就越会产生正面影响。”

如果把“幸福企业”当做一个有距离的远期目标的话，在通向这个目标的路上，企业做得少了，员工肯定不会满意，那么对于企业的进一步发展肯定会带来不好的影响，但是如果企业做得太多了的话，短时间来看，对企业的赢利肯定会产生影响。正如王文京所说，企业的基本愿望是赢利，即通过商业活动获取利润，赢利的必要条件随着商业环境的演变也在不断变化。与吴海同样从互联网公司离职创业的聂巍，现在是爱这茶语（北京）网络技术有限公司的总经理，代理某国际品牌的花果茶内地电子商务业务。“百度、阿里巴巴的经历对我现在的创业管理来说很重要。比如百度是非常典型的工程师文化，工资不是最高，但是福利非常好，文化很自由，而阿里集团让人无时无刻处于一种非常紧张的状态，有一种强迫式的文化，必须得把这件事做好，基本上能达到你90%以上的负荷度，甚至有时会超过负荷。而且阿里集团特别抠细节，对于员工来说，压迫感很强。"

聂巍说，在创业初期企业的基本目标就是生存下去，这个时候需要的是集体创新，而不是对员工施压。"员工的心态和老板是不一样，员工肯定不会100%地投入，我就会和他分析为什么会出现这种情况，不要让他觉得他是你的一个机器。"聂巍说，创业初期自己甚至会给十几个刚招聘进来的大学生下厨做饭，和员工不仅是工作的关系，在生活上还是朋友。

这正符合吴海所说的"幸福管理"三条秘诀：让员工感受到尊重、让企业感受到尊重、关心员工比员工自己的需求还要多。"我不知道我们算不算是幸福企业，我们的工资不是业内最高的，但我们的稳定程度和员工满意度在业内是相对较好的。"

在橘子酒店，客房服务人员在清理房间时是可以打开空调的；店面经理自己会煮绿豆汤并给客房人员送过去；如果员工做错了什么，也只批评经理；员工提了建议和规划，不管采用与否，都会张榜公开表扬，每个月在各个门店之间会评选最佳保安、最佳客房等并插上"流动红旗"。"给员工做了事情，还要在态度上让员工感觉你是真的关心。如果你做了99分的工作，1分的态度没做好，就有可能前功尽弃。"吴海说，管理不是依靠权威，企业的发展也不是依靠压榨员工的工作时间和劳动强度，甚至也不是对员工形成的压力感，企业真正的发展源泉需要一整套的和谐文化和机制，可以充分发挥每个人的能力。橘子酒店还有一项让每个人听了都露出羡慕之情的福利，那就是面向全体员工的教育基金项目。只要在酒店服务满一年以上的有子女上学的在职员工，都可以提出申请。"人总有感恩的时候，不能想到有人会走我就不做这些工作了。"吴海说，这是自己最朴实的想法，"财务上有个非重要性原则，虽然说酒店的利润是算计和抠出来的，但该做的还是要在可承受范围内去做"。

4月27日，在全国劳动模范和先进工作者表彰大会上，国家主席胡锦涛在大会致辞中阐述了"体面劳动"的理念。"体面劳动"是指通过促进就业、加强社会保障、维护劳动者基本权益，以及开展政府、企业组织和工会三方的协商对话，来保证广大劳动者在自由、公正、安全和有尊严的条件下工作。

责任底线

易凯资本首席执行官王冉曾经把企业大致分为三类：一类是制造驱动的企业，人会被机器绑架并最终被它们替代；一类是营销驱动的企业，人会被欲望和目标绑架并最终让自己迷失；还有一类是价值观和创新驱动的企业，在那里人会被梦想激越和愉悦。

目前，中国前两类企业居多，所以社会的幸福指数不会太高。就像廉价劳动力创造了富士康的大部分财富，但是在富士康，人力资源管理只是企业实现其核心战略的重要手段，而一线的生产工人只是工具。

曾经花了很长时间来研究心理学的吴海，现在终于体会到让员工"更开心一点、更舒服一些"，才能更有效地调动员工的工作积极性，也是企业得以良性发展的基础保证。事实上，"情感"在赫茨伯格（Herzberg）的双因素理论中，属于激励因素（包括工作本身、认可、成就和责任，这些因素涉及对工作的积极感情，又和工作本身的内容有关），另外一个是保健因素（包括公司政策和管理、技术监督、薪水、工作条件以及人际关系等，这些因素涉及工作的消极因素，也与工作的氛围和环境有关）。

自从20世纪60年代以来，双因素理论的研究越来越受到人们的重视。根据1973—1974年美国全国民意研究中心公布的资料，有50%的男性员工认为，工作的首要条件是能够提供成就感，而把有意义的工作列为首位的比把缩短工作时间列为首位的人要多七倍。

“幸福”或者“不幸福”，其实对很多人来说只是一瞬间的感觉。即使有十几名员工的生命在富士康停止了，这依然是一家让中国数千万打工者们向往的公司。在过去20年的时间里，富士康在内地以每年超过100%的速度迅猛发展，现在已成为全球规模第一、利润第一的代工公司。“没有一个员工的跳楼原因是跟工作相关，跟薪水相关。”郭台铭在“跳楼事件”发生后召开的股东会上自辩。

陈志钰表示，富士康管理本质上的问题是，现在的员工已经不是60后、70后那一代员工，但还在使用陈旧的管理方式，富士康应该在软件上跟随员工的改变而改变，并且跟上员工的改变速度。“这一点上，郭台铭应承担起满足员工心理需求的责任。”

企业该不该承担这样的社会责任？政府应该做什么？面对这样纠结的问题，很多企业以自己的行动作出选择：携程从今年第二季度开始提出了“快乐生活季”的口号，橘子酒店针对80后、90后新生代员工开通“CEO直邮”，用友公司则明确提出了“幸福企业”的概念，新希望、微软等开始从军事化管理转向人性化管理。

“尽管从法律上讲企业是法人，和自然人一样，是共同的社会一分子，每个人应该做好自己的角色，企业有企业的，政府有政府的，个人有个人的。但是企业做这些事情，不能看做是企业无限责任的延伸。”陈志钰说，政府是不是什么都要管？这个问题也值得拿捏。政府是法规的制定者和裁判员，其主要职能是创造一个公平竞争的市场环境和社会环境，鼓励大家多承担责任。

陈志钰举例说，政府应该鼓励企业给员工更多的安定因素，比如对双职工的孩子入托，政府应该是鼓励而不是在政策上限制企业与当地单位合作。“台湾以前也这样，在20世纪90年代后开始放宽，企业办幼儿园只要提出申请，有安全保障、有师资力量、场地足够，基本上就可以得到批准。这样的话，全社会离幸福企业就越来越近了。”

在王文京看来，一个企业自己要真正成为一家幸福的企业，其实还是在为员工、合作伙伴、客户乃至整个社会创造一个幸福的主体。“从某种意义上讲，企业为社会创造的幸福感越大，社会反馈给企业及其成员的幸福感也就越大。”

（资料来源：数字商业时代，2010（14），富士康铁血末路：中国企业员工幸福在哪里。）

【本章小结】

企业经营管理中的伦理，是支撑企业稳定发展的重要方面，其中涉及的伦理关系、道德问题、不道德行为都在一定程度上影响企业的经营管理。本章主要分析了企业与员工之间的伦理关系的历史发展过程，结合有关道德理论阐述了企业与员工之间的道德关系，着重从伦理的角度论述了企业和员工的不道德行为，最后落到企业管理实践问题中，分析企业员工的基本权利，及如何实现员工的幸福管理。对企业经营管理中的相关问题进行研究，能够有效地促进企业开展管理工作，同时保证企业伦理建设呈良性发展态势。

【案例分析】

微软公司（Microsoft）别具一格的文化个性

1975年，保罗·艾伦和比尔·盖茨合伙创建微软公司。产品是微软BASIC（编程语言），雇员为3人，当年收入16 000美元。1977年在日本推BASIC。1982年，在英国建立欧洲分部。1986年，微软在纳斯达克上市。

1986年上市后，经营利润率持续保持在30%以上，到1995年，年收入已达59亿美元，拥有大约200多种产品，约17 800名雇员。微软控制了个人电脑软件市场中最重要的部分——操作系统的80%~85%。这些软件在操作系统上运行，使用户能在计算机上执行特定的任务。没有哪一个与计算机或信息技术有关的行业和用户不受到微软及其产品的影响。

微软从最早卖程序设计语言，到出售操作系统，再到向零售店出售各种应用软件产品，从国内到国外，不断获得发展。但微软始终保持着公司早期结构松散、反官僚主义微型小组文化等特性的基本部分，从而与顾客更接近，更了解市场的需要。

面对市场和技术方面的挑战，微软总是奉行最基本的战略，向未来进军。它拥有出色的总裁和高级管理队伍，以及才华过人的雇员，拥有高度有效和一致的竞争策略和组织目标，组织机构灵活，产品开发能力强、效率高。微软人有一种敢于否定自我，不断学习提高的精神。当然，在其优点和成绩之后也潜藏着很多弱点。但微软正是在克服弱点和发挥优势的过程中不断向前发展的。微软公司令人吃惊的成长速度，引起世人的广泛关注。透过辉煌业绩，我们不难发现其成功不仅在于科技创新和优异的经营管理，更重要的是创设了知识型企业独特的文化个性。

一、比尔·盖茨缔造了微软文化个性

比尔·盖茨独特的个性和高超技能造就了微软公司的文化品位。这位精明的、精力充沛且富有幻想的公司创始人，极力寻求并任用与自己类似的既懂得技术又善于经营的经理人员。

他向来强调以产品为中心来组织管理公司，超越经营职能，大胆实行组织创新，极力在公司内部和应聘者中挖掘同自己一样富有创新和合作精神的人才并委以重任。比尔·盖茨被其员工形容为一个幻想家，是一个不断积蓄力量和疯狂追求成功的人。他的这种个人品行，深深地影响着公司。他雄厚的技术知识存量和高度敏锐的战略眼光以及在他周围汇集的一大批精明的软件开发和经营人才，使自己及其公司矗立于这个迅速发展的行业的最前沿。盖茨善于洞察机会，紧紧抓住这些机会，并能使自己个人的精神风范在公司内贯彻到底，从而使整个公司的经营管理和产品开发等活动都带有盖茨色彩。

二、管理创造性人才和技术的团队文化

知识型企业一个重要特征就是拥有一大批具有创造性的人才。微软文化能把那些不喜欢大量规则、组织、计划，强烈反对官僚主义的程序员团结在一起，遵循“组建职能交叉专家小组”的策略准则；授权专业部门自己定义他们的工作，招聘并培训新雇员，使工作种类灵活机动，让人们保持独立的思想性；专家小组的成员可在工作中学习，从有经验的人那里学习，没有太多的官僚主义规则和干预，没有过时的正式培训项目，没有“职业化”的管理人员，没有要“政治手腕”、搞官僚主义的风气。经理人员非常精干且平易近人，从而使大多数雇员认为微软是该行业的最佳工作场所。这种团队文化为员工提供了有趣的不断变化的工作及大量学习和决策机会。

三、始终如一的创新精神

知识经济时代的核心工作内容就是创新，创新精神应是知识型企业文化的精髓。微软人始终作为开拓者——创造或进入一个潜在的大规模市场，然后不断改进一种成为市场标准的好产品。微软公司不断进行渐进的产品革新，并不时有重大突破，在公司内部形成了一种新陈代谢机制，使竞争对手很少有机会能对微软构成威胁。其不断改进新产品，定期淘汰旧产品的机制，始终使公司产品成为或不断成为行业标准。创新是贯穿微软经营全过程的核心精神。

四、创建学习型组织

世界已经进入学习型组织的时代，真正创建学习形组织的企业，才是最有活力的企业。微软人为此制定了自己的战略，通过自我批评、信息反馈和交流而力求进步，向未来进军。微软在充分衡量产品开发过程的各要素之后，极力在进行更有效的管理和避免过度官僚化之间寻求一种新平衡；以更彻底地分析与客户的联系，视客户的支持为自己进步的依据；系统地从过去和当前的研究项目与产品中学习，不断地进行自我批评、自我否定；通过电子邮件建立广泛的联系和信任，盖茨及其他经理人员极力主张人们保持密切联系，加强互动式学习，实现资源共享；通过建立共享制影响公司文化的发展战略，促进公司组织发生着变化，保持充分的活力。建立学习型组织，使公司整体结合得更加紧密，效率更高地向未来进军。

资料来源：摘自《管理案例博士评点》，代凯军编著，中华工商联合出版社。http：//wenku. baidu. com/view/0d5a9bcda1c7aa00b52acb2d. html?

结合案例资料，谈谈如何通过构建企业文化来实现企业的经营管理。

【思考与练习题】

一、名词解释

1. 员工忠诚
2. 企业道德
3. 员工不道德

二、简答题

1. 企业道德的功能有哪些？
2. 企业不道德的行为表现有哪些？
3. 什么是企业员工的幸福管理？

三、论述题

企业如何有效开展员工的幸福管理？

四、思考题

如何运用道德发展阶段理论来规范企业道德行为？

【本章参考文献】

[1] 徐金发，等．企业伦理学［M］．北京：科学技术出版社，2008：132.

[2] 曹凤月．企业伦理学［M］．北京：中国劳动社会保障出版社，2007.

[3] 白泉旺．企业伦理学教程［M］．北京：经济科学出版社，2009.

[4] 徐大建．企业伦理学［M］．2 版．北京：北京大学出版社，2009.

[5] 王朝晖．企业道德实力培育研究——兼评唐人神集团企业道德化管理［D］．湖南大学，2003.

[6] 邓金平．解密员工忠诚［J］．商场现代化，2006.

[7] 谭晟，凌文辁．员工的组织承诺及其思考［J］．中国人力资源开发，2003：17－19.

[8] 李杰，尹贵超．“责任营销”呼出了什么［N］．华夏酒报，2007－09－14（12）．

[9] 夏子航．太子奶重整清算期限将至，管理人确认拖欠工资社保上亿元［EB/OL］http：//finance. stockstar. com/JL2011070100000452. shtml. 2011－07－25.

[10] See W. Hoffman & J. M. Moore，Business Ethics，New York：McGraw－Hill，1990：290－293.

第六章 企业的社会责任

【知识目标】

掌握企业社会责任的含义；
了解企业社会责任的范围；
理解企业承担社会责任的动因。

【技能目标】

掌握企业社会责任的实现路径。

【本章内容】

第一节 企业的社会责任概述

一、企业社会责任的基本内涵

20 世纪初，随着资本主义社会和经济的发展，企业规模和力量得以不断扩张，掀起了一股企业合并的浪潮，一些大企业逐步占据了本行业的统治地位。同时，以企业所有权和经营权的分离为重要特征的现代企业制度逐步形成，人们开始担忧少数龙头企业会如何使用它们的权力和影响力，并开始思考如何约束和规范它们的这种影响力。在这些思考中，逐步萌发了企业社会责任思想。

企业社会责任（CSR）是英文 Corporate Social Responsibility 的直译，但具体指的是什么，在全球范围内并没有统一的定义，一般认为 CSR 这一概念最早是英国学者欧利文·谢尔顿（Oliver Sheldon）于 1924 年对美国企业进行考察时提出来的。他把企业社会责任与公司经营者满足产业内外各种人类需要的责任联系起来，认为企业社会责任包含道德因素。1931 年，美国哈佛大学教授伯利（Adolf Beles）指出管理者是公司股东的受托人，在公司的经营与决策中，管理者应将股东的利益置于至高无上的地位。另一位教授多德（E. M. Dodd）对此进行了反驳，他认为，法律之所以允许和鼓励经济活动并不是因为它是其所有者利润的来源，而是因为它能服务于社会，公司作为一个经济组织，在创造利润的同时，也有服务社会的功能。论战在经过了二十多年之后，伯利接受了多德（Dodd）的意见。经济学家弗里德曼（Milton Friedman）认为企业的社会责任就是为股东赚取利润。美国佐治亚大学教授阿奇·卡罗尔（Archie B. Carroll）

于 1991 年提出企业社会责任金字塔模型，认为企业社会责任包括经济责任、法律责任、道德责任、自愿责任，卡罗尔认为自愿责任只有在经济、法律及道德责任全部实现的基础上才能够实现。

很多企业也提出了自己的企业社会责任观。索尼的社会责任观是通过技术创新和完善的商业运作谋求企业价值的提高。沃达丰认为所谓企业社会责任，指的是从事富有成果和价值的商业活动，同时给人们的生活和工作以良好的环境。IBM 的社会责任观是企业为了实现可持续发展，致力于获取社会信赖，成为社会期待的企业。联想（中国）的企业社会责任观是“坚持诚信经营，持续学习，勇于创新，积极承担对价值链伙伴、环境和社会的责任。回报股东长远利益，给员工提供没有天花板的舞台，成就客户，尊重合作伙伴，保护环境，回馈社会。做优秀的全球企业公民，让世界因为联想更加美好！”可口可乐从经济贡献、公益贡献、环保贡献和员工福利 4 个方面诠释“企业公民”的责任，并以此作为衡量公司成为中国社会良好企业公民的标准。沃尔玛（中国）的企业社会责任计划重点体现在环境可持续发展、回馈社区、关爱儿童、支持教育及救助灾区五个方面。

20 世纪中期以后，随着一些令人触目惊心的公害事件的发生，各国纷纷开展了一些推动企业社会责任发展的社会运动，如环境保护运动、消费者运动、劳工运动等。各种组织机构也分别从不同角度对企业社会责任进行了定义。欧盟认为企业社会责任是指企业在自愿的基础上，将对社会和环境的关注融入其商业运作以及企业与其利益相关方的相互关系中。世界银行指出企业与关键利益相关方的关系、价值观、遵纪守法以及尊重人、社区和环境有关的政策和实践的集合，是企业为改善利益相关方的生活质量而贡献于可持续发展的一种承诺。联合国前秘书长安南提出的“全球契约”计划标志着联合国正式介入企业社会责任问题，“全球契约”的十项原则表明了企业社会责任的内容包含了人权、劳工、环境和反腐败四个方面。国际标准化组织正在积极推进社会责任标准 ISO26000 的制定工作，它提出的企业社会责任是：组织社会责任，是组织对运营的社会和环境影响采取负责任的行为。即行为要符合社会利益和可持续发展的要求，以道德行为为基础，遵守法律和政府间的契约，并全面融入企业的各项活动。中国可持续发展工商委员会把企业社会责任定义为：“企业不仅应对股东负责，还应该向其他对企业做出贡献或受企业经营活动影响的利益相关方负责。在层次上，这些责任包括经济的、法律的、伦理的和其他方面酌情而定的要求。”①

关于企业社会责任的表述各不相同，在不同的时期，不同的企业、组织机构对它赋予了不同的含义，随着时代的发展，企业社会责任的概念不断被充实和完善。但基本上可以分为两类：一类是狭义的概念，指经济和法律责任之外的道德和慈善责任。另一类是广义的概念，将经济和法律责任纳入企业社会责任的范畴，把企业社会责任划分为经济责任、法律责任、伦理责任和慈善责任四个层次。

① 中国政法大学在职研究生网．企业社会责任基本理论研究［EB/OL］．http：//www. cnpc. com. cn，2011 －05 －26.

二、企业社会责任的相关理论

（一）企业公民

企业公民（Corporate Citizenship）是企业和公民的有机结合体，即商业利益主体与社会责任主体的结合体。所谓公民，指的是一个有所属的、身负权利和义务的个体。他和身份不明、行踪不定，对所在社区、环境没有责任和义务的过客是相对立的。企业公民的权利就是国家有关法律法规规定的企业享有的财产权利、生产经营权利、法律保护权利等。1953 年，霍华德·鲍恩（H. Bowen）在其著作《商人的社会责任》中第一次正式将企业和社会联结起来，提出了企业及其经营者必须承担社会责任的观点。企业公民的提法，强调企业应自觉地把自己归属于社区、社会和人类的共同体，主动承担与其本身享有的权利和获取的利益相对应的责任。包括经济责任、法律责任、环境责任和道德责任等。

企业公民过去强调的是道德概念，而非商业能力，但在由互联网催生的透明化时代里，企业已经进入一个"他律"时代，现代社会快速发展的信息网络使所有企业和个人的生存环境越来越趋向于透明化，一旦出现损害各种利益相关者的行为，各种渠道的监督者将会引导社会舆论，来自整个社会的压力有可能导致企业的业绩和利润下滑，甚至给企业带来"灭顶之灾"，道德风险就有可能转变为经营风险。越来越多的企业已经意识到，成为负责任的企业公民，并不等于增加成本支出，而是提升企业竞争力和改善财务表现的一种途径。能够获得消费者和资本市场的信任，为企业带来长远的利益，降低企业的长期风险。企业公民的提法逐步将企业的社会责任引向了商业能力，认为企业社会责任的实践已不再是对社会诉求简单的顺应，而是应该主动将社会诉求纳入企业的经营战略中。让谋求自身利益、创造商业价值与回馈环境、创造公共价值的行为同时发生。

（二）利益相关者理论

传统的企业理论认为，企业的唯一目标就是"实现经济利润最大化"，这是所谓的"股东至上"理论。20 世纪中叶以来，知识经济引领社会发生巨大变革，对公司治理理论形成了巨大的冲击，直接促成了利益相关者理论的产生，使传统的"股东至上"理论受到了挑战。1984 年，弗里曼（Freeman）出版了《战略管理：利益相关者管理的分析方法》一书，明确提出了利益相关者管理理论。他指出："利益相关者是能够影响一个组织目标的实现，或者受到一个组织实现其目标过程影响的所有个体和群体。"企业的经营管理者应该为综合平衡各个利益相关者的利益要求而进行管理活动。后来的学者在综合了各方观点后，认为"利益相关者是指那些在企业的生产活动中进行了一定的专用性投资，并承担了一定风险的个体和群体，其活动能够影响或者改变企业的目标，或者受到企业实现其目标过程的影响"，使利益相关者的定义更加全面。

利益相关者理论把企业看做利益相关者之间的合约，在对股东利益进行保护的同时，也必须考虑保护其他利益相关者的利益，以确保实现公司价值长期的最大化。对企业而言，善待员工、向消费者提供优质产品或服务、稳定和供应商的长期合作、培育良好的社会声誉等能给企业带来长期的良性发展，而企业又只有在确保经济效益、健康运营的情况下才能兑现这些利益。因此只有企业在实现股东价值最大化的同时，更多地考虑其他利益相关者的价值，才能使企业进入良性循环，得以长足发展。

利益相关者理论的提出，修正了股东至上的提法；相对明确企业承担社会责任的义务对象、界定责任的范围；为研究企业承担社会责任与其经济绩效的关系提供一种途径。提供衡量企业承担社会责任状况的可操作方法。但也存在着一些局限性，如利益相关方之间存在着利益竞争，员工的工资提高了，股东的利益必然要下降，若保证了员工和股东的利益，那成本就要提高，则消费者利益会受到损害，因此要同等地承担对所有的利益相关方的责任是不现实的。而如何界定及分配各利益相关方的权重，目前尚无定论。企业利益相关者之间的关系如图 6.1 所示。

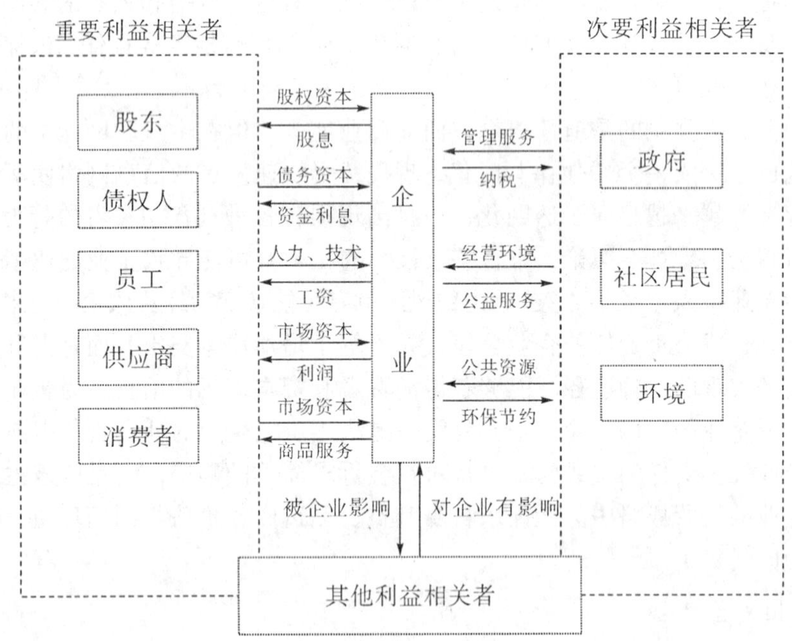

图 6.1　企业利益相关者方框图

（三）企业社会契约理论

契约理论认为：企业是各种要素投入者为了各自的目的联合起来组成的一个有效率的“契约联合体”。这里的契约既包括了企业内部的利益相关者如股东、管理者、雇员之间的契约，也包括了与企业外部的利益相关者如供应商、客户、银行、政府、社区等与企业之间的契约。

按照公平互利原则执行契约：社会对企业的发展提供条件，企业也应承担社会责任。因此，企业社会责任的内容是由一系列的契约所规定的，其本质则是企业与其利益相关者之间的一组复杂契约。其中有的契约以明确的书面条款约定缔约方的权利和义务，并由法律作为强制实施基础，如经济责任契约、法律责任契约。而有的契约如伦理责任和慈善责任，它的存在降低了其他契约的缔约成本，如有的企业因重视环境保护而获得政府的税收减免和政策优惠，从而直接提升企业经济绩效，但它的履行缺乏第三方强制性力量的保障，会随缔约方的自身条件和外部条件的变化而改变，成为补充契约，它的履行主要依靠市场机制和缔约方的信用。

社会经济发展的不同阶段的特征决定了企业的社会契约具有不同的特征，20 世纪初期，少数大企业占据统治地位的时候，企业的社会契约责任局限于经济契约方面，如以合理的价格提供商品或服务。逐步的，开始要求企业从整个社会出发考虑自身运营对社会的影响。这就要求管理者必须由原来的对股东负责转变为对所有利益相关方负责。现阶段，中国企业确立的八大社会责任包括产品安全、纳税、节约资源、保护环境、文化建设、扶贫慈善、员工、科技发展。

（四）儒家文化中的责任思想

我国传统文化中儒家主流派的经典思想“重义轻利说”，孕育着深厚的社会责任思想。“君子爱财，取之有道”，说的正是孔子的思想“见利思义”，要求人们合法、合理地赚取利润，这是企业在追求自身利益最大化的过程中必须遵循的法律、道德约束。同时，孔子还从利人与利己的关系出发，提出“以义生利”的思想，认为自己要想做成事情，也应该考虑让别人做成事情，这和现代企业经营中的双赢理念有相同之处。企业经营管理过程中，既要考虑股东自己的利益，也要考虑其他利益相关者的利益，实现企业与其利益相关者的双赢，才能够获得良好的长期的发展。

三、企业社会责任的范围

一般认为企业在追求经济利益的同时，应该承担对政府、居民和环境等利益相关者的责任，应遵守商业道德、保护弱势群体、关心儿童、支持公益事业等。企业社会责任研究者卡罗尔（Archie B. Carroll）认为完整的企业社会责任是企业的经济责任、法律责任、伦理责任和慈善责任之和。

法律责任：这是底线，企业只有在遵守法律法规的前提下进行经营活动，才能够得到政府和社会的支持，得以正常存在。法律责任具体包括遵纪守法、依法纳税、产品和服务符合满足最低法定要求、提供平等雇用员工的机会、控制有害物质的排放等。随着社会对企业社会责任的重视程度的不断提高，很多问题都已经纳入到法律的范畴，例如企业对员工的社会责任。2008 年《中华人民共和国劳动合同法》正式开始实施后，在禁用童工、公平雇用、安全与健康、员工发展等各方面进行了法律约束，为员工的利益和基本人权提供了法律的保障，同时也为企业维护自身合法权益提供了保护伞，很多企业利用“竞业限制”、“培训限制”等条款防止员工流动中泄露企业的商业秘密。

经济责任：企业是社会当中的经济组织，它的最根本的责任就是经济责任。企业的经济责任包括股东赢利、经济效益、竞争能力、经营效率、效益持续性等方面的最大化。企业的基本目标就是追求利润最大化，但企业所有者或经营者应该关注的是企业长期资本收益率最大化。现代企业的制度和管理方式使得企业所有权和经营权分离，这就要求一个企业管理者从股东利益出发进行经营管理，而非只顾个人利益，包括保证控股股东和中小股东的权益。企业股东的基本权利，并不仅是获得利润，还要保证能获得公司正确的财务资料，以决定其是否继续投资。企业管理者有责任完善信息披露制度，将企业资源的利用情形和结果完全公开、翔实地告知股东。

伦理责任：伦理责任包括那些尚未纳入法律法规的、但社会期待的或防止的活动与实践，反映了消费者、雇员、社区等利益相关者对于公平、公正和道德权利的关注，是法律法规的先导及驱动力。伦理责任一般体现出比现有法律法规要求更高的绩效标准，多具有法律上的争议性。如环境责任中企业能够主动节约资源、注重环保，愿意加大投入研发新技术以减少环境污染。如昆明原来有家餐饮店将食品摆在女性裸体上，由顾客取来食用，这虽然可以理解为商业促销行为，但容易对社会主流文化产生影响，不能被大众所接受。

慈善责任：慈善责任是社会期待一个良好企业公民应主动采取的行动，慈善责任属于自主决定的、具有自愿性。包括企业为促进社会精神文明和物质文明发展而在人财物等方面对艺术、教育和社区的贡献。如企业对所在社区的责任，包括赞助教育、艺术、文化活动，或弱势群体、小区发展计划等等。

【资料卡】

联合国全球契约十项原则

人权：

原则 1. 企业应该支持并尊重国际公认的人权。

原则 2. 绝不漠视践踏人权的行为。

劳工标准：

原则 3. 企业应该支持结社自由和有效承认集体谈判权。

原则 4. 彻底消除各种形式的强迫和强制劳动。

原则 5. 有效消除童工。

原则 6. 消除就业和职业歧视。

环境：

原则 7. 企业应对环境挑战未雨绸缪。

原则 8. 主动增强环保责任。

原则 9. 鼓励环境友好技术的研发与推广。

反腐败：

原则 10. 企业应反对各种形式的腐败，包括敲诈勒索和行贿受贿。

（资料来源：中企联合网。http：//info. cec - ceda. org. cn/glxz/pages/20070702_8716_ 2_ . html；联合国全球契约简介 ；2007 年 7 月 2 日《中国企业报》。）

第二节　企业承担社会责任的动因

我们认为，企业承担社会责任是有其动因的，包括企业自身发展的要求、企业与社会环境关联性的要求、社会经济与道德良性发展的需要。前两个动因属于企业内部要求，后一个动因属于社会发展要求。

一、企业自身发展的要求

从本质上来看，无论采取何种方式，企业承担社会责任的动力源泉都是为了其更好地生存和发展，而企业自身长期经营发展的需要就对企业必须承担社会责任提出了相应要求，具体从以下几个方面得以体现。

（一）经济利益

获取经济利益是企业经营所追求的重要目标之一，这里主要表现在两个方面，一个是降低企业的交易成本，另一个是获得良好的财务回报。

1. 降低企业的交易成本

科斯把交易成本定义为获得准确的市场信息所需付出的费用，以及谈判和经常性契约的费用。交易前的信息收集成本就必然会因为交易双方的互相猜忌而增加，交易过程中也不可避免地要引入对机会主义行为的监督和约束，交易复杂性的增加导致交换效益低下，这又间接提高了交易费用。从交易成本理论来看，承担社会责任的企业使得产品生产、使用的信息更加透明。诚信是企业社会责任的重要内容之一，消费者会觉得购买“负有社会责任感”的企业的产品要比购买“没有社会责任感”的企业的产品风险小得多，交易成本就会随之降低，那么，理性的消费者会乐意购买“负有社会责任感”的企业产品。因此，企业承担社会责任有助于企业降低交易费用，从长期来看符合企业的持续发展需要，是企业承担社会责任的动因之一。

2. 获得良好的财务回报

企业社会责任是一个总体责任的概念，其中涉及保障产品质量安全、遵循商业伦理等内容。企业在社会责任上的投资可能赋予产品“社会责任”属性，企业社会责任在竞争中可以作为一种差异化的战略为企业带来一定的竞争优势。支持企业社会责任为企业创造了一种可靠和诚信的声誉。消费者通常会认为，那些讲究诚信的企业其产品会具有较高的产品品质。因此，消费者会更加认可那些承担社会责任的企业公民，他们愿意正面宣传那些承担了社会责任的企业信息，以及在其亲朋好友中帮助企业及企业的产品进行正面的“口碑营销”。这样的良性“口碑”效应会给企业带来富有价值的社会形象，进而产生更高的财务回报。实际上，许多研究都发现社会责任与企业财务绩效之间存在显著的正向关系。

（二）提升自身的竞争能力

企业勇于承担社会责任是企业竞争优势的源泉之一，会使其赢得社会公众信任，增加企业的声誉。企业形象是企业的无形资产，对顾客忠诚度有着极大的影响，可以转化为企业的竞争优势，从而最终提高企业的经济效益。为此，企业会根据自己的经济实力承担起社会责任，或者是加强产品的使用安全性，或是提升自身服务的质量。一部分有实力的大企业会选择从事一些社会公益活动，积极参与慈善事业。对于长期竞争优势的渴望会促使企业主动承担起社会责任，实现社会和企业的双赢。

承担社会责任使得企业在参与国际竞争时也会增加一定的竞争优势。譬如在人力资源方面，企业的社会绩效对于社会认可的雇主声誉和吸引力的排名有着重大的影响。根据社会认同理论，具有较高声誉和吸引力的企业，能够吸引那些优秀人才加入到企业员工队伍中来。在劳动力短缺的行业，企业社会责任已经成为招聘和吸引员工的重要手段之一，这些具有较高素质和能力的员工，会给企业带来较高的生产力。因此，企业承担社会责任所带来的绩效能够成为竞争优势的源泉。在保护环境方面，当企业开发了一项环境政策，也必然会建立起该项政策的声誉，因为这种声誉本身就是一种市场优势。

（三）获得相应渠道优势

经济全球化伴随着竞争的全球化，采购和分销也面临着全球化的趋势，渠道的建立对于企业的作用日趋明显。企业主动承担社会责任有助于取得产业链各方的信任，从而达到渠道畅通、周转迅速的目标。渠道优势使得企业将竞争力提升到第一条起跑线上，是大型企业以及成熟企业经营战略的重要一环。

（四）保证股东的利益

在公司的经济活动中，与公司关系最为密切的两类利益群体就是公司股东和公司债权人。公司是股东用来进行投资的一种基本形式，股东享受有限的责任，将投资风险限定在一定范围内，实际上是将投资风险消化在公司的外部，由公司债权人承担，因而股东和债权人为了保护自己的利益必然促使企业承担相关的社会责任，如及时准确披露公司信息，积极主动偿还债务等。为了保证资金的顺畅，企业就应承担起相应的社会责任。

二、企业与社会环境关联性的要求

（一）法律法规明确要求企业承担社会责任

全球经济一体化带来生产方式的变化，成长中的中国企业要融入全球价值链，获得世界市场的信任，就必须遵守 SA8000 和 ISO14000 等企业社会责任体系，不少企业已经感受到承担社会责任是一种“现实的要求”。中国在保护用工条件、规定劳工标准、保护劳工权益等方面已经建立了比较完善的法律法规体系和制度。例如，我国《中小企业促进法》第八条规定“不得侵害职工合法权益，不得损害社会公共利益”，第九条规定“应当遵守职业道德，遵守诚实信用原则”，可视为针对中小企业社会责任的规定。党的十六大后新修订的《宪法》更加突出了对公民权利的尊重和关心，也为企业社会责任的法律化提供了指导性作用。这就使得企业履行社会责任时，不单单是一种对社会道德的要求，更是一种法律要求。企业要想在法治社会中生存，就必须结合自身情况，贯彻落实《劳动法》、《环境保护法》和《安全生产法》等相关法律中关于社会责任的规定。

【资料卡】

企业家的七种"原罪"

有人把当代中国之资本"原罪"，称为"中国式之资本原罪"。这样称呼无非是为了强调其与政治、权力等相关因素的"共谋"关系。而如今，加入这个圈子的民营企业家越来越多，大家不但关心这个问题在任何一个阶段提出的特定背景，更关注其今后的发展和解决的途径。2006年11月，广东佛山中级人民法院，就在这里，曾经的富豪顾雏军全部否认了检察机关的指控，并发表了近3个小时的"演说"，目的就是——为自己"喊冤"。

之后不到10天，北京物美商业集团宣布该企业董事长兼大股东张文中辞职，配合中纪委对有关房地产事宜的调查。再之后，张文中的"亲密好友"、"期货教父"中期集团董事长田源被宣布协助调查。一连串事件背后是高度敏感而不得不直面企业家的7种"原罪"。

一宗罪：虚假出资罪、虚假注册资本罪。代表案件：顾雏军案。

二宗罪：非法集资罪、非法吸收公众存款罪。代表案件：唐万新案。

三宗罪：虚开增值税发票罪抵扣税款发票罪。代表案件：铁本案。

四宗罪：操纵证券罪。代表案例：周正毅案。

五宗罪：非法占用农地罪。代表案例：杨斌案。

六宗罪：贷款诈骗案。代表案例：新疆啤酒花案。

七宗罪：挪用公款罪、挪用资金罪。代表案例：郑俊怀案。

（资料来源：《大家文摘报》，2006年12月1日，转引自《南方周末》、《中国青年报》、《中国经营报》）

（二）改善就业问题是企业最基本的社会责任

在整个国民经济的发展的过程中，除通过增加投资，新增项目，扩大就业外，更重要的是提倡企业科学安排劳动力，扩大就业门路，创造不减员而能增效的经验，尽量减少把人员推向社会而加大社会的就业压力。过去只有ISO9000和ISO14000国际认证，现在对企业社会责任也有了一个旨在解决劳动力问题，保证工人工作条件和工作环境的国际认证标准体系。这一标准明确规定了企业需保证工人工作环境干净卫生，消除工作安全隐患，不得使用童工等，切实保障了工人的切身利益。现在众多企业积极履行社会责任，努力获得SA8000国际认证，不仅可以吸引劳动资源，激励他们创造更多的价值，更重要的是通过这种管理可以树立良好的企业形象，获得和提高自身的美誉度和信任度，从而实现企业长远的经营目标。从这个意义上来说，企业履行社会责任，有助于解决就业问题。

（三）环境保护是企业不可推卸的职责

生态环境具有极强的社会性或公共性，但在传统的体制安排下，对它的利用及其产生的利益则是个人的事情。由于在生产和生活过程中，生态环境和自然资源与现有的市场体制安排的经济成本和经济收入之间存在着比较密切的关系，在市场竞争的压力和为取得更多个人利益的内在欲望的刺激下，企业不可避免地情愿或不情愿地采取外部不经济的方式，致使生态环境不断恶化。但是随着人们对于生存环境的关注日益增强，企业若一味贪图成本的降低而无视环境污染，不仅会受到法律的制裁，而且也会破坏企业形象。法律和消费者对于环境保护的重视转化为企业的生存压力，促使企业被动地承担起其应负的社会责任。此外，在这一压力下，部分企业或是以绿色生产过程、绿色产品为卖点，或是热心环境保护等公益事业，以期建立良好的企业形象，主动承担起了社会责任。

在内蒙古鄂尔多斯乌审旗，黄沙漫野，人迹罕至。从 2004 年开始，当地一家企业博源生态开发有限公司勇敢地承担起治理万亩荒沙的责任，当时被外界看做是一个疯狂的举措，因为治理成本太大，短期也不会有所收益。但企业领导者戴连高瞻远瞩、力排众议，决定投资数亿元进行沙漠治理，打造生态公园，发展沙产业。截至 2008 年年底，园区形成湿地近万亩，人工湖面积达 5 000 多亩，总治理面积达 10 万亩。园区生态治理工程启动五年来，生态建设初见成效，园区植被覆盖率由原来的不足 30% 提升到 90% 以上，园区的小气候环境得到明显改善，受到当地政府、群众的一致好评。博源生态开发有限公司不但把承担相应的社会责任为企业做了宣传，又把打造绿色品牌与实现经济效益、社会效益统一起来。为鼓励企业继续承担更多的社会责任，当地政府决定承担几年来该企业在沙漠治理中的所有成本。这个案例告诉我们，企业要赢得更多竞争优势，就不能回避其应当承担的社会责任，从长远来看，企业社会责任的付出实际上是一种长期投资。

（四）舆论监督增加了企业违背社会责任的成本

来自于外界舆论的监督会增加企业违背其社会责任的成本，迫使企业不得不承担相应的社会责任。其一般来自以下两个方面：

首先在信息经济时代，通信工具的普及和网络技术的飞速发展，使得信息的传递几乎做到实时化、信息交流全球化，每个人都可以随时随地地获得最新信息并即刻将它传播出去。这一变化对于企业来说既是巨大的机遇，也是极大的挑战。企业形象和品牌的建立及维护成为企业的首要事项，借助媒体将企业的良好形象和最新产品传递给潜在消费者，将为企业带来更多的市场价值和无形资产增值。与此同时，一旦企业出现由于忽略社会责任而产生的问题，也将带来大范围的负面影响，造成难以估价的损失。在这种情况下，企业必须注意自己的公众形象，舆论的监督使得企业承担社会责任的意识逐渐增强。

其次是绩效的驱动因素。根据利益相关者理论，公司是相互依存体系中的一部分，是一系列明示或隐含契约的结点，股东只是企业要服务的庞大“选民”集团中很小的一个群体，财务指标也只是公司全部业绩指标中的一类指标。利益相关者对企业具有广泛的影响，哈佛大学的约翰·科特在其《企业文化与企业经营业绩》一书中阐述：最好的财务绩效是由具有独特价值观的企业实现的，其前提是企业除了考虑股东价值外，还必须考虑顾客和员工的利益；注重利益相关者价值的公司业绩远远优于只注重传统股东价值的企业。员工权利与其他利益相关者不同的是，职工具有双重身份：一方面，他们作为人力资本所有者，可以分享企业所有权，如员工持股制度、职工董事、职工监事等；另一方面，他们需要借助企业的社会责任形式来保护自己的权益，是与公司利益直接相关的利益相关者，他们的利益是否得到实现，关系到公司的生产经营是否得以有效运转，甚至关系到公司的前途和命运。

（五）经济全球化进程的必然要求

20 世纪中期以后，西方工业经济迅速发展，不同国家间的经济合作促使跨国公司如雨后春笋般建立起来，推动全球经济一体化进程，同时，也带来了诸多社会问题。由于跨国公司垄断和限制竞争，出现所谓“血汗工厂”。工人失业日益严重，贫富悬殊加大，社会不公矛盾加剧，资源存量锐减，生态环境恶化。在这一背景下，劳工维权、消费者权益呼声和环境运动风起云涌，由此而产生的社会责任运动成为一股势不可挡的国际潮流。

三、社会经济与道德良性发展的需要

在众多经济学之中，主流经济学把人看成是具有理性决策预期和能力的经济主体。美国著名经济学家曼昆给出的第一经济学原理是“权衡取舍”原理，“做出决策要求我们在一个目标与另一个目标之间权衡取舍”。在如何解释人们进行“权衡取舍”的价值标准时，主流经济学也给出了“理性的”经济学原理，即所谓的“成本原理”，“某种东西的成本是为了得到他所放弃的东西”。主流经济学一般认为，企业负有多种的责任，但在一定资源约束条件下企业只能选择为完成某些目标而承担某些责任，被迫放弃另一些目标并放弃另一些责任。社会责任往往被当成企业实现经济目标的成本而“理性地”放弃了。例如，在第三世界国家的人们如果想要不再回到想象中的“乡村世外桃源”生活方式中，就不得不允许童工在糟糕的生产环境中去从事某些在西方人眼中工资少得可怜的艰苦工作。因此，不断提高企业的生产率，可以降低企业的社会成本，这也可能是最终促进企业追求社会责任目标的有效途径和根本方法。但是这并不能说明，企业社会责任是附加在经济责任或法律责任之外的企业责任，毕竟“放弃目标”不能等同于“目标不存在”，在企业发展的任何时候，企业社会责任“本体”都是与企业实体连接在一起的。

在社会经济体制的发展和更迭中，其实任何一种经济体制也是一种伦理道德和文化体制，任何一种经济体制实际上都蕴涵着某种伦理道德规范和标准。尽管有的经营者为了追求利润，不惜采取各种非法途径去达到目的，例如制假贩假、欺诈行骗、商业贿赂、行业垄断等不正当竞争行为，以及会计假账泛滥和会计信息大量失真，严重地败坏了社会风气，极大地扰乱了市场经济秩序。但是不正当竞争和企业失德行为在损害广大消费者和诚实经营者的正当权益的同时，也使得企业本身失去了社会信任，从而被消费者所抛弃，为社会各界所谴责，情节严重的必将受到法律严惩，走上自我毁灭之路。

【资料卡】

企业社会责任与利润取向

尽管在社会责任和经营业绩的度量方面存在着一定的难度，但“大多数研究表明，在企业的社会参与及经营业绩之间有着正相关关系”，而最具有意义的结论是“……没有确凿的证据表明，企业的社会责任行动会显著损害其长期经营业绩”。

尽管在社会责任问题上同时存在两种观点并且每种观点所界定的企业社会责任范围差别很大，但我们的论证表明，利润取向的企业也要承担一些力所能及的社会责任。这种论证分为两个方面：

(1) 古典经济观下，企业在实现利润目标的过程中就在承担着社会责任，从而企业的社会责任与利润取向是完全一致的。

(2) 在社会经济观下，我们有充足的理由表明，与不承担社会责任相比，承担社会责任或许会使企业的短期利益受到损害（承担社会责任通常要付出一定的代价），但换来的却是比所损害的短期利益多得多的长期利益，从而企业的社会责任行为与其利润取向相容。

（资料来源：周三多．管理学（第2版）．北京：高等教育出版社，2005：38－39。）

第三节　企业社会责任的实现路径

从总体来看，造成企业社会责任缺失的原因是多方面的，其中不仅有企业缺乏承担社会责任意识方面的原因，而且还有政府监管缺位、利益相关者的维权意识薄弱等方面的原因。因此，要实现企业的社会责任，可以从经济法律制度的建立和健全、市场经济体制的完善、社会环境的改良以及企业素质的提高等几个方面入手。

一、建立和健全法律制度

（一）加强立法以进一步完善企业社会责任的相关法律法规

企业有追求自身经济利益的权利，当社会责任的履行与其追求的经济利益相冲突时，企业可能拒绝履行或不完全履行其本该履行的责任。所以，能否将社会责任信念付诸实践，单纯地依靠企业的自觉行动往往是不可靠的。除了通过教育的激发作用外，在很大程度上还必须依赖于外部控制力量即国家和政府的监控来启发。因此，必须建立健全相关的法律法规体系，做到“有法可依”。市场经济又称为法制经济，要实现法治就要求建立起适应市场经济体制的完备的法律法规体系，堵塞由于法律法规的空白给企业不履行社会责任的借口。

企业社会责任缺失的一个重要原因就在于没有相应的法律法规予以制约，从而使企业违法违规的成本较低，这在一定程度上助长了企业的某些不负责任的行为。针对目前我国企业社会责任的现状，当前迫切需要建立和完善以下法律、法规：

1. 设立专门的“企业社会责任法”或“社会责任法”

目前，我国乃至世界各国都没有关于企业社会责任的专门立法。随着企业社会责任的不断发展，其内容不断丰富，影响力越来越大。设立专门的“企业社会责任法”可以使企业在履行其社会责任的过程中更加便捷、透明、有法可依，也便于社会对企业履行社会责任的监督，体现一个效率的原则。

2. 完善《公司法》以规范企业社会责任主体

《公司法》是规制公司企业的主要法律，其完善对企业社会责任贯彻执行的重要性不言而喻。《公司法》第五条规定：“公司从事经营活动，必须遵守法律、行政法规，遵守社会公德、商业道德，诚实守信，接受政府和社会公众的监督，承担社会责任。”但这只是一个原则性规定，现实操作性并不强，所以，我国应该在《公司法》中更进一步明确企业应承担哪些社会责任的具体规定。在《公司法》中，完善公司内部治理结构应该被视为重中之重，可以说完善的公司内部治理结构是企业履行社会责任的基础。

（1）完善董事会结构。在《公司法》中进一步细化董事会构成的规定，尝试规定将企业社会责任委员会作为董事会的必设或常设机构，这样有助于企业社会责任的推广、实践，也有助于公司规避社会责任方面的风险以及得到社会的认可。

（2）加大职工参与公司治理的力度。我国《公司法》中第四十五条规定：“两个以上国有企业或国有投资主体投资设立的有限责任公司，董事会中应当有职工代表，其他有限责任公司可以有公司职工代表。”《公司法》第一百零九条规定：“股份有限公司董事会成员中可以有公司职工代表。”这就是说，非国有公司董事会中也可以没有职工代表。而当前，我国民营企业占据了大多数，企业社会责任的践行更多的是要靠民营即非国有公司来推动，但是，可以促进企业践行企业社会责任的职工代表却没有必然参加董事会的权利。为保障职工代表更广泛参与公司决策经营，从而更好地促进企业履行社会责任，有必要对此进行进一步的完善。

（3）设立公司社会责任评价制度，鼓励公司定期发布社会责任践行公告。在借鉴国外经验的基础上，结合我国国情建立一套适合我国企业的社会责任标准及评价体系，并将企业社会责任的量化考评落到实处，以指导和改善我国企业社会责任实践。

3. 完善其他与社会责任相关的法律法规

进一步完善诸如《工会法》、《反垄断法》、《环境保护法》、《劳动社会保障法》、《消费者权益保护法》、《产品质量监督法》、《劳动法》、《证券法》等法律法规中关于企业社会责任条款的规定，使企业在履行对职工的责任、对用户和消费者的责任、对环境和资源保护与合理利用的责任以及对社会保障所承担的责任方面真正做到有法可依。

（二）严格执法以保证企业社会责任相关法律法规的落实

在加强法律法规体系建设的同时，还要注意提高执法的水平，杜绝出现执法不严、违法不究现象的发生。因为，有法可依不足以促进企业履行社会责任，重要的还在于执法必严、违法必究。“徒善不足以为政，徒法不能以自行”①，好的法律本身并不能自动生成守法局面，良好的法律必有相应的执法，方能达到法治目的。卢梭在《社会契约论》中也说过：“历史上可以举出一千个例子，说明一个不能接受良好法律的民族可以显赫一时。”要保证企业社会责任相关法律法规的落实，政府在执法中要注意以下几点：

首先，要端正执法态度。通过进一步落实政企分开，政府要从直接管理企业、直接经营国有资产的旧有体制中解脱出来，公正执法，正所谓“谨权量，审法度，修废官，四方之政行焉”②；政府还要改变执法的方式，坚定执法为民的信念，在执法过程中要做到“文明执法”、“科学执法”。

其次，要加大处罚力度。营利性是企业的本质属性，追求利润最大化始终是企业的目标。如果一个企业怠于履行社会责任所带来的成本支出远远低于其所能得到的利润，该企业一定不会去自觉履行社会责任。因此，加大对损害社会利益行为的处罚力度，将成为维持和贯彻企业社会责任的最后一道屏障和最有效的防线。

最后，要加强执法队伍建设。相关政府部门能否做到严格执法，使企业真正将社会责任履行好，执法人员素质的高低将直接关系到执法的效果，因此我们必须加强执法队伍建设，加强对相关政府部门执法人员的培训，使之掌握企业社会责任知识，认识到企业社会责任建设的重要性。加强执法人员的职业道德教育，使之恪尽职守、尽职尽责。对执法不严、违法不究的人员要追究其相应的行政责任甚至刑事责任。

（三）政策引导以充分发挥政府在企业社会责任履行中的引导作用

当前，执法的主体是各级人民政府及其部门。政府在企业社会责任的建设中除了要严格执法外，还要充分利用各种行政资源，对企业承担社会责任进行科学的引导。政府加强引导，其根本目的就是要为企业履行社会责任营造良好的管理环境，提供高效和良好的公共服务。在市场经济条件下，政府要主动创新管理模式，从直接干预、控制的模式中摆脱出来，采取科学的干预模式和手段，正确引导企业履行社会责任。

首先，要完善政策，通过政策导向，鼓励企业履行社会责任。比如可以借鉴国外的一些做法，通过制定和完善相关的社会捐赠政策，给予企业一定的减免税收等优惠以鼓励企业的捐赠行为；又比如可以给予那些安置下岗工人的企业一定的优惠政策。在产业政策方面，可以结合企业社会责任的履行情况，充分运用土地等资源，限制或鼓励部分领域的投资。

其次，由政府牵头组织专家、学者制定企业社会道德责任规范体系。企业是社会责任承担的主体，因此必须调动企业自身的积极性和主动性。伦理学家们经常从道德角度评价企业社会责任的履行，把企业社会责任意识通俗地称为“企业家的良心”。承认企业社会责任活动基本物质属性的前提下，肯定企业家管理理念、习惯、风格、作风等主观因素对企业社会责任活动所产生的作用和影响，对推动企业社会责任的履行具有实际意义。政府应当加大对企业社会责任的宣传，牵头组织专家、学者制定企业

① 引自《孟子·离娄章句上》。

② 引自《论语·子张篇》。

社会道德责任规范，提供一个可以供各类企业参考执行的行为准则，并在实践中逐步加以完善。

最后，建立企业社会责任评价体系。这种企业社会责任评价体系必须适应我国经济社会发展水平和我国企业具体实际情况，体现中国特色。在西方发达国家，对任何一个企业的评价都包括经济、社会和环境三个方面。经济指标仅仅被认为是企业最基本的评价指标，而关于企业社会责任的评价却多种多样，如道琼斯指数、多米尼道德指数等。我们可以根据自己的国情制定相应的评价体系，可以将企业社会责任标准分为强制性和倡导性标准，由政府发布相应的指引，制定出相应的实施时间表引导企业积极履行。

【资料卡】

有关竞争的法律规定如表 6.1 所示。

表 6.1　有关竞争的法律规定

谢尔曼反托拉斯法，1890 (Sherman Antitrust Act)	禁止垄断
克雷顿法案，1914 (Clayton Act)	禁止价格歧视，排除性交易以及其他限制竞争的做法
弗雷德贸易委员会法案，1914 (Federal Trade Commission Act)	建立了弗雷德贸易委员会（FTC）以监督实施反托拉斯法
罗宾森 - 帕特曼法案，1936 (Robinson - Patman Act)	禁止在零售商和批发商之间实行价格歧视
维勒 - 李法案，1938 (Wheeler - Lea Act)	不管竞争双方是否受到伤害，不公平的、欺诈性行为都应该禁止
迈克卡伦 - 佛格森法案，1944 (McCarran - Ferguson Act)	将保险业作为反托拉斯法的例外
莱汉姆法案，1946 (Lanham Act)	对品牌名称、品牌标志、商业名称、商业标志加以保护，并作出相应规定
赛勒 - 凯沃夫法案，1950 (Celler - Kefauver Act)	禁止一个公司对另一个公司的控制行为，这种竞争行为会弱化企业间的竞争性
针对消费者的商品定价法案，1975 (Consumer Goods Pricing Act)	禁止州际贸易中，制造商与销售商之间的价格联盟协议
联邦贸易委员会修正案，1975 (FTC Improve Act)	给予联邦贸易委员会在抑制不公平的行业行为方面更多的权力
反托拉斯修正案，1975 (Antitrust Improvement Act)	强化了早期反托拉斯法——司法部有了更大的调查权
商标伪造法，1980 (Trademark Counterfeiting Act)	对涉及假冒商品的个人实施惩罚
商标法修正案，1988 (Trademark Law Revision Act)	对莱汉姆法案作了修订，使还未正式投入使用的商标可以通过专利和商标登记得到保护
联邦商标稀释法案，1995 (Federal Trademark Dilution Act)	商标拥有者有权保护商标，也有权放弃那些与现有商标同名、同音、同义的商标

（资料来源：万君宝，袁红林．管理伦理．上海：上海财经大学出版社，2005：161。）

二、完善市场经济体制

平等交易是市场经济的本质要素和根本前提。只有有了平等交易以及体现了平等交易的伦理规范，才会有公平竞争，才会有基于公平竞争的市场价格机制，也才会有真正的或有效的市场经济。市场机制不健全或遭到破坏的表现便是，体制成员往往不遵守体现平等交易的伦理规范，任意侵犯他人的权益，使人们之间的信任关系遭到破坏，导致交易双方彼此抱有疑虑并为此耗费大量交易成本，使得经济效率大大下降，严重时则会使体制成员退出市场，让市场体制被其他经济制度取而代之。我国社会主义市场经济体制虽然已经初步建立，但还非常不完善，其重要表现之一即社会诚信缺失，这种状况助长了企业社会责任缺失问题的产生。因此，要提高企业对社会责任的担当，就需要建立健全市场经济，通过市场经济制度的进一步完善，从而形成统一、开放、竞争、有序的市场体系，营造出良好的经济诚信环境。

（一）建立产权制度，明确利益归属

当一个企业的效益、利润与经营者的收益不相关的时候，便很难维护企业的信用关系。在市场经济活动中，产权界定越是清晰，交易主体的收益就越明确，一方面，交易者选择交易对象和投资决策更为慎重，减少了市场交易中的违信机会；另一方面，交易者越是选择诚信行为越有助于实现自身利益的最大化。因此，产权制度的建立，规范了企业的经济行为，促使企业为了其长远的利益而选择诚实守信的经营活动。诚如当代著名经济学家张维迎所说："产权是信誉的基础，明晰的产权是人们追求长远利益的动力，只有追求长远利益的人才会讲求信誉。孟子讲'无恒产者无恒心'，也就是'无恒产者无信用'，破坏产权，实质上是一种搅乱玉器、从而毁灭道德的行为。中国要有良好的市场秩序，必须从根本上改变产权制度。"

（二）完善市场竞争制度，实现优胜劣汰

市场经济条件下，诚信作为一种无形资产，是企业良好社会形象的重要内涵和企业核心竞争力的构成要素。在规范的市场竞争过程中，社会信用好的企业胜出，反之则遭淘汰，乃是自由竞争的重要规则和必然结果。"如果针对盗窃没有基本的伦理上的、宗教上的乃至文化上的惩罚，我们的刑法未免负担过巨而难以推行。"① 我国市场经济体制建立的过程已经证明，凡是在实现了自由竞争的地区、行业和领域，尤其是在竞争规范而又激烈的地方，不讲诚信的企业和个人是难以找到立足之地的。正是自由竞争的优胜劣汰机制迫使人们不敢欺诈或不得不放弃失信行为。与此相反，凡是在那些特权干预市场、排斥竞争的地方，不讲诚信的企业和个人在特权的保护下不必为失信行为支付市场成本。这种情况的发展最终必然导致诚实守信的企业吃亏，弄虚作假的企业胜出的扭曲结局。因此，强化市场经济运作所要求的自由竞争和各级政府的监督职能，最大限度地发挥"看不见的手"的市场净化功能来维护市场秩序，由市场力量来褒奖那些讲诚信、社会形象好的企业，惩罚诸如欠赖账、违背合同、虚假广告、

① 廖进，赵荣东．诚信与社会发展［M］．成都：西南财经大学出版社，2004.

制假售假等各种背弃诚信原则，践踏商业道德的企业和个人，把他们从市场竞争中无情地淘汰出局。这样，将会给市场主体的理性预期提供一个正确的依据，企业和个人的失信行为才可能得到有效遏制。市场经济是通过经济主体之间的市场竞争、优胜劣汰来促进社会资源的有效配置。通过完善的市场退出机制，有利于规范市场主体的生产经营活动，确保社会主义市场经济健康有序地运行。

三、加强社会监督力度

社会各界对企业履行社会责任的监督是企业履行社会责任强大的推动力。要想强化企业社会责任，仅仅靠政府加强监管和企业的自觉而没有社会的广泛参与，恐怕会事倍功半，因而应该充分发挥社会公众、媒体舆论、工会和消协等社会群众团体组织的作用，加强社会各界对企业承担社会责任的监督，形成多渠道、多层次的监督体系，以促进企业承担社会责任的良好社会氛围的形成，通过社会环境整体的改良来推动企业对社会责任的担当。

（一）加强社会公众监督作用

社会公众的监督权是有效的法律工具，是对企业履行社会责任进行监督的重要渠道。这个渠道使好的企业通过承担社会责任树立良好的社会形象，从而吸引更多的消费群体和外部投资者，有利于企业的长远发展。目前，我国普通民众对企业社会责任还相当陌生，还不能利用企业社会责任规范和标准来保护自己的权益，这就需要工会和消费者协会等组织帮助普通民众进行学习和提高，帮助他们了解企业应承担的社会责任，使他们认识到企业推行社会责任与自己的利益息息相关。可以说，社会公众的企业社会责任意识的觉醒是推动企业社会责任的最根本的力量。

（二）发挥媒体监督企业履行社会责任的作用

作为重要的社会监督力量，媒体舆论更要充分发挥自己的作用，加大对违反我国《劳动法》、《环境保护法》、《安全生产法》等法律，虐待员工、制售假冒伪劣产品、坑害消费者利益、拒不承担社会责任的企业的曝光力度，迫使企业承担应有的社会责任。建立社会公示制度，对任何拒绝履行社会责任的企业行为，新闻媒体都可以曝光；对那些积极履行社会责任、尊重劳动权益、诚信经营的企业，新闻媒体应当给予大力宣传和鼓励，使得企业能够感受到积极履行社会责任是一种可以随时贴现的无形资产，从而进一步提高企业履行社会责任的积极性。

（三）发挥行业协会在企业履行社会责任中的作用

行业协会在企业社会责任的实现中具有独特的作用，其作用的发挥是由其特定性质、职能、组织结构与运作方式等决定的。第一，行业协会具有重要的服务功能，它可以为企业履行社会责任提供信息服务、教育与培训服务、咨询服务等。第二，行业协会作为政府与企业之间的桥梁具有重要的沟通功能，即向政府传达企业的共同要求，同时协助政府制定和实施行业发展规划、产业政策，行政法规和有关法律。第三，行业协会具有重要的监督职能，即对本行业产品和服务质量、经营作风等进行严格监督，打击违法、违规行为。总之，行业协会在督促企业承担社会责任时其作用是双向的，既有支持利益相关者行使和保障权益的作用，也有对企业监督约束其行为的作用。

（四）加强非政府组织在企业社会责任建设中的作用

从西方发达国家企业社会责任的发展历史来看，要使企业主动承担社会责任，非政府组织扮演着非常重要的角色。非政府组织不仅可以通过监督促使企业履行社会责任，而且还为企业履行社会责任提供了一个很好的平台。然而，当前我国的非政府组织的力量还很薄弱，因此，要想发挥非政府组织在企业社会责任建设中的作用，可以从以下三个方面努力：

1. 非政府组织要结成网络

我国已经参与到全球经济一体化的进程中来，如果非政府组织能形成世界性的网络，就能够利用经济全球化的机会间接推动我国企业社会责任的建构。

2. 鼓励非政府组织与消费者组织和媒体结盟

非政府组织与媒体结盟能够让社会公众对企业社会责任的诉求在社会上产生一种放大效应，与消费者结盟能够让消费者对企业社会责任的诉求有一个非官方的渠道。在国际上，非政府组织的非官方身份往往便于其发挥“施压”的作用，我国的非政府组织在这方面也应大有作为。

3. 非政府组织要把提高社会公众的企业社会责任意识放在重要的位置上

愈来愈多的非政府组织已经认识到，要推行企业社会责任，单靠政府推动或单靠企业自身的力量是远远不够的，除了政府、企业的力量外，还必须靠社会公众的参与，得到公众的广泛支持。

四、提高企业自身素质

（一）增强企业的社会责任意识

观念是行为的先导，企业社会责任意识作为企业经营理念的组成部分，必然会对企业的经营活动产生影响。我国当代企业社会责任履行中存在的问题很大程度上是因为企业社会责任意识的缺失。因而，欲加强企业对社会责任的担当，须先增强企业的社会责任意识。

1. 加强企业社会责任的内部宣传和学习

提高企业社会责任意识，离不开企业的宣传和教育。当前我国一些企业社会责任意识严重缺失，企业经营管理者受利益驱使，侵害员工基本权益，而员工由于对自身权益认识不够，缺乏自我保护意识。因此，加强对企业社会责任的认识和学习，在企业内部广泛地宣传企业社会责任，提高管理者和员工的社会责任意识势在必行。企业可以通过组织经营管理人员和员工学习各种法律法规以及企业社会责任相关标准等方式，加强有关企业社会责任的教育培训，以提高经营管理者和员工的素质，使他们对社会责任有一个全面正确的认识，从而强化企业的自律约束，给企业营造一个良好的生存和发展空间，使其能够更好地履行社会责任。

2. 提高企业经营管理者的素质

企业经营管理者尤其是高层管理者是企业的灵魂和核心，其道德水准直接影响着企业。只有那些具有较高职业道德水准的管理者才会为企业的长远利益着想，才能为广大社会公众谋福利，否则只能损人利己，贻害社会。要提高企业经营管理者的整体素质，首先必须选拔出思想道德素质高的管理者。投资者在甄选企业管理者时，要以唯德是举、德才兼备为标准，选择那些具有很强的法律意识和道德水准的管理者。另外，在对企业管理者进行考评时，不仅要以经济指标作为标准，还要按照企业的长远目标，形成和完善对经营管理者的职业道德考评体系，通过考评，触动其内心，鼓励他们自觉遵守社会公德，履行自身的社会责任。

总之，管理者道德素质的提高关键在于要加强道德修养，做一个道德高尚、严于律己的管理者，并将这种精神贯穿到管理实践活动中。1995 年哈佛大学教授戴维尔为企业管理者设计了伦理型企业的形象目标，如表 6. 2 所示。

表 6. 2　　1995 年哈佛大学教授戴维尔设计的伦理型企业家形象目标

公众	公众所要求的伦理型企业家形象目标
A. 员工	尊重员工人格，不专横跋扈，给予就业安全和适当的工作条件，给予合理的工资和分享福利，描绘良好的事业发展远景，经常关爱和激励，重视员工的建议和意见，有效的领导和成功的商业运作
B. 股东	实现股东权利和权益，高效率的领导，具有远见卓识，创造良好的投资回报预期，对股东负责，积极配合股东的监督工作
C. 政府	遵纪守法，支持政府工作，积极纳税和承担责任义务
D. 顾客	勇于创新冒险的精神，不驯服的个性特征，丰富多彩的人生经历，大方自然的仪表特征，尊重顾客，以顾客为上的服务理念，以顾客利益为中心的经营行为
E. 竞争者	诚信守诺，平等竞争，气度大方，不斤斤计较，重视竞争中的协作
F. 社区	为当地公益事业不惜投入，做鼓励人们积极进取的表率，积极关心和参加社区事务，以社区的繁荣为骄傲，给社区注入光荣与梦想的精神动力
G. 媒体	乐意接受采访，公平提供消息来源，提供采访的便利条件，经常出席一些重要的社交性活动，尊重新闻界的职业尊严

资料来源：王学义．企业伦理学．成都：西南财经大学出版社，2004：255。

(二) 将社会责任纳入企业的发展战略

企业应将社会责任纳入企业的发展战略来长期实施，有条件的可以设立专门的职能部门或专人负责。企业应积极主动地承担社会责任，把承担社会责任纳入企业发展的中长期目标，并将其制度化。企业承担什么样的社会责任，对企业的经营方向、组织结构、用工制度、利润分配等都有不同程度的影响，同时又是企业的产品战略、市场战略、技术战略等事关企业全局发展的一项重要职能战略。因此，在制定企业发展战略时，除了利润目标以外，要明确企业的社会责任目标，要以社会责任目标为导向，并及时根据企业社会责任战略调整企业内部组织结构，作为工作计划落实到具体经营和管理活动中去。在企业的组织结构层次中，要把社会责任管理贯穿到企业管理的各个方面，也可以设置专门的社会责任管理机构，以加强社会责任管理的组织落实，避免重大管理事故的出现和控制小的管理事故的发生，降低企业管理的机会成本。

(三) 完善企业内部治理结构及相关制度

首先，建立完备的企业内部治理结构。企业的市场经济决策及行动与各利益相关者及社会公共利益密切相关，决定了企业应该相当重视“内部治理”，全员一起对企业活动进行决策和监督，完善公司内部经营制度，使各利益相关者也能涉及公司治理，从而更好地维护自己的正当利益。大众的合理干预，加上企业完备的内部治理机制，有利于企业主动承担社会责任，从而获得更多的长远利益。

其次，建立和完善“企业社会责任信息披露机制”，使有关企业社会责任的信息公开、透明。从某种意义来说，社会责任信息公开机制可以使对其的监督作用得到最大地发挥，而且，以市场经济为发展前提条件的企业监管机制的明显特点就是拥有切实有效、公开透明的信息披露机制，它是约束企业行为、促使企业承担责任和保护社会利益的良方。

(四) 将社会责任融入企业文化建设

企业社会责任建设要取得实质性进展，必须坚持“以人为本”的理念，尽量将社会责任标准融入到企业文化建设中来。外部对企业行为的规范、约束和控制能够强制企业履行相应的社会责任和义务。但是，比外部的强制性约束更为有效的是加强企业文化建设，使社会责任行为转化为企业的一种自觉自愿的需要和行为。这就要求用一种企业文化把社会责任吸纳进来，让企业的社会责任感融入到企业文化之中，让企业自发承担起维护员工权益、保护消费者权益、保护环境和回馈社会的责任和义务。通过加强企业文化建设，把社会责任的理念灌输给各个部门以及广大员工，就能为企业管理行为和员工行为提供基本的准则，形成具有特色的管理理念和价值标准。

【本章小结】

本章从企业社会责任的含义和内容入手，对企业应承担社会责任的动因和实现途径进行了阐述。企业的目标应是多元化的，在确保股东利润最大化的同时，还应该从经济责任、法律责任、伦理责任和慈善责任四个层面来实现企业非股东利益相关者利益的最大化。随着企业人格不断完善和企业自身的发展，以及企业与社会环境之间的关系越来越紧密，企业勇于承担社会责任已经成为了其生存和发展的迫切需求。企业社会责任的实现应从经济法律制度、市场经济体制、社会环境以及企业素质四个方面入手。

【案例分析】

仁义同仁堂

1988年，上海地区甲肝流行，急需同仁堂生产的180万袋板蓝根，半月内交付。同仁堂制药厂职工加班赶制，当时板蓝根在市场上已由3毛多涨到8毛、9毛，但同仁堂继续按原来定价把板蓝根送到上海。同仁堂人说："治病救人是我们的天职，我们不能乘人之危发民难财。"

2003 年 2 月底 3 月初，广东省爆发传染性非典型肺炎（以下简称"非典"），板蓝根需求量剧增。4 月，疫情扩大到北京，北京市民人心惶恐，在这人命关天的关口，中医药站了出来。在媒体公布了一些专家推荐的旨在预防"非典"的多种中医药方后，北京市抓方人数剧增，在 4 月 8 日、9 日达到高潮，市场供应严重不足。面对此种局面，北京市政府发出号召，要求北京各大企业医院积极行动起来，投入到抗击"非典"疫情的行动之中，保证北京市抗击"非典"药品的充足供应。

同仁堂作为国有大型医药企业，积极响应政府号召，全员行动，机关处室干部也纷纷下到一线，到同仁堂的 61 家药店做帮手，解决药店的人手不足问题。

然而，由于市场需求量超过同仁堂日常供应量的 10 倍左右，而且抓药程序复杂，供应速度严重不足，在此种情况下，同仁堂报北京市药品监督管理局批准，获准直接将药材煎制成汤剂出售，自 4 月 13 日起将两条国公酒的生产线改为抗击"非典"瓶装代煎液的生产，有效地满足了消费者需求，同时也减轻了市民的煎药之累。

同仁堂的 61 家药店供应了北京市几乎近一半的"非典"方。如此大量供应"非典"方，同仁堂却不赚反亏，一方面是由于药材价格的涨价失控，另一方面是因为要遵守国家对"非典"药品的限价令。

在供应"非典"方期间，同仁堂药材用量比平日突然高出十几倍，后期采购量更是越来越大，而不少药材的市场价格水涨船高，同仁堂在"非典"方上已明显入不敷出。到 4 月底，"非典"方中几种用量大的药材价格猛涨，苍术从原来每斤 5 元涨到 26 元，贯众从每斤 1 元涨到 8 元，过去每斤 40 元的金银花甚至被炒到了 260 元。政府发布"非典"方限价令后，实力不够的药店赔不起纷纷停售"非典"方，同仁堂虽然也感到压力越来越大，但是仍从政治高度看待抗击"非典"行动，抱着"舍我其谁"的心态支撑着局面，一方面承受着巨大的体力上的劳累保证着北京市场"非典"方的充足供应，另一方面承受着药材价格疯长的压力按国家的限价提供药方。

除了在供应"非典"方上的损失，同仁堂在国公酒上的损失是另一隐痛。据悉，国公酒与乌鸡白凤丸、六味地黄丸为同仁堂的三大王牌产品，春秋两季是销售旺季，而在"非典"方供应期间，同仁堂的这种畅销药酒在市场上销售断货。

结合以上案例，思考以下问题：

1. 你认为同仁堂在实践社会责任方面做得如何？请简要说明。

2. 试想一下，如果同仁堂不是国有药店而是你的个人企业，在明知亏损的情况下，你会继续供应"非典"方吗？为什么？

（资料来源：周祖城．企业伦理学［M］．北京：清华大学出版社，2005：41－42。）

【思考与练习题】

一、名词解释

1. 企业社会责任
2. 利益相关者

二、简答题

1. 企业社会责任的范围包括哪些？
2. 企业承担社会责任的动因是什么？

三、论述题

企业社会责任的实现路径有哪些？

四、思考题

有人说“企业能活下去就是最大的社会责任，因为可以提供就业上缴税收”。你同意这种说法吗？

【本章参考文献】

[1] 陈英．企业社会责任理论与实践［M］．北京：经济管理出版社，2009.

[2] 吴伯凡，阳光，等．企业公民：从责任到能力［M］．北京：中信出版社，2010.

[3] 万君宝，袁红林，等．管理伦理［M］．上海：上海财经大学出版社，2005.

[4] 周祖城．企业伦理学［M］．北京：清华大学出版社，2005.

[5] 光耀华．企业社会责任管理体系建立与实施［M］．北京：中国标准出版社，2009.

[6] 叶陈刚．企业伦理与文化［M］．北京：清华大学出版社，2007.

[7] 姜启军．企业社会责任和企业战略选择［M］．上海：上海人民出版社，2008.

[8] 徐大建．企业伦理学［M］．上海：上海人民出版社，2001.

[9] Archie B. Caroll Ann K. Buchholtz. 企业与社会：伦理与利益相关者管理［M］．黄煜平，等，译．北京：机械工业出版社，2004.

[10] 厉以宁．经济学的伦理问题［M］．北京：生活·读书·求知三联书店，1995.

[11] 陈荣耀．企业伦理［M］．上海：华东师范大学出版社，2001.

第七章　企业专业伦理探讨一

【知识目标】

了解公司治理结构；
了解公司全球经营的特点；
了解非营利组织的特点；
了解商务环境的内涵。

【技能目标】

运用公司治理结构分析企业伦理问题；
掌握公司全球经营中伦理关系的整合；
掌握非营利组织的伦理问题；
掌握企业信息安全的伦理责任；
掌握企业伦理需求结构。

【本章内容】

第一节　公司治理中的企业伦理探讨

一、公司治理结构

公司治理（Corporate Governance）又名公司管治、企业管治和企业管理，经济合作与发展组织（Organisation for Economic Co - Operation and Development）在《公司治理结构原则》中给出了一个有代表性的定义："公司治理结构是一种据以对工商公司进行管理和控制的体系。"公司治理是指诸多利益相关者的关系，主要包括股东、董事会、经理层的关系，这些利益关系决定企业的发展方向和业绩。在最宽广的层面，公司治理包含了规则、关系、制度和程序，都在这个框架之内由信托当局在公司中行使和控制。恰当的规则包括了当地可适用的法律和公司的内部规则。而关系包括了所有相关人士之间的关系，最重要的是那些拥有者、经理、董事会董事、管理当局、雇员和整个小区。制度和程序则要应付一些事态，譬如当局、工作指标、保证机制、报告要求和责任的代表团。

公司治理结构是指为了实现公司最佳经营业绩，公司所有权与经营权基于信托责任而形成相互制衡关系的结构性制度安排。股东（大）会由全体股东组成，是公司的最高权力机构和最高决策机构。公司内设机构由董事会、监事会和总经理组成，分别履行公司战略决策职能、纪律监督职能和经营管理职能，在遵照职权相互制衡的前提下，客观、公正、专业的开展公司治理，对股东（大）会负责，以维护和争取公司实现最佳的经营业绩。董事会是股东（大）会闭会期间的办事机构。股东（大）会、董事会和监事会皆以形成决议的方式履行职能，总经理则以行政决定和执行力的方式履行职能。

公司治理结构要解决涉及公司成败的两个基本问题。一是如何保证投资者（股东）的投资回报，即协调股东与企业的利益关系。在所有权与经营权分离的情况下，由于股权分散，股东有可能失去控制权，企业被内部人（管理者）所控制。这时控制了企业的内部人有可能做出违背股东利益的决策，侵犯股东的利益。这种情况引起投资者不愿投资或股东“用脚表决”的后果，会有损于企业的长期发展。公司治理结构正是要从制度上保证所有者（股东）的控制与利益。二是企业内各利益集团的关系协调。这包括对经理层与其他员工的激励，以及对高层管理者的制约。这个问题的解决有助于处理企业各集团的利益关系，又可以避免因高管决策失误给企业造成的不利影响。

二、公司治理结构与企业伦理问题

传统的公司治理框架，过多关注股东的价值，股东的利润，而不是治理的质量，是企业唯一的压倒一切的目标。随着现代公司制度的建立以及股权的分散化，公司治理制度的完善一直成为理论界与学术界关注的焦点。独立董事的引入、高管激励的实施以及法律制度的完善无不表明治理制度的不断完善。然而，安然和世通的财务造假、强生公司生产事故的隐瞒以及西门子公司爆发的贿赂和腐败丑闻等事件使我们不得不思考这样一个问题：在公司治理制度不断完善的美国为什么仍会频频出现公司非伦理行为呢？部分原因就在于忽视了公司治理中的伦理作用，公司治理制度的完善缺乏伦理导向。以伦理为导向设计和完善公司治理制度是公司治理伦理的目标，以此提升公司的伦理水准，从而最终保障和协调各利益相关者的利益。

（一）公司治理结构中的伦理问题

（1）高层管理者如何保证股东和其他利益相关者的最佳利益。

（2）企业如何对待雇员。包括如何对待雇员的聘用与解雇、工资和工作条件、隐私与尊重等。

（3）雇员如何对待企业。包括如何对待个人利益与企业利益的冲突、对企业的机密保密等。

（4）企业和雇员如何对待其他经济机构。包括广告与促销、财务信息披露、订货与采购、谈判等。

（二）公司治理结构的完善措施

（1）为防止内部董事滥用权力和违背股东利益，对董事会和次级委员会的设置有详细的规定。

（2）公开高管人员薪酬，对领取高薪却没有遵守伦理道德的高管施加压力。

（3）独立董事制度的建立，减少董事会高管层的非伦理行为。

（4）很重视规范市场中介机构的制度建设，不断提升治理伦理标准。

（5）建立起发达的资本市场和经理人市场，进而影响高管层的治理伦理行为。

（6）反垄断政策造成股权分散，股东参与公司治理的意愿不高。

（7）强调对个人股东利益的保护，实行累积投票权制。

（8）股权结构分散，机构投资者很难影响公司治理，有利于中小企业的发展。垄断不易形成，维护了市场的公平。

（9）总经理权力过大，总经理与董事长两职合一，经理层有时会做出损害股东利益的非伦理行为。

（10）敢于开拓创新、有创业经历的董事，在董事会中更受欢迎。

三、当代金融业伦理问题

金融伦理关系是金融活动主体在金融活动中形成的特殊的社会关系，是金融活动主体在金融法律、金融制度、金融伦理的规范下进行金融交易时形成的健康的、合理的金融关系。金融活动的主体是指金融活动的参与者或当事人，如银行、储户、券商、投资者、借款人、银行职员、上市公司、保险公司、中介机构、国家有关管理机构等。金融活动的主体既有金融活动中的自然人，也有参与金融活动的金融企业、一般企业、中介机构与管理机构等经济组织。而金融活动中所涉及的金融工具，如借贷、融资、金融交易及与之相关的货币、有价证券等则是金融活动的客体。

金融伦理关系因金融活动类型的不同而存在不同层次与种类的关系：第一种是金融活动中自然人之间的关系，指的是金融从业人员与股民、借款人、储户、投资者等之间的关系，在具体金融活动中，这些自然人都要遵循各自的道德规范与行为准则。第二种是银行、上市公司、保险公司、中介机构、企业等法人相互间的关系，这些法人作为按其特定规律运行的行为实体，同时又是承担经济责任和道德责任的责任实体和目标实体，要履行其相应的责任和义务，否则会破坏其相互间的伦理关系。第三种是自然人与法人间的关系，自然人和法人在金融活动中由于其地位的不同应该履行的责任、权利与义务也不同，除遵守相应的规制外，要履行相应的伦理职责。

金融活动中，金融活动主体都为实现自身利益最大化而进行各种活动，具有明显的“经济人”特征，同时这种逐利的技术活动又不可避免地要承担作为“社会人”的社会责任，在自身利益与他人利益、集体利益、社会利益不能共赢条件下需要进行价值判断与价值选择时，应该承担作为利益关系方相应的伦理责任，践行伦理准则，维护金融活动的健康开展。这实际上是金融交易和金融市场健康有序发展对金融伦理规范的要求，是金融活动主体应遵循的伦理准则。其中最主要的是信用准则和公平准则。这两个原则相辅相成、相互促进、相互影响、相互作用，影响和推动金融活动的开展。

信用准则是金融活动的基础，是现代金融产生和发展的第一推动力量，是金融伦理的重要准则，现代金融是信用关系规范化法制化的产物。信用是以诚信为内核，互信为前提，信任为归宿的制度，各种金融借贷活动是信用的外在表现形式。在市场经济比较成熟的国家，信用体系比较完善。由于我国金融信用体系构建的滞后，在金融领域存在比较严重的信用危机，在信贷市场、资本市场、票据市场等方面呈现出比较严重的损害金融信用准则的现象。在信贷市场上，许多已经贷到款的自然人和法人，利用转型时期我国金融制度的漏洞和各种不正当的手段，制造大量呆坏死账，以此逃废银行债务，侵吞银行资产，使银行资产萎缩、自身经营出现严重困难，增加银行的风险。这些行为都是对金融伦理信用准则的践踏，亟须重构金融健康发展的信用制度。

公平准则是金融活动主体公正平等履行自身权利与义务的准则与行为方式，金融活动主体与各个利益相关者在金融活动中必须公正平等地进行金融交易，是金融活动健康发展的内在要求。博特赖特研究指出："只有当市场被人们认为是公平的时候，人们才会积极投入到资本市场中去，因而作为效率这个目的的一种手段，公平性具有一种伦理价值。"金融市场中存在种种不公平现象：欺诈与操纵、不对称信息、不平等的谈判力量以及无效定价，这些使个人投资者和社会成员在金融市场运作中处于不公平的待遇。在各种金融契约关系中也存在因为委托与代理产生的各种不公平的交易，金融交易中经纪人应按相关的规则履行他对客户应尽的义务，而不能利用其专门的金融知识或信息为自己谋私利，以避免各种利益冲突；否则，对于委托人或被代理人来说，是不公平的。经纪人在委托或代理活动中的机会主义行为无疑增加了诸多的交易成本，影响了金融市场的效率，也增加了金融活动中的伦理风险，严重的可引起金融市场的动荡，如巴林银行的倒闭等。金融活动中公平是相对的，单玉华称之为"局限性"，这种局限性有多种体现：形式上公平，内容上不公平，甚至形式上公平掩饰了内容上的不公平；规则上是公平的，但可能制定规则本身不公平；参与主体本身身份地位导致的不公平；金融活动主体为了实现自身目的而进行的不公平的投资区域选择等等。这些不公平的做法在我国金融领域也不同程度地存在，从而也显示了在我国加强金融伦理规范的必要。

【资料卡】

巴塔工业有限公司①

1894 年，托马斯巴塔（Tomas Bata）在捷克斯洛伐克的滋林（Zilin）创建了巴塔工业有限公司。公司以制鞋为主，直到 1939 年德国纳粹占领捷克斯洛伐克，公司的业绩一直很好。今天，公司的总部已搬到加拿大，在 70 多个国家和地区拥有工厂 71 家，商店 7 000 家，员工 67 000 人。在 1991 年一年中，公司鞋子的销售量到达 2.7 亿双。

巴塔工业公司在加拿大相当知名，且受人尊敬。公司长期以来一直注意对社会的贡献。公司在安大略巴塔洼（Battawa）的生产厂生产皮鞋和合成材料的鞋。生产鞋子过程中，工厂制造了大量液态工业废料，如废涂漆、溶剂、油料和聚乙烯氯化物。这些废料在交给有营业执照的废物处理公司之前，通常分开存放在不同的容器中。

由于一些原因，废物处理不能如期完成。1990 年，安大略环境部发现工厂在厂外放置着 200 桶未处理的液态工业废料。而且，他们发现一些盛废料的容器有被腐蚀和

① 苏勇，陈小平．管理伦理学教学案例精选［M］．上海：复旦大学出版社，2001：320.

破裂的迹象。进一步的调查还发现，其中一些废料已存放在工厂外达六年之久。一位调查人员曾发现废料桶中只剩下一些固态废料，废料桶被腐蚀，桶周围的地面上有斑渍。很明显，液态废料已经泄漏渗入到周围的土地中了。很快，巴塔公司被指控对液态工业废料不负责，影响了当地地下水的质量和附近的特伦特（Trent）河水。管理不善的废料中包含了致癌物质苯和聚乙烯氯化物，这两种物质以前是允许向周围排放的。

事实上，1986 年，巴塔公司的副总裁、工厂的总经理基思·韦斯顿（Keith Weston）先生已经知道废料存放在桶中。而且，当时公司可以花 45 万加元运走这些桶和废料。1989 年，巴塔公司的总裁道格拉斯·马钱特（Douglas Marchant）先生也得知了废料储存的问题。但是他们两人都未采取措施解决这一问题。最后，公司花费了 45 万加元研究环境问题和进行废物清理。经过了 27 天的审判，巴塔公司被罚款 12 万加元，韦斯顿和马钱特两位先生则被罚款 12 000 加元。

讨论题：

1. 本案例涉及哪些利益相关者？
2. 巴塔公司违背了哪些商业伦理的原则？
3. 你认为公司为什么没有及时转移废料？管理当局在决策时是出于怎样的考虑？
4. 为什么韦斯顿先生和马钱特先生在得知了废料的问题后，都不着手解决？

第二节 全球经营中的企业伦理探讨

在世界经济日趋全球化的环境下，来自不同文化背景的人们因价值观念和行为方式不同而产生的文化误解和伦理摩擦，往往是一些企业跨国经营失败并使其全球战略的实施陷入困境的一个重要原因。因而，企业在研究如何实施跨国经营战略，如何为适应跨国经营去设计组织和建立人力资源系统，如何实施适用于不同国家背景的激励战略和领导战略的同时，还必须学会认识和化解不同国家地区文化及伦理冲突的问题。

一、在全球经营中的不道德经营行为

在经济全球化背景下的跨国经营，在一定程度上促进了投资国与东道国的经济发展，但也会产生和带来一些涉及不同国家之间关于普遍经济伦理（即以不同意识形态为环境的全球化经济活动主体所应该认可并提供的价值导向、行为规范与约束的伦理体系）方面的问题，这就是所说的经济全球化下跨国经营的伦理问题。毋庸置疑，当今在跨国经营中出现了诸多问题，其中包含着大量的伦理问题。那么，经济全球化背景下跨国经营的伦理问题具体表现形式又是什么呢？具体体现在以下几个方面：

（一）转移危险产业

随着发达国家居民环保意识的不断提高，环保法规日趋严格，环境标准越来越高，大多禁止在国内生产高污染密集产品。于是一些西方投资者便借援助开发和投资之名，向发展中国家转移污染密集型产业和有害技术、设备、生产工艺，有的甚至公然向发

展中国家出售危险废物（“洋垃圾”），直接对发展中国家的生态环境和人身健康造成危害。事实上，由于国内部分地方政府片面追求吸引外资数量而对项目失于监督、个别企业不顾社会责任等原因，一些污染性企业已对我国环境造成一定的负面影响。

（二）资源掠夺

目前发达国家的贸易结构侧重于工业和服务业，而发展中国家的贸易结构侧重于农业和初级产品，主要出口木材、矿物、农产品等初级产品及以初级产品为原料的纺织品。这种生产与贸易的格局，意味着发展中国家以其国内资源的高强度开发甚至掠夺性开发来取得自由贸易的收益，其生态价值没有纳入生产成本。而发达国家为了保护本国的环境资源，以低于实际资源价值的市场价格向发展中国家进口初级产品，而后又将由初级产品加工成的制成品高价出口到发展中国家。发达国家以资源加工获取高额利润，最大限度利用发展中国家的环境资源。

（三）商业贿赂行为

商业贿赂意味着包括跨国公司在内的社会群体向潜规则低头，企业用尽违规手段进行恶性竞争，权力部门积极进行权力寻租，使市场竞争变成违规经营与守法经营的恶性博弈。一个盛行商业贿赂的社会，绝不是一个规范的、有秩序的社会。同时，跨国公司的商业贿赂与暗箱操作相伴相生，而暗箱操作可以将那些正当经营的企业淘汰出去，破坏我国市场交易的秩序，使价值规律无法正常发挥作用。在不正当竞争手段的左右下，资源不合理地流向了跨国公司，本土企业所拥有的市场遭遇蚕食，民族企业无形之中受到排挤和压制。更应该看到的是，商业贿赂不仅分流和挤占了企业技术创新所需要的正常资金供给，而且强化了“技术逆向选择”，即企业不通过技术变革而是通过“潜规则”的利用就可以获得竞争优势。这种逆向思想的传染最终必然稀释与抑制企业创新的动力与热情，阻碍技术进步的进程。

最近几年在麦肯锡、朗迅、大摩、国际商业机器公司等财富巨头身上发生的商业贿赂事件一定程度上还原与理清了跨国公司的商业贿赂行为。

沃尔玛案。2003 年 12 月，昆明沃尔玛管理服务有限公司在报审昆明沃尔玛管理服务有限公司项目时，为云南省对外贸易经济合作厅原党组书记、厅长彭木裕之妻在香港导购，并为其支付了十余万元人民币的购物费。东窗事发后，彭木裕被判 10 年刑期。

朗讯案。2004 年 4 月，朗讯被曝光在过去 3 年间为近千人次的中国政府官员、电信运营商高管出资“访问”美国，并以“参观工厂，接受培训”为由安排前往夏威夷、拉斯维加斯、大峡谷、迪斯尼乐园和纽约等地的行程。朗讯为此出资超过千万美元。案发后，朗迅被美国司法部和美国证券交易委员会处以 250 万美元的重罚。

德普案。2005 年 5 月，美国司法部披露，全球最大的诊断设备生产企业德普公司天津子公司从 1991 年开始的 11 年间，向中国国有医院医生行贿 162. 3 万美元现金，用来换取这些机构购买德普公司的产品，德普公司从中赚取了 200 万美元。这家企业最后被美国相关机构以违反“反商业贿赂法”为由处以 479 万美元巨额罚金。

IBM 案。2006 年 11 月，北京市第一中级人民法院发布判决书称，2002 年到 2003

年之间，IBM 高管通过中间人的安排，多次违反中国金融外事活动的工作原则和程序与中国建设银行原行长张恩照会面，作为报酬，IBM 将 22.5 万美元以“服务费”的名义汇入中间人在香港汇丰银行的账户，之后转交张恩照。

家乐福案。2007 年 8 月，法国零售业巨头家乐福中国总部发出通告称，北京区域的 8 名经理级员工因涉嫌收受供应商贿赂被警方拘留。此案涉案贿赂总额超过百万元。

西门子案。2008 年年底，德国电信工程业巨头西门子公司同意支付大约 13 亿美元的罚金了结了困扰自己两年多的贿赂案，创下了有史以来的最大商业贿赂罚单。西门子遭遇如此重罚的原因是：在 2003—2007 年间，西门子曾向 5 家中国国有医院行贿 2340 万美元，与此同时，西门子还通过贿赂中国部分官员，获得了价值 10 亿美元的地铁工程和华南地区两个总价值约为 8.38 亿美元的电力高压传输线项目。

跨国公司轮番登上中国商业贿赂榜单的结果大大超出了人们的预料。国内民间经济分析机构安邦集团公布的一份研究报告显示：跨国企业在华行贿事件一直呈上升趋势，中国在 10 年内至少调查了 50 万件腐败事件，其中 64% 与国际贸易和外商有关。

（四）跨国公司滥用市场优势地位限制竞争行为

跨国公司对我国各行业的垄断已达到惊人的程度，其表现在：一是直接遏制了我国民族企业的发展；二是有可能获取到关系国计民生重要行业不宜对外披露的信息，大大增加了国家经济安全的潜在风险。

（五）侵犯发展中国家的主权

发达国家的跨国公司利用自己强大的经济实力，通过对资金和技术的垄断，控制着发展中国家的许多经济部门，甚至控制着这些国家的经济命脉，从而侵蚀着发展中国家的经济主权。

二、全球经营企业伦理关系整合

跨国公司的经营活动都是基于协议、声誉或者是某些间接的压力。在这样的情况下，道德的因素往往比所谓的国际经济法律显得更具有效性。伦理作为一种社会整合手段、价值体系、约束与调节力量，对跨国经营起到一种价值论证作用，并以观念形式为其活动提供意义支撑、理论保证和价值评判，为跨国经营提供一个合理的社会氛围，也为其经济行为和经济过程提供一个合理的约束。因此，跨国公司在自身的经营活动中，首先应当确立并遵循如下一些基本的伦理准则，来应对目前所出现的各种问题。

（一）遵守国际经济的规范准则①

规范准则是“规范和指导人们行为活动、人与自然界关系的准则的总称”。跨国经济规范准则为跨国公司的经济行为提供了指南。1972 年联合国人类环境会议通过《人类环境宣言》；1974 年联合国环境规划署制定《区域海洋污染防治规划》；1992 年联合国环境与发展大会通过了《气候变化框架公约》、《生物多样性公约》以及《21 世纪议

① 李光辉．略论经济全球化背景下跨国经营的伦理问题及其对策［J］．经济伦理，2007（1）：95.

程》等公约和相关的条例，这些作为普遍公认的国际规定，规范着跨国公司的经营行为，对它们的行为具有普遍的约束力。同时，也要求投资国要坚持“人道主义”精神，禁止向发展中国家提供过时的、有害的技术而加剧发展中国家的环境恶化和破坏其发展进程；不得在发展中国家经营对环境造成污染的企业。

（二）坚持诚信原则

诚信是经济全球化下经济运行机制的根本要求。在经济全球化的环境下，提高社会的诚信度，信息沟通就会坦诚顺畅，交易过程的信息搜索成本、谈判成本以及监管成本则相应降低，从而促进社会经济的良性互动，推动经济持续、快速、健康发展。反之，如果人们抛弃诚信理念，制造虚假信息，尔虞我诈，使经济交易双方的正常利益得不到可靠保障，社会和个人就要花费更多的人力、物力、财力去维护经济秩序和公正交易。在经济全球化下的竞争环境中，跨国公司必须将竞争能力提升到国际水平，这需要大力培植和发展自己的核心竞争力（跨国公司赖以生存和发展的关键要素，它能形成有别于竞争对手的具有差异性的竞争优势，比如成本优势、产品优势或品牌优势等）。在这样的生存环境中，跨国公司的核心竞争力必然与诚信经营紧密相连，诚信经营是根基和根本保证，是核心竞争力的“提升器”。在经济全球化下，诚信是市场经济的黄金规则，是市场经济的基石。因为，市场经济就是一种契约经济，也就是一种诚信经济。诚信不是空洞的概念，而是跨国公司的资本、财富和竞争力。在经济全球化下的国家之间、国内各活动中，从商品市场的买卖到资本市场的借贷，从要素市场上的交易到证券市场上的支付等等，无不体现着诚信的外在要求。没有诚信就没有交换，没有诚信就没有秩序，没有诚信经济全球化就会阻力重重。一个经济行为主体，只有讲诚信才可能获得信誉，才能有牢固的合作伙伴，才可能树立品牌形象，才可能在经济全球化的国际范围内得到可持续发展。

（三）坚持双赢原则

跨国公司在发展中国家从事的跨国经营，从本质上分析，都是为了在最大限度上攫取利润。但是，任何跨国经营应该对东道国的发展有所裨益。有的跨国公司把发展中国家作为自己的原料产地或者大量占用生产性用地种植经济类作物，从而加剧了贫困国家的饥饿情况，进一步导致发展中国家人民的生活水平下降，无论是有意还是无意，都是以牺牲发展中国家的利益为代价的。

【资料卡】

印度“可乐事件”①

在印度遭到批评的可口可乐和百事可乐，除被指控产品本身存在安全问题外，其生产所带来的水资源短缺及污染问题才是真正激怒当地老百姓的关键所在。那么，这些可乐巨头们遭遇的不仅仅是一次产品质量危机，甚至可能影响其数百年经营塑造出

① 承海．“印度可乐事件”启示：跨国公司施行双重标准［EB/OL］．http：//www.ccpit.org/Contents/Channel_ 62/2006/0822/7709/content_ 7709.htm，2011－03－21/2011－10－5.

来的负责任的企业形象。

据印度科学与环境中心称，在印度的多个邦，由于可乐工厂抽取大量地下水生产软饮料，导致当地地下水严重衰竭，附近村庄出现严重水危机。同时，可乐工厂将化学废弃物随意掩埋，造成污染使得农田减收。问题的症结还在于，两家可乐公司每天在印度消耗的上千万升用水全部免费。而可口可乐需要几乎 4 升水才能生产 1 升的可乐，这使得 75% 的水都变成了污染严重的废水，排放出去之后又继续污染其余清洁水及土地。

面对这些指责，可乐巨头们矢口否认，并以“无权威证据证实”等说法回应。但这些辩解显然无法消除印度民众的极大不满，在喀拉拉邦，有当地村民曾向可口可乐工厂示威抗议，迫使当地村委会不再为工厂续发生产执照。该案例还闹到了最高法院，工厂最终被勒令关闭。类似报道在印度还有很多。

尽管可乐公司不断声称其在印度生产管理符合欧盟和美国标准，但事实却是，可口可乐在印度采用的水处理技术及设备相比欧洲，显得非常简陋。比如，在欧洲，有 34% 的工厂采用精密、成本高昂的隔膜过滤技术，用来高度过滤杀虫剂这样的微量毒素；而在印度，几乎没有一家工厂拥有这项技术。

发生在印度的可乐风波，也引起了中国消费者的广泛关注，原因或许不仅仅因为印度是我们的邻邦。不难发现，中国和印度作为全球经济的两大增长引擎，在经济基础和发展模式上存在诸多相似之处：这两个世界上人口最多的发展中国家都是农业大国，人均水资源严重匮乏，近几年国内生产总值增速全球领先，在吸引外资等方面也是你追我赶……

讨论题：

1. 可乐中国工厂产生的废弃物如何排放？
2. 可乐公司在印度的经营发生了哪些不道德行为？
3. 对于引进和监管跨国公司，我们应该设置怎样的监管标准？
4. 跨国公司是否在不同的国度就应该采取不同的产品标准？
5. 对于一些采用不同标准的跨国公司，我们又怎样将对它们的监管与国际接轨？

第三节 信息管理中的企业伦理探讨

一、企业信息开发的伦理制约

企业通过为顾客提供服务而生存，而在当今这样一个竞争如此激烈的环境下，为顾客提供个性化的服务对于企业是非常重要的。所以，企业就要从顾客的角度出发，及时了解客户的需求并且通过技术上的进步满足他们，但是传统的人工调查远远不能满足客户信息搜集的“质”和“量”。现在的数据库以及数据挖掘工具已经发展到不仅可以从海量的数据中提炼出总结性的数据，甚至还可以为企业做出最优化的抉择。

网络信息搜集的途径非常多，主要是通过搜索引擎、电子邮件服务商和少量网站的信息收集。

网站的做法是提供用户注册，由此获取用户的电子信箱地址，然后对该用户每次登录后浏览的页面了解其爱好，并进行收集；搜索引擎是将用户搜索的关键词和具体时间一并自动记录下来，再将信息和网址及账号捆绑在一起；电子邮件服务商是直接向用户信箱中发放问卷，进行信息收集。

通过上述的信息收集途径收集信息可以看出，网站跟踪和记录了很多用户活动的信息。那么，如此大量的个人信息如果没有被完好地利用和保护，会威胁到用户隐私的安全性。

谷歌（Google）作为全球最大的搜索引擎，收录了 80 亿个网址，其每月全球唯一身份用户有 3 亿 8000 万，拥有 112 个国际域名，它的网络信息搜集的政策在整个行业中有着巨大的影响力。因此，它制定了严密的隐私政策以此来理清双方的责任。Google 承认可能将从用户这里收集的个人信息与从其他 Google 服务或从第三方获得的信息进行整合，采用“曲奇”（Cookie）和其他技术来记录和追踪信息。当用户访问网站或使用某些产品时，Google 服务器会自动记录信息，包括统一资源定位符、互联网络协议地址、浏览器的类型和使用的语言以及访问日期和时间。Google 是第一个使用 Cookie 的搜索引擎供应商，其 Cookie 的有效期长达至 2038 年；Google 没有任何资料保存政策；根据美国网络版权法，Google 的页面缓存行为违法。对于每天有 2 亿人使用的搜索引擎，用户的隐私面临泄露的威胁。可以看出，Google 承认它收集了大量的客户信息，但都以服务为名。事实上，Google 现今已经成为个人隐私的最大泄露地。不止如此，雅虎（Yahoo）在隐私政策中也表明“将永远拥有您所有资料的使用权”。

当这些网站在收集大量信息后，纷纷指出它们对个人信息的处置权利之大以及它们在现今法律状况下或它们自己制定的规则中的合法性的时候，我们要从伦理学角度研究一下这些网站牵扯到的道德问题。

二、企业信息安全的伦理责任

“在网络的信息活动中要维护信息权利，要求人们能够自觉遵守以下原则”①：

（一）无害原则

任何信息权利的实现应尽可能避免对他人造成不必要的伤害。这是任何伦理体系都必须严格遵守的最低道德要求。这个原则是最基本的，因为很多的网络行为甚至在行为人无意中就对他人造成了很大的伤害。所以，在网络上的行为需要认真考虑才能实施。

（二）公正原则

在这一点上，信息权利和其他个人权利一样，它的分配应体现社会平等。而现代信息活动在知识权力结构主宰下，信息权利在实现中总是不平等的，必须依靠公正原则加以规范。公正原则是基于现实网络信息活动中的不平等所提出的伦理原则，是在

① 郑凌晓．网络信息收集过程中的道德问题研究［J］．理论探讨，2008（1）：14.

不平等中寻求正义。例如，依据公正原则，在信息发布权中，只要遵守第一条原则——对他人无害，任何人自由发布信息的权利都应该得到尊重和保护。

（三）自主原则

个人能够自我决定如何支配其合法的信息权利。自主原则是康德伦理学的一个重要原则——实质是应以什么态度对待人。从康德绝对命令中可以知道：个体的行动在任何时候都要把任何人同样看成目的而不能只看成手段。因此，自主原则所体现的伦理态度是在尊重人的前提下尊重人的自我决定权。自主权虽然在理论上是神圣的，但在实践中往往通过契约，使得个人自主将部分或全部自主权转让。以隐私权为例，人们为了得到某种服务，往往会默许或自愿放弃部分隐私权。但自主原则的正确实施以当事人是否掌握并且能够自己决定行为后果的相关的信息为前提，所以进一步引入知情同意原则。

（四）知情同意原则

人们在行使自己的信息权利时，应该使受到影响的利害关系人充分知晓其信息行为及可能的后果，并自主地做出决策。知情同意原则对现代信息活动之知识权力结构中居于弱势地位的普通公众具有更为重要的意义。在现实信息活动中，知情同意原则的落实从根本上依赖于公众对其知情同意权的认真追究。例如，莲花公司曾取消了其涉及用户隐私的“Marketplace：Household”软件产品，这就是公众联合质询和反对的结果。可以看出，只有当知情同意原则的遵守成为企业赢得用户、增强竞争力的一种必要手段时，广大公众的知情同意权利才可能受到真正的重视。

第四节　非营利性组织的企业伦理探讨

一、非营利性组织的特点

非营利性组织（Non - profit Organization）是不以营利为目的、主要开展志愿性的公益或互益活动的非政府的社会组织，简称 NPO。

（一）非营利性组织的特点

（1）组织性：有内部规章制度，有负责人，有经常性活动。

（2）民间性：在体制上独立于政府，既不是政府的一部分，也不受制于政府。

（3）非营利性：组织的利润不能分配给所有者和管理者。

（4）自治性：各个组织自己管理自己，既不受制于政府，也不受制于私营企业，还不受制于其他公共事业组织。

（5）志愿性：参与这些组织的活动是以志愿为基础的。

（二）非营利性组织的职能优势

（1）非营利性：公共事业组织不以营利为目的，法律也禁止它们将赢利分配给组织的经营者。这些组织的非营利性使它们愿意进入营利性组织一般不愿涉足的那些领域，如无利可图的慈善事业和环保事业等。另一方面，非营利性也使人们对这些组织的信任大大高于对营利性组织的信任。

（2）沟通性和中介性：公共事业组织成员一般既能深入到社会基层的民众中间，又能同政府保持较密切的关系，还可以作为一条重要的纽带，在其所服务的社会基层民众同企业、学术界、新闻媒介以及社会公众之间发挥沟通作用。

（3）低成本：这些组织有志愿人员为其提供免费服务；这些组织能得到私人捐款的赞助；它们一般没有叠床架屋式的行政体系。所以营利性组织与非营利性的组织的最大不同就是营利性组织是以营利为目的，追求最大剩余价值，而非营利性组织不以营利为目的，执行政府或营利组织不愿涉及的或无法完成的事物。

二、非营利性组织运行中的伦理问题

非营利组织伦理问题主要体现在非营利组织具有的职业道德与诚信行为。非营利组织道德体现了非营利组织及其成员内在的价值取向，通过内心强制及社会舆论等方式引导组织与成员的行为。但是，仅仅依靠道德并不能保证诚信行为的实现，必须结合制度的强制作用才能有效实现非营利组织诚信经营。

非营利组织诚信的制度主要包括有关的法律制度，组织内部治理制度与外部监管制度。目前，我国非营利组织法律体系主要包括两个行政法规、两个行政性规章和一个特别法，即1998年颁布的《社会团体登记管理条例》和《民办企业单位登记管理暂行条例》，1989年颁布的《外国商会管理暂行捐赠法》，1999年8月颁布的《公益事业捐赠法》以及2004年颁布的《基金会管理条例》。组织内部治理制度包括一系列保障非营利组织有效运行的制度，外部监管制度有政府监督管理制度与评估制度等等。

从非营利组织的基本性质与社会功能来看，诚信缺失主要是指非营利组织的组织行为偏离志愿性公益机制，出现资源配置的效率低下，以及价值取向的非公共性现象，从而在满足社会多元化需求，提供公共产品和服务上，产生功能性和效率上的缺陷。例如，假非营利组织之名行牟利之实，违背组织的非营利宗旨；弄虚作假，腐败滋生；志愿性不足，人才匮乏；资金匮乏，组织效率低下等。

【资料卡】

不透明暗损公信力①

2011年7月4日，中国红十字会秘书长王汝鹏在其个人博客中表示："郭美美事件对我们来说，是坏事，也是好事。坏事是由于她的炫富、她虚构红十字会不存在的机构名称和职务，引发了公众对中国红十字会的误解和不满，严重损害了红十字会的形象和声誉；好事是使我们通过这次事件，看到了行业红十字会乃至整个红十字会系统在组织建设、业务开展、资金募集、项目运作等方面还存在的问题和挑战，需要我们引起高度重视并切实进行研究和整改。"

① 杨琳．会长王树培自曝商业系统红十字会多年未接受审计［EB/OL］．http：//www. chinanews. com/gn/2011/07－09/3169918. shtml，2011－7－9/2011－10－6.

国家行政学院公共管理教研部马庆钰教授就此对本刊记者说："这件事和过去一段时间国内一些公益性组织运作不透明有关系，大众不清楚自己捐赠的钱和物的最终去向，主观上就会认为这里存在'猫腻'。因此，社会组织一定要建立自己的公信力。"

近年来，我国地震、雨雪冰冻、山洪泥石流等重特大自然灾害频发。2008 年 5 月，民政部在汶川地震发生后第二天即向全国公布，在全国、中央层面捐赠善款的三个主要渠道：一是民政部，二是中国红十字会总会，三是中华慈善总会。此后的一周之内，便收到超过 100 亿元的社会捐助，动员速度之快令全世界瞠目。

一位网民的留言代表了众多捐赠者的心声："我们能为灾区人民做的不多，只希望每一份爱心都能让他们实实在在地感受到，但愿爱心不被打折。"此后的 3 年中，全国性大规模的捐助活动又进行过多次。与此同时，对捐款的流向和用途，以及这些知名社会组织运作机制的质疑声也逐渐响起。2008 年即爆出"万元高价帐篷事件"，此次网民对"郭美美事件"的非议和围攻，更是深入红十字会的组织结构、运作机制、管理方式、项目合作等多个方面。

受访专家指出，在发达国家，慈善机构不但每笔捐款都要有详细的使用说明向公众报告，其会计账目，甚至工作人员的工资都要公开。作为公益性组织，公众最担心的问题是它打着公益的旗号来进行一些不规范的运作，甚至违背其非营利本质而进行营利性运作。如果各界对这些社会组织的监督制约机制不完善，则很容易引起内部腐败行为的发生，从而激发信任危机。

清华大学法学院副教授何海波说，目前为止，并没有明显的证据显示红十字会有严重违规的问题。但社会的广泛质疑，显示了民众对某些知名社会组织的不信任。这警示某些知名社会组织亟须转变管理方式，加强业务的透明度，从而在公众面前建立自己新的形象。

王汝鹏在博客中承认，"这次因郭美美事件引起的对中国红十字会的质疑，是某种社会情绪的一次爆发，虽然具体质疑的对象是中国红十字会，但值得中国所有的公益慈善组织引以为鉴，并切实改进我们的工作，提高规范化管理水平，提高执行效率，推进公开透明，做透明的钱口袋。这也是中国红十字会为什么今年要花大力气研发推出公开透明的捐款管理信息网络平台的真正动因"。他表示，这个网络查询平台"争取在 7 月底上线"。

讨论题：

1. 网络上热炒的"郭美美"事件，反映出非营利组织哪些伦理问题？
2. 如何从制度层面上解决非营利组织的诚信问题？

第五节　商务环境与企业伦理

在白热化的市场竞争中，如何更好地了解消费者的需求，树立自己的品牌，塑造良好的社会形象，形成核心竞争力，是企业获得市场竞争胜利，屹立不倒的关键。虽然，经济全球化的浪潮，使人们对商品质量、服务的要求越来越趋向于一致，然则在进行经营决策过程中，却受到了许多来自商务环境不同因素的影响，也产生了对同种商品有着不同的服务要求，甚至有着对同一企业同种商品在不同的国度、不同区域差异化的需求。

对于一个企业而言，它不仅担负着为社会提供各种各样的商品，以满足人们不同的需要，而且还担负着更多的社会责任，即在实现其自身利益最大化的同时，还要实现社会效益最大化。“越愿意承担责任的人，责任越小。”或许在短期之内，社会无法兑现以承担社会责任多与少来对企业进行回报，但是长期看来，将决定社会对企业回报的多与少。例如地沟油、瘦肉精、毒大米、黑心棉、三聚氰胺等这样不择手段、获取自身暴利的行为，最终难逃法律、法规的惩处，市场也将会以自己的方式对其进行制裁，由此导致一些企业在消费者心目中失去了信任，给企业带来了灭顶之灾。现代的市场竞争已不再是仅停留于企业所提供商品质量、服务的竞争，更是由商品质量、服务所传递出来的企业核心价值观、社会责任、社会形象等竞争，即由原有的横向竞争转向了纵深竞争。

【资料卡】

企业伦理行为对企业经营业绩的影响

20 世纪 80 年代，美国企业伦理研究者有效地论证了企业伦理活动和企业经济活动的内在相关性。他们指出，企业是在各种各样的社会关系和组织结构中生存和发展的，伦理道德历来就是维系各种关系和组织结构的必要因素；企业的任何活动都和伦理道德有关，即企业的效率性、功利性以及这种效率功利的社会结果，达到这种效率的手段等，都涉及伦理关系及其发展水准。美国本特莱学院伦理研究中心的一项调查表明：《幸福》杂志排名前 1 千位的企业中，80% 的企业把伦理价值观融合到日常活动中，93% 的企业有成文的伦理准则来规范职工的行为。哈佛商学院教授约翰・科特和詹姆斯・赫斯克特在1996 年对207 家企业 11 年以来的业绩考察后发现，企业伦理对企业长期经营业绩有着重大的作用，那些重视利益相关者权益，重视各级管理人员领导伦理的企业，其经营业绩远胜于没有这些企业伦理行为的企业。在 11 年的考察中，前者总收入平均增长 682%，后者仅为 166%；企业员工前者增长 282%，后者 36%；公司股票前者增长 901%，后者 74%；公司净收入增长前者为 756%，后者仅为 1%。他们的实证研究说明了企业伦理的经济价值：良好的企业伦理形成良好的企业信誉，良好的企业信誉产生企业的“超额利润”（将不正当竞争的机会成本投入到产品的价格中形成的那部分利润）。企业的“超额利润”又促使企业更强有力地维护和发展企业伦理，自觉维护市场经济秩序，实现了利润与伦理的良性互动。

（上述材料作者根据相关资料整编。）

因此，企业对不同国度、不同地区所处的不同商务环境了解程度，也就成为了企业在进行商务决策过程中，不可或缺的部分，是对消费者生活方式、家庭观念、消费者倾向等使然的过程，也是进行合理化企业伦理决策的关键。

一、商务环境内涵

商务环境指投资对象在进行商务活动时所面临的、影响投资行为的自然、经济、科技、管理、社会、法规等各种因素的总称。它包含了对投资有直接或间接影响的区域范围内的地理区位、自然资源、基础设施、市场化程度、人力资源、信息渠道、资金融通、纳税负担、法律法规、社会秩序等。

二、企业伦理需求结构

企业伦理需要是指企业在经营管理活动过程中对企业内外各种伦理道德关系的需要。企业的伦理需要可分为微观、中观、宏观三个层面。微观：企业内部伦理需要，主要为企业与内部利益相关者之间的伦理，如企业与员工、股东、员工家属之间的伦理；中观：企业与业务往来者之间的伦理，主要为企业与客户、竞争者、协作者之间的伦理；宏观：企业对外部伦理环境的需要，主要为企业对政府、社会、自然环境等宏观伦理氛围的需要。

（一）微观伦理

微观伦理即企业内部伦理，主要包括领导伦理、员工伦理和共同价值体系。

1. 领导伦理

这是一个企业的灵魂，领导者伦理包括三个要素：自身伦理、企业伦理和社会伦理。领导者自身的伦理素质是基础，社会伦理价值是导向，企业伦理是目标。

2. 员工伦理

员工伦理是员工进行各项业务活动所遵循的基本道德规范、行业伦理规范以及本企业所要求的特殊伦理准则。企业员工的行为是否符合伦理很大程度上取决于领导者本身的伦理水平及为提高企业伦理水平所作的努力。

3. 共同价值体系

共同价值体系是一组由企业的所有成员共享的基本信念。通过许多人的奉行，逐渐形成一种氛围或文化，它反映人内心较高层次的需要，能给人带来希望和幸福感。共同价值体系是企业伦理的关键性要素。它是组织文化的核心，是使人们凝聚于一项共同事业的“黏合剂”。

（二）中观伦理

中观伦理主要指企业与业务往来者之间在交往过程中应该共同遵守的伦理规范。主要包括企业与合作者伦理、企业与竞争者伦理、企业与客户伦理三个方面。

1. 企业与合作者伦理

企业与合作者伦理指企业与其供应链上所有合作者之间的伦理关系，集中体现为诚信守约、互惠互利原则。

2. 企业与竞争者伦理

企业与竞争者伦理指企业与竞争者之间的伦理关系，主要体现为相互尊重、公平竞争原则。

3. 企业与客户伦理

企业与客户伦理指企业与客户之间伦理原则，主要体现为服务原则、为客户创造价值原则。企业与业务往来者之间的伦理集中体现为信用原则，企业信用是经济信用和伦理信用的互动，由伦理信用所产生的无形资产是当代社会资源中最宝贵的资产。

（三）宏观伦理

宏观伦理即企业与外部环境伦理，指企业对外部环境伦理的遵守程度和贡献程度。它包括三个方面：一是企业与政府。企业遵守国家、地方政府所规定的共同伦理规范的程度。二是企业与社会。是企业所承担的社会责任，反映了企业的社会价值。三是企业与自然环境。反映了企业保护和改善自然环境情况。企业的外部伦理环境既受一国经济发展的阶段特性影响，又受特定地域、民族、文化的传统和背景影响。

三、商务环境“五力”分析模型

商务环境分析的“五力”模型，主要指的是企业内部、合作伙伴、客户、竞争对手和技术、法律法规以及社会观念五个方面分析研究企业的生存环境，制定出行之有效的经营决策，如图 7.1 所示。

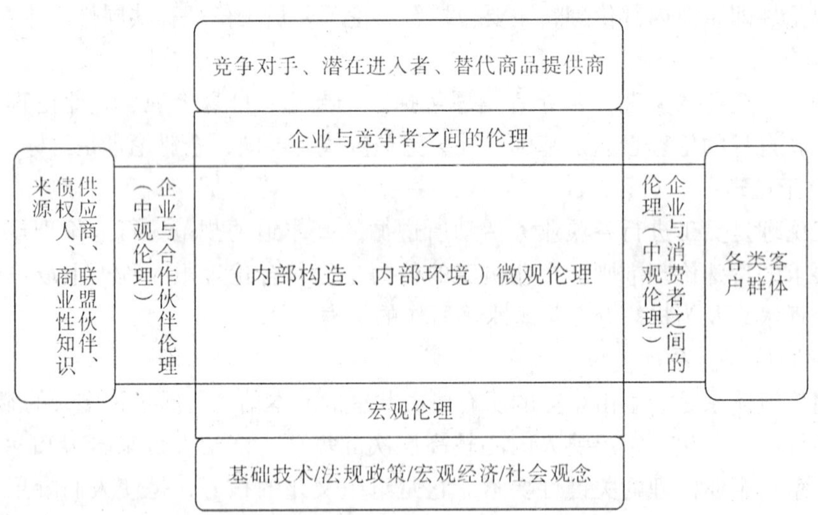

图 7.1　商务环境“五力”结构与企业伦理展开示意图

企业经营理念的形成，依赖于企业核心价值观，而企业核心价值观依赖于企业伦理。企业伦理不仅是企业内部管理机制的“黏合剂”，并且是减少企业运行内耗的关键，也是企业降低生产成本，获取商品价格优势，树立企业文化的核心。

与合作者之间形成有效的伦理约束，是企业与合作者之间诚实守信、互惠互利的前提条件。这要求企业不仅遵守国家、地方相关的法律、法规、行业的行为准则，并且在更多层面上满足合作者的需求，这就必须要熟知不同合作者社会风俗习惯、宗教信仰、文化背景等，从而做好尊重自己的合作者，也从合作者那里得到尊重，寻求稳固的合作关系，建立双赢的合作模式。

现代经济是法治化的经济，企业能否依照相关的技术要求、国家的法律法规进行经营，是企业能否生存、获取市场准入许可证，承担社会责任的基础，是企业行之有效规避法律法规风险的重要环节，是企业树立良好社会、公众形象，形成较好的口碑效应的基石，也是企业伦理需求的重要组成部分。因此，熟悉并掌握不同商务环境之下的技术要求、法律法规成为了企业经营决定必不可少的部分。

消费者是企业实现价值最终的环节，也是最重要的环节。实践是检验真理的唯一标准，而消费者的购买行为是验证企业经营决策正确与否的标准，是市场是否认可企业的唯一标准，更是企业核心竞争力最终体现的唯一方式。核心竞争力的培养关键是能否行之有效地满足不同消费者的需求，而核心竞争力也将成为企业减少潜在竞争对手的有力武器。一旦企业拥有了自己的核心竞争力，也就意味着企业有了树立自己品牌基础，减少潜在进入竞争对手的能力。由此可见，消费者的认可才是硬道理，才是企业竞争优势的综合体现。要赢得消费者，关键是取得消费者的信赖，消费者的信赖源于企业如何根据商务环境分析研究，做出合理的伦理决策，在此基础之上制定合理的企业经营决策。

综上所述，市场是由错综复杂的因素构成的庞杂而又统一的有机整体，由此而决定了市场的变化莫测。企业作为市场构成最基本的要素，要获得生存与发展，就必须适应这种变化。然而，现代的企业竞争已不再是仅停留在商品和服务横向的竞争，已经不断地向纵深竞争演进。因此，对商务环境构成要素不断地熟悉和掌握，向市场要信息已成为企业决策的使然；并且在这个过程中企业伦理决策的制定，必然使企业获得消费者的信赖，形成企业与消费者之间的良性互动，形成企业、消费者和整个社会共赢的局面。

【本章小结】

通过本章的学习，初步了解公司治理结构、公司全球经营的特点、非营利性组织的特点、商务环境的内涵等知识点。通过对这些知识的学习，达到以下目标：能运用公司治理结构分析企业伦理问题；掌握公司全球经营中伦理关系的整合；掌握非营利性组织的伦理问题；掌握企业信息安全的伦理责任；掌握企业伦理需求结构；能运用商务环境“五力”分析模型分析企业伦理决策。

【案例分析】

是谁扼杀了中国乳业？

养奶牛不是一件容易的事，并不是每天都能产生利润，因为奶牛产奶也就9个月的时间，其中产奶高峰期一般只有3个多月，还有3个月没有任何利润的停奶期。这两年饲料涨价很快，尤其是玉米价格，即使在通辽这样的玉米基地，价格也翻了一番。如此算来，几乎每头奶牛有半年以上不能给奶农带来什么纯收入，甚至入不敷出。为了使自己的牛奶能多卖些钱，奶农开始普遍往奶里掺水。但是变淡的牛奶很容易被奶站测出来，后来，当地的农民就开始学会往牛奶中加尿素，甚至氢氧化钠等物质，以提高氮等成分的含量。最后终于发展到掺杂三聚氰胺——一种很难被查出来的物质。

“在整个奶业产业链中，奶牛养殖生产、奶品加工、奶品销售三个环节的利润比为1∶3.5∶5.5，这个数据是我在几年前算出来的。但从今天的趋势来看，这个比例还在恶化，分配比例大概在0.8∶3∶6.2!”中国奶业协会理事王丁棉表示，与此相反，奶牛养殖生产、奶品加工、奶品销售三个环节的成本比例正好相反，为6∶3∶1。王丁棉表示，“过去10年内，蒙牛、伊利等乳制品企业，在奶源建设的投入上最多在3亿元左右，而在营销和生产基地的投入上，两家企业均达到了百亿以上”。

中国乳业在过去十年内取得了惊人的增长，1998—2007年，中国人均牛奶消耗量从5.3公斤提升至27.9公斤，奶制品工业生产总值也从120亿元增至1300亿元。由于奶源质量难以控制，蕴涵着巨大风险，直接造成了中国奶源发展速度与企业扩张速度明显失衡。中国奶业协会一位专家表示，企业扩张速度一度高达30%，而奶源发展速度一般在10%左右。

实际上，中国乳企并非没有意识到奶源的重要性，但是奶源成本高、利润低、风险也大，且投资回报周期长。与之相比，乳品企业更愿意将资金和资源投入到高利润产品的开发当中。奶源所蕴涵的危机也在行业的快速发展中被迅速放大，直至三鹿的“东窗事发”。

奶牛营养学博士乔富龙透露，“2000年时优质奶牛的价格不过4 000多元一头，可是到了2004年，在‘养奶牛致富’的炒作下，奶牛被炒到1.2万元到1.8万元一头”。一边是奶牛成本虚高，一边是谷物饲料连年以超过10%的幅度涨价。在2007年上半年之前，国内乳制品企业多是用廉价的进口奶粉还原成液态奶，1吨奶粉能加水还原出8吨多液态奶，原料奶因而被冷落，奶价连年徘徊在每公斤1.5~2.1元的低位。2006年，奶牛价格跌到了5 000元左右。在2005—2007年上半年，许多奶农开始宰牛、卖牛，全国大规模宰杀成乳牛和小母牛。但是到了2007年，在中国还原奶需求膨胀的刺激下，进口奶粉涨价狂潮掀起。过去被冷落的原料奶，一下子成为最受欢迎的利润来源。而这时，国内的奶牛已被杀得所剩无几。

一边是奶源紧缺，另一边是许多原先用进口奶粉生产高档配方奶粉的厂家，开始在国内建设奶粉厂或委托加工，与液体奶厂商对奶源进行争夺。一场抢奶大战由此在2007年冬季火热上演，各地奶价从2007年9月到12月暴涨了50%以上。乔富龙相信，疯狂的市场使“以奶站和奶贩为主体的掺杂造假到了最猖獗的地步”，因为乳品企业不得不降低收奶门槛，“那时如果哪家乳品企业坚持只收合格奶，那它就只有关门的分儿”。

（本文摘自《企业伦理精品案例》（工商管理系列教学案例），周祖城主编，上海交通大学出版社2010年2月出版，来源于《新华书目报》2011年1月17日。）

结合以上案例，思考以下问题：

1. 请分析中国乳品企业面临的企业伦理危机。
2. 从公司治理的角度分析乳品行业的利益分配及其制衡关系对伦理问题的挑战。
3. 从商务环境的角度分析中国乳品企业面临的伦理挑战。

【思考与练习题】

一、名词解释

1. 公司治理结构
2. 非营利组织
3. 商务环境

二、简答题

1. 公司治理结构中的伦理问题有哪些？
2. 简述非营利组织的特点。

三、论述题

公司全球经营中的伦理问题有哪些？

四、思考题

企业的伦理需要有哪些？

【本章参考文献】

[1] 周祖城．企业伦理学［M］．北京：清华大学出版社，2009：101－127，215－241，315.

[2] 吕耀怀．信息伦理学［M］．长沙：中南大学出版社，2002：33－81.

[3]［德］H. 斯坦曼．公司伦理学：概念框架与基本问题［J］．孙向晨，译．国外社会科学，1997，(1)：15－20.

[4] 郑彦．公司治理道德理论评述［J］．燕山大学学报（哲学社会科学版），2011，12（2）：117－120.

[5] 张世云，薛有志．公司治理伦理的概念体系研究［J］．理论与现代化，2009，(1)：84－88.

[6] 张世云，温平川．伦理视角下的中国公司治理的演进［J］．理论与现代化，2010，(3)：57－63.

[7] 李光辉．略论经济全球化背景下跨国经营的伦理问题及其对策［J］．经济伦理，2007，(1)：93－95.

[8] 杜晓霞．在华跨国公司经营义利观探究［J］．商场现代化，2008，(528)：18.

[9] 郑凌晓．网络信息收集过程中的道德问题研究［J］．理论探讨，2008，(1)：

14－15.

［10］周妍. 网络时代搜索引擎的信息伦理问题研究［J］. 图书馆学研究，2011，(1)：14－16.

［11］翟金金，周庆山. 企业竞争情报搜集中的伦理问题及解决措施［J］. 情报资料工作，2001，(1)：107－110.

［12］顾文涛，韩玉启，汤正华. 企业伦理的结构分析［J］. 商业研究，2006，(335)：03.

第八章　企业专业伦理探讨二

【知识目标】

了解服务伦理的含义和基本内容；
了解电子商务伦理的含义和基本内容；
了解会计伦理的含义和基本内容。

【技能目标】

通过对服务伦理、电子商务伦理和会计伦理的学习，结合具体案例，能够对具体伦理状况进行分析，并指出其伦理建设的具体途径。

【本章内容】

第一节　服务伦理

一、引言和定义

葛登纳曾经说过："当你服务他人的时候，人生不再是毫无意义的。"服务是指为他人做事，并使他人从中受益的一种有偿或无偿的活动。它既是一种关系的象征，也是一种活动，还是一种行为。它不以实物形式而是以提供劳动的形式满足他人某种特殊需要的过程。它是人与人之间所提供的帮助和援助的过程。

从伦理关系角度看，服务伦理应该表示的是人们在互相服务过程之中形成的伦理关系，是一种客观的服务与被服务之间的关系。它具有伦理的一般特性，但它还具有自身的特点，就是客观性的存在。所以不能将其简单地与职业道德等同在一起。职业道德在很大程度上反映的是服务伦理中的主观意识，而服务伦理所反映的则是强调客观性。"道德"与"伦理"词汇源于不同的文化，"道德"源于拉丁文，而"伦理"却源于希腊文，它们原来仅仅只是体现西方国家文化传统的一种语言遗产，但从实际上看也应该是有所区分的。按照施泰因曼教授的观点，"道德"是指一定文化界域内占实际支配地位的现存规范；而"伦理"则是指对这种道德规范的严密方法性思考。从这个概念上来看，伦理意味着改良，它是逐步形成的，与历史时期的发展有着很大的联系。

总之，服务伦理也只是整个社会伦理关系的一个方面和环节，并非所有满足人们需要的行为和活动都是服务关系，服务有自身严格的社会规定和道德界限。“服务仅仅是指为了达到正当目的和善的目的，并以正当手段和符合法律和道德的手段满足他人需要和社会的行为或者是活动。”①

二、服务的特征

1. 服务是过犹不及的，即无形性

也就是说顾客在购买服务之前，它们是无形的，是无法真正知道结果到底会是什么样的。购买者必须要信任服务的提供者才能有服务的产生。

2. 不可分性

服务与其来源是不可分开的，不管这种来源是人或是机器。不同的服务提供者所提供的服务必然是不一样的。

3. 变化性

服务是非常容易产生变化的，因为它们依赖于由什么人提供服务，在何时何地提供服务。

4. 不可贮存性

服务是不能贮存的。当购买者需求出现时，他要求提供服务，服务就此产生，时间性极强。

三、专业伦理探讨之一——志愿服务的伦理

（一）志愿服务

1. 相关定义

（1）志愿者（Volunteers）是一个没有国界的名称，指的是在不为任何物质报酬的情况下，为改进社会而提供服务、贡献个人的时间及精神的人。在西方较为普遍的观点是：志愿者是职业之外的“不受私人利益或强制法律驱使的人们的努力”，其目的在于改进社会，提供福利。

我国志愿者协会给志愿者的定义是：不为物质报酬，基于良知、信念和责任，志愿为社会和他人提供服务和帮助的人。香港义务工作发展局则将义工（志愿者）定义为在不为任何物质报酬的情况下，为改进社会而提供服务，贡献个人时间及精神的人。同时将义务工作定义为：“指任何人志愿贡献个人的时间及精神，在不为任何物质报酬的情况下，为改进社会而提供的服务。”《青年志愿服务条例》第二条规定：志愿服务是指自愿、无偿地服务他人和社会的行为。青年志愿者是指热心参加志愿服务活动的青年。

中国香港、中国澳门和中国台湾是我国开展志愿活动较早且成效也较显著的地区。在香港，志愿者被称为义工，志愿者服务叫做义务服务。在台湾，志愿者称为志工。广而言之，志愿者是指任何志愿贡献个人的时间、精力、金钱及精神，在不谋求任何

① 卫建国．简论服务伦理［N］．光明日报，2006－12－25（6）．

物质报酬的情况下，从事社会公益与社会服务事业，为改进社会和推动社会进步而提供服务的人。

（2）志愿服务（Volunteer Service）是公民个人基于道义、信念、良知、爱心和责任，利用自己的时间、技能、资源、善心为他人、社区和社会提供的一种公益性服务。在国际社会，志愿服务已有近百年的发展历史，它最初起源于战争救护、重建家园、安置孤儿等与战争相关的人道主义救助活动。在当今和平时代，志愿服务已经涵盖环境保护、扶弱助残、赈济贫困、救灾抢险、维护和平、社区建设和社会进步等诸多领域，成为公民参与公共生活的重要平台，成为公民重要的生活方式。简单地说，志愿服务是指任何人志愿贡献个人的时间及精力，在不为任何物质报酬的情况下，为改善社会服务，促进社会进步而提供的服务。志愿服务工作具有志愿性、无偿性、公益性、组织性四大特征。

2. 志愿服务的原则和特点

开展志愿者行动，一定要坚持自愿参加、量力而行、讲求实效、持之以恒的原则。这是胡锦涛总书记在开展志愿者行动时提出的必须遵循的基本原则。

（1）“自愿参加”即自愿性。主要是强调参加志愿服务的自觉性。自愿参加是志愿者行动的前提，同时也是开展志愿服务活动的主要特征之一。也就是说只有“自愿参加”才能成其为“志愿者”，只有“自愿参加者”才能持久。对于参加者而言，志愿者行动的魅力就在于它变“要我参加”为“我要参加”，注重调动参加者自身的积极性、主动性。

（2）“量力而行”就是要根据自身的人力、物力、财力条件允许的程度来开展工作。首先，要研究服务对象，也就是要研究服务客体，搞清楚服务需求方向。现实生活中服务需求是多方面和多层次的，志愿服务一定要从实际出发，把主观愿望和客观实际结合起来，把社会需求和服务能力结合起来，实事求是，量力而行，分清轻重缓急，安排好实施步骤，按照计划分期分批完成。切不可操之过急，否则欲速则不达。

（3）“讲求实效”就是要办实事，即时代性和群众性。志愿者行动的出发点和立足点，就是要成为联系的纽带，一方面为政府分忧，一方面为群众解难，为社会、为老百姓办实事。其次是要抓落实。志愿服务工作的重心应在基层。志愿服务只有落实到基层，落实到具体人、具体事，真正成为基层广大青年的经常行为，才有生命力和发展前途。再次是求实效。求实效的集中表现就是在实践中使社会和群众体验和享受到志愿服务的成效。办实事、抓落实、求实效三者缺一不可。

（4）“持之以恒”即实践性、开放性、事业性和社会性。就是指志愿服务要做到经常化、长期化。志愿者行动是一项大事业，必须以办事业的精神和方法来推进。开展志愿服务活动必须与建立多层次社会保障体系结合起来，必须着眼于建立有中国特色的志愿服务体系，必须建立必要的机制以保障志愿者行动经常化、长期化、规范化、制度化。要健全组织，稳定队伍，建立基金，制定规章，形成机制，坚持长久。要保持工作和人员的相对稳定性和连续性。

（二）志愿服务的伦理概念、必要性、功能

1. 志愿服务的伦理概念

志愿服务伦理是伦理中的一种。在志愿服务体系中，用来规范或说明参与志愿服务的志愿者之间行为对错的准则，简而言之就是指志愿者与其他相关人员之间合理的行为就是志愿服务的伦理。志愿服务的伦理并非一成不变的，但应包括两个层面，一是志愿者伦理，二是志愿管理者伦理两个方面。

2. 志愿服务伦理的必要性

每一行都有行规，行规就是行为规范，也就是伦理，尤其是服务人群的工作，必须讲究伦理。为什么必须要有志愿服务伦理呢？一方面是为了维护服务对象的权益，志愿者在从事服务的过程中会与受服务对象、同事和相关机构人员等进行互动，志愿服务的本质是服务利他性的，具有自由意志及不以获取报酬为目的的特性。在积极方面，必须规范志愿者将服务对象的最佳利益作为优先考量，在消极方面，则应规范志愿者不得伤害到服务对象的权益。另一方面则是为了提高志愿服务的效果，志愿服务出现后，为了规范服务，制定了很多的相关法律条文和规定，从一定程度上规范着志愿者的服务，形成良好的伦理守则。

3. 志愿者服务伦理的功能

（1）弥补现实社会中法律法规的不足，促进社会融合，建立和谐社会。随着世界各国经济的快速发展和市场体系的建立和完善，传统文化习俗、生活方式及社会结构都在发生变化，在竞争激烈的社会中，人与人之间的关系表现得越来越疏远。老死不相往来成了很多人的至理名言。出现了很多人无人关心照顾的情况。而志愿工作可以提供社交和互相帮助的机会，从而建立一个和谐的社会，加强人际间的接触及关怀，减低彼此的疏离度。通过志愿者与服务对象的接触，能鼓励他们多参与社交活动，并有效地协助服务对象扩展社交圈子，加强他们对人、对服务及对社会的信心。协助服务对象降低在接受服务时的自卑感及疏离感，从而建立其自尊与自信心，推动他们以积极的态度参与社会，促进社会融合与进步。

（2）协助服务机构顺利有效地推进相关工作，加强并改善社会服务。志愿者的参与既可提供人才，补足工作人员专业技能上的不足；又可提供人力，分担专业人员的繁重工作量。如果能有效地管理及善用志愿者资源，就可以协助改善、加强及发展现有的社区服务和社会工作。志愿者参与社会发展和社会进步活动，能提供大量人力资源，他们经过适当的训练和有效管理，能够协助发挥服务的人性化、个人化及全面化的功能，从而使服务对象获得更大的受益。

（3）维持服务机构运作体制上的稳定，促进社会进步。社会进步需要多方面的资源组合与配置，志愿服务工作正是以提供大量人力资源的方式，积极参与一些补救、预防及发展性工作，协助解决或预防社会问题。志愿者通过自己的努力，产生稳定社会功能及促进社会进步的作用。志愿者能有机会参与解决社会问题，志愿为社会做出贡献，建设和谐社会。志愿者以取之于社会、用之于社会的理念，尽公民的责任和义务，回报和贡献社会。

（4）增进人与人之间互助关系与和谐程度。志愿者通过志愿服务活动与服务对象的接触，能更加了解他们的需要，志愿者还可以帮助服务对象反馈这些社会需要，帮助各种社会组织，更深入了解社会需求，从而提供更适当的服务。志愿者来自社会上各阶层，同时也可以积极反映各社区或阶层的问题及需要，帮助公民社会组织和非政府组织提供切合社会需要的服务。志愿工作可以拓展到所有的社会领域，可从福利范畴扩展至其他预防性及发展性的工作层面上。志愿者的服务对象也不一定局限于贫困老弱、孤寡伤残等。志愿活动可以动员社会上庞大的人力资源，推动更多的发展性及创新性的服务计划，鼓励居民互助互爱。所有这些对提高生活质量，建设和谐社会都将发挥积极作用。

（三）志愿服务之间的伦理

如前所述，志愿服务包括两个方面的层次，一是志愿者伦理层次，二是志愿管理者伦理层次。援引台湾辅仁大学社工系苏景辉教授对志愿服务伦理给出的说法，我们不难看出志愿服务之间的伦理从更深的层面上来看，还可以分得更为清楚明了。

1. 志愿者伦理关系

（1）志愿者与服务对象之间的伦理。将志愿者应该做什么，不应该做什么划分得相当清楚，如表 8.1 所示。

表 8.1　志愿者与服务对象之间的伦理

应该	不应该
爱心、耐心、一视同仁、包容心	因个人情绪而影响服务对象
花心思、认真倾听	揭发隐私
关怀、耐心	强迫他人捐钱
持之以恒、客观教导	以机构之名行个人之利
维护隐私	强迫他人做不愿意之事
彼此尊重	有偏心
诚信	有成见
保密	谋取利益推销
同情心	言语暴力
无私奉献	过度肢体语言
专业态度	带入自己的情绪做比较
了解、倾听他们的需求	要求过高
建立正确的价值观	鄙视
行为表率	感情用事情绪化
肢体接触（拥抱）	敷衍
独立个体（隐私）	负面消极

表8.1(续)

应该	不应该
角色不可模糊	
不可以人情图利	
不轻视他们说闲话	
不过度介入他人家庭	
不给予过度期待	

从这个比较中，我们不难发现，志愿者与服务对象之间的伦理关系应该是：

①真心实意地为需要服务的人员提供服务。

②避免伤害到服务对象的自尊，产生负面消极影响。

③避免侵犯到服务对象的隐私，感情用事。

④尊重服务对象的自我决定，不妄加指责和干涉。

（2）志愿者之间的伦理（见表8.2）

表8.2 志愿者之间的伦理

应该	不应该
互相尊重、协助、和平共处	打压菜鸟
互相学习	组织小团体
经验交流	竞争行为
分工合作	商业行为
教学相长	暴力相向
关心、体谅	组织小团体
互相帮忙打气	八卦
互相提醒	抱怨
倾听	争名夺利
不产生嫌隙	
不相互比较批评	
不以人情图利	
不在被辅导者面前批评其他志工	
不钩心斗角	
不冷嘲热讽	

志愿者之间也是存在伦理关系的，彼此之间是一种平等、友爱并相互帮助的关系。应该是：

①彼此相互尊重，相互协助的关系。

②彼此分工合作，凡事沟通协调的关系。

③避免侵犯到彼此的隐私，避免私人事务介入。

④避免相互争名夺利，推诿责任的关系。

（3）志愿者与用工单位之间的伦理（见表 8.3）

表 8.3　志愿者与用工单位之间的伦理

应该	不应该
配合机构尽力服务	随意缺席（迟到、早退）
不贪求名利	强迫信教
珍惜机构资源	没有计划地服务
全心投入配合	当成敛财工具
具有责任感	敷衍了事
真心相待	提不合理要求
信任、向心力	不履行承诺
尊重信赖	享有特权
肯定支持	求取报酬
有共识	展现疲态
诚信	以机构名义图利、招摇撞骗
爱心	置之不理
立场超然	态度马虎
持之以恒	将公产占为己有
听从建言	破坏声誉
谏言	
保密	

从中我们不难看出，作为自愿参与用工单位志愿活动的志愿者，在处理与用工单位之间的伦理关系时，应该注意：

①虚心接受用工单位的指导和安排。

②履行用工单位交办的各项志愿服务事项。

③避免自作主张的情况出现。

④避免出现利用用工单位，破坏用工单位声誉。

（4）志愿者与社会大众之间的伦理

①应该维护社会公益。

②应该发挥影响力量。

③避免沽名钓誉。

（5）志愿者与家庭成员之间的伦理

①应该对家庭成员告之自己的服务行踪。

②应该与家人共享服务的乐趣。

③避免本末倒置，不顾家人感受。

2. 志愿管理者的伦理

在志愿者开展志愿活动时，往往是有组织、有计划、有安排的。在这个要求之下，志愿活动管理者就要充当这样的策划者，将志愿活动合理合法地进行分配，以便让志愿活动达到预期效果。这对管理者的能力就有很高的要求，作为管理者，需要具备：

（1）社会责任感。一个有社会责任感的人才会有敏感的社会活动洞察力，并将社会事务作为自己所应该承担的一部分责任。

（2）统筹规划能力。在实施非规范流程管理过程中，充分认识志愿活动面临的实际环境，以便掌握有利的环境因素。

（3）尊重他人。人都有一定的自尊心，你要想他人尊重你，你就必须懂得先尊重他人。一个不懂得尊重他人的人，是绝不会得到他人的尊重的。

（4）必须公平正义。

（5）具有团队合作精神。

（6）懂得利益回避。

（7）勇于承担责任。

（8）懂得宽容大度，接纳别人。

（四）志愿服务伦理的实践

以爱之名宣自护——记海宁市“流动少年宫”青少年安全自护专项志愿服务

2011年7月21日至27日，海宁市“流动少年宫”青少年安全自护专项志愿服务队的浙江财经学院会计学院同学，与共青团海宁市委、海宁市青少年宫及青少年空间的领导老师们，一起走进长安镇、丁桥镇芦湾村、袁花镇双丰村、海州街道、海昌街道硖西社区等乡镇村（街道社区），开展“流动少年宫”青少年安全自护专项志愿服务活动，为青少年宣传安全自护知识，与青少年一同实践安全自护训练。

本次志愿服务活动本着加快建设“平安浙江”的总体要求，以“志愿服务关爱你我、安全自护和谐浙江”为主题，以全面提高青少年安全自护意识和能力为目的，深入乡镇、街道，针对青少年切实开展安宣讲，使之能掌握合理、实用的自护方法，提高应对灾情危机的能力。

实践服务队员经过先期培训，大致掌握安全自护主体知识，并结合《青少年安全自护活动案例集》以及《青少年安全自护手册》进行集中性的专题培训，为后期安全知识宣讲做好充足准备。本次安全自护志愿宣讲共分为六期，宣讲过程中，志愿者各展所长，采用宣传图片展示、发放宣传手册、知识问答、教学示范、亲身体验等形式，以简单易懂的语言配合生动形象的肢体动作，教授了包括意外伤害处理、交通安全模拟演练、火灾场景逃生模拟、防溺水自救自护处理在内的安全自护知识，并结合知识问答赛，将安全自护知识无形中灌输给青少年，使各年龄阶段青少年都能积极参与其中，对安全自护知识有了全面了解和掌握，为保障学生暑期安全打下了扎实的基础。“流动少年宫”青少年安全自护专项志愿服务活动是由团省委、省教育厅、省公安厅、省卫生厅发起，由全省高校志愿者组建服务队深入各市县，重点面向农民工子女、留守儿童，旨在帮助他们掌握必要的自护自救技能，实现健康发展，是加快建设“平安浙江”中不可忽视的重要力量。本次宣讲活动得到各乡镇街道的大力支持，参与实践的大学生们纷纷表示，希望通过为期 6 天的志愿宣传活动，培养未成年人的安全自护知识，提升自我保护意识，让青少年自己撑起安全的保护伞！

（资料来源：海宁青少年宫网站新闻，2011 年 7 月 28 日。）

该案例中，我们了解到志愿者服务的内容和活动形式是有组织、有计划、有安排的。活动的内容均由志愿者根据活动方案实施。（注：下文中的“我”代表某志愿者）

从我加入志愿者协会开始到现在，我很高兴。我一直热衷于志愿者工作，把为别人、为社会服务看成一种享受，每次志愿归途中都会有一种不能用言语表达的荣誉感，这是在其他社团内从没有过的。因此，我想强调的是，选择志愿者协会，这一次我做得很对。

从最初的青岛早报义卖活动，到志愿者长跑活动，到最终的无偿献血等，每一次我都在享受这种过程。记得在青岛早报义卖活动中，我体会到学长对人的热情，领略到学长优秀的组织领导能力，看到了大家在尽心尽力地为微尘基金和红十字会筹集善款的激情，感动于市民的付出等等，这些对自己成长都产生了深刻的影响。从那一次开始，我决定，一定要努力做好志愿者工作。

从来没有体会到像“志愿者长跑活动”那样的兴奋，从最初的策划到筹备，跟队长学习到很多有益于未来自己发展的东西。记得那几天，从筹备到举行这个活动，虽然只有三四天的时间，但是队长无怨无悔的付出让我十分感动。我们考察了两次路线，每次都是徒步两个多小时，下午三点出发，直到天黑。付出终有回报，我们所得到的就是成功地举行了这次活动，虽然有些地方存在不足，但这也为我们以后的工作提供了可借鉴的经验教训。作为校外一队的成员，我们每一名成员都很团结，共同为志愿者工作付出自己的微薄之力，无怨无悔。像献血，我觉得那是最平常的志愿者活动，但却是最有意义的志愿者活动，那鲜红的血液是可以救助他人生命的，很值得。

半个学期以来，从众多的志愿者活动中，我学习了很多东西，那些都是从其他社团中无法学习和得到的。从来都是以自己是志愿者协会的一员而自豪，因为我们无偿的付出会为社会增添一抹美丽的颜色，我们的热情势必会影响其他的同学热爱社会，热爱志愿者事业。

志愿者工作其实是非常有趣的，那些趣味是任何东西无法替代的，我必将永远支持志愿者工作。希望下学期我们的工作会越做越好。与诸位队员共事了一个学期，我不得不说在我的活动缺人手或需要帮忙之时，我想起的总是你们。你们任劳任怨，满怀热情，每一项任务都能很好地完成，有很好的个人素质修养。更让我印象深刻的是你们在每一个活动中表现出的热情与活力。作为志愿者，我会多多提出自己的创新想法，好好发展自己的组织领导能力，“与其登山而羡，不如临泽而渔”，在不断发展自己的过程中站在别人的角度思考，让自己站成一个经典。时刻使用敬语，将自己姿态放低，处处给他人一个好印象，这是做人成熟的表现。

（资料来源：义乌人才网，2011－06－18。）

这是一位志愿者的心声，从他加入志愿者组织之后，他的改变是很大的。这个案例告诉大家的是，志愿者的自我认识是相当重要的，团队之间的协助也让他受益匪浅，让他在自我成长中成熟了很多，学到了很多。

四、专业伦理探讨之二——公共服务伦理

（一）公共服务伦理的概念及构成

1. 公共服务的概念

所谓公共服务，就是指通过提供公共物品（如水、电、气等具有实物形态的产品和教育、医疗等非实物形态的产品）和公共环境（如安全稳定的社会环境、秩序井然的市场环境、公平正义的法制环境、良好的就业环境等）这两种基本方式满足公共需要的过程。它以税、费或志愿性劳动作为服务提供的成本，是社会存在和发展的重要基础。

"根据所要满足的公共需要的内容，可以将公共服务主要分为三种类型：第一，政权性公共服务。这和国家的传统职能相吻合，包括立法、司法、行政、国防、国家财政等。这些服务一般都由国家公共部门提供，履行职责的人都是国家公职人员。在法律上，这些公共服务以行政服务为最常见形态，服务行为通常是单方面的，也就是服务提供方作决定，服务消费方的执行决定，服务费用来自税收。第二，社会性公共服务。它主要包括社会就业、社会保障、教育、卫生医疗、文化体育等直接关系到人的生存和发展这一需要的服务。第三，经营性公共服务。它主要包括邮电、通信、电力、煤气和自来水、交通等公用事业。这一类服务具有私人需求性质和直接付费的特点，但同时又具有一些独特的特点，即基础设施覆盖广、非重复、投入成本高、沉淀性大等。"①

2. 公共服务伦理的概念

将公共服务从伦理学的视角上来看，公共服务改革包括公共服务制度、公共服务政策以及公共服务个体三方面的调整，公共服务伦理是基于公共服务的特点和本质而对公共服务领域的诸多关系的应然性的表述，是伦理精神在公共服务领域的体现，是对公共服务提供者（包括组织与个体）的伦理要求，具体体现为公共服务的伦理规范和伦理品格。

3. 公共服务伦理的构成

（1）公共服务的制度伦理。公共服务制度实际上是一种社会资源分配的制度安排。在如美国、韩国、日本等国家是采用国家立法的形式确定公共服务伦理的规范要求的，对于国际组织而言，一般采用倡议等形式来规范其成员国政府行为。在一些社团中也是采用制定伦理准则来规范行业或社团成员的伦理。

---

① 孙晓莉．公共服务改革：一种伦理学的视角［J］．教学与研究，2006，（4）．

（2）公共服务的政策伦理。中国的公共服务伦理规范就是通过三个层次来制定不同的政策进行规范的，一是以法律和纪律的方式对公共服务进行底线要求。二是用责任感来深化为道德层次，以道德规范的形式实施。第三个层次是精神层次，也叫价值层次，用马斯洛的需求层次论中的理想性和激励性，以理念的形式表达出来。

（3）公共服务的个体伦理。这里所指的是公共服务主体与服务对象之间的关系，就是个体与个体之间的各种伦理关系。

（二）公务员的服务伦理准则

1. 公务员的概念

中国国家公务员指在中华人民共和国政府中行使国家行政权力、执行国家公务的人员。国家公务员分为政务和业务两类。政务类公务员，必须严格依照宪法和组织法进行管理，实行任期制，并接受社会的公开监督。业务类公务员按照国家公务员法进行管理，实行常任制，国家公务员执行宪法、组织法和国家公务员法以及国家公务员条例规定的职责。

2. 公务员的服务伦理准则

“服务型政府的最高伦理准则是全心全意为人民服务，对人民负责、在此伦理理念指导下服务伦理是指政府及公共行政人员在行使公共权力分配公共资源时，必须坚持与恪守公正、平等、责任、自律、勤政、廉洁等一系列伦理规范与道德准则，明确政府满足的是民众公共需求，不能借用公权谋取私利。”①

（三）公共服务伦理的现状

探究各国公共服务伦理时，我们不难发现各国都通过立法的方式使公共服务伦理具有法律效力，设立公共服务伦理机构对公务员进行相关管理，还通过社会监督的方式对公务员进行舆论监督。

（1）美国早在1978年就通过国会决议采用了《从政道德法》，其中规定了高级官员必须在就职前将自己本人和配偶的收入、财产情况进行报告。对于一般公务员也都采取法律途径将禁止贪污受贿、工作外收入、工作外兼职活动、财产等进行立法和行政性规范。美国政府从上到下的机构中都设置了伦理办公室，通过这个办公室的设立来负责各个层面的公务员的服务伦理监督。

（2）法国政府于1946年制定并通过了《公务员总章程》，要求公务员有忠于职守、服从上级、遵守法制、不兼任其他有报酬的公职和私营职务、保守机密、克制和保留等义务。当公务员不能尽法定义务时，触犯刑法的，由刑事法院审判；触犯行政法的，由行政法院审理；违反纪律的由行政机关处分。在刑法中，详尽地列举了侵吞和滥用公款、贪污受贿、玩忽职守、滥用职权、渎职、泄密等罪状。公务员的纪律处分有警告、训诫、取消晋升资格、减薪、降职、调动工作、降级、强制退休、撤职、临时解除职务等。

（3）英国也在其《防腐化法》中规定了任何公职人员在签订合同中，接受或同意

---

① 袁和静，张英魁．基层公务人员责任伦理的现实困境与规制对策［J］，理论导刊，2010，（6）．

接受以及试图获取其他任何人的礼物、酬金等均定为腐化罪并处以7年以下的监禁。

(4) 我国的公务员规范从奴隶社会时期就要求官吏必须“廉法、廉敬、廉善、廉政”，即四廉。进入封建社会后，对官员的要求更为严格和严厉。唐朝的《唐六典》中就规定，官员必须“清慎明著、恪勤匪懈”。新中国建设与改革开放以来，如2006年通过的《中华人民共和国公务员法》，要求公务员“忠于职守，积极工作”，“遵守纪律，廉洁奉公，作风正派，办事公道”等等。我国还制定了《行政机关公务员处分条例》对违反政治纪律、组织纪律等的公务员进行相关处理。

但是我国公务员道德行为规范和伦理规范较之西方国家还存在明显的不足和差距，具体体现在重制定，轻执行、缺监督。制定的相关政策可操作性不强、公民参与意识不强、社会监督机制不活跃等方面。

(四) 公共服务伦理的改进

我国在制定和执行相关公务员公共服务伦理规范时，更多地借鉴国外成熟的公共服务伦理规范建设和我国已有的、较为成熟的经验，从下面几个方面加以探索和实施：

1. 从社会他律机制中，加强教育、监督，完善制度建设，重视组织文化建设

(1) 教育培训体系。从公务员入职前即开始进行相关道德认知。在公务员考试题目、复试等方面加强道德修养的教育和培训，上岗后也要进行经常性的道德教育活动。进行爱国主义教育和革命精神教育，陶冶公务员道德情操。通过各种活动锻炼公务员意志，确立道德信念。

(2) 强化监督机制。重视发挥社会公众舆论监督的作用，制定更为严格的公务员监督制度并有组织地进行检查和突击检查。

(3) 完善制度建设。规章制度是一种监督制度之外的对公共服务伦理规范的补充和完善。没有规矩不成方圆，公务员廉洁奉公依然要求有相应的规章制度对其违法、贪污受贿进行处罚。将公共服务伦理规范纳入岗位培训的主要内容中，进行岗位考核。

(4) 重视组织文化建设。组织文化建设可以为培育公务员道德提供良好的环境支持。

2. 在个体自身的自律方面，公务员应该培养自己积极的工作态度、养成职业习惯、完善职业良心、明确职业目标

(1) 积极的工作态度。对公务员来说，态度是决定工作好坏的一个标准，诚实、公正、团结和正直是工作的核心价值体现所在。一个公务员的职业态度消极就会产生诸如拖延工作，不思进取、敷衍了事、不讲贡献等问题。职业能力低下导致业务不强，处理问题的水平不高。而一旦出现职业操守缺失就会使公务员见利忘义、损公肥私、藐视规范、弄虚作假等。

(2) 良好的职业习惯受到环境和人自身的影响。作为公务员本身来说，养成自身良好习惯是需要明确基本机制导向的，要有坚持和自控能力，要学会尊重他人，淡泊名利。

(3) 要有职业良心。黑格尔说过，“即使在一个法律最松弛的国家里，一个有良心的人也不会胡作非为”。职业良心是看不到的，但却是真实存在的。它是对职业职责的

内化，是公务员在行政管理工作中形成的职业情感、意志和判断力的总和。

（4）明确职业目标。工作目标的设定是衡量被考核人员工作范围内的一些相对长期性、过程性、辅助性的关键任务的考核方法。公务员自身应该为自己的工作目标进行设定，促进自身积极努力地完成工作任务。

（五）公共服务伦理的实践案例

案例 1

广东一国税局局长公开做生意竟敢闹上法庭

广州 8 月 18 日电（记者梁钢华）　广东湛江吴川市商人梁观寿怎么也没有料到，他与一国税局局长合伙做生意，不仅血本无归，还被局长告上了法庭。18 日下午，广东省高院开庭审理了此案。

将梁观寿告上法庭的是吴川市国税局黄坡分局局长董锡。据梁观寿介绍，他与董锡交往多年，从 2005 年开始，董锡多次与梁观寿商谈做生意。由于两人是老乡，又加上董锡有着国税局局长的背景，梁听从了董的建议。2007 年，梁观寿与董锡合伙投资收购贵州省修文县润达工贸有限公司股份，梁先后将 281 万元汇入董指定的账户。此后，双方签订《内部合伙协议》，并约定由梁观寿与润达公司的股东签订股份转让协议。事后，梁观寿怀疑其中有蹊跷，便派律师到润达公司调查情况，发现该公司注册资金仅有 50 万，与董之前声称的 1500 万注册资本相差甚远，并且签订转让协议的六人中有四人不是注册股东，上述转让协议根本无法履行。

随后，梁观寿找到董锡商量还款事宜，双方于 2008 年 4 月签订了一份《还款协议》，并约定董锡分 3 次于 2009 年 1 月 31 日前返还这笔款项。

令梁观寿意想不到的是，董锡在还完首期的 50 万元之后，却以自己因顾虑是公务员不得经商而遭到梁的恶意胁迫为由，将梁告上了法庭，请求法院判决该协议书无效。一审吴川市法院支持了董锡的诉讼请求，认为《还款协议》是董在出于顾虑是公务员的情况下签的，显失公平，判决撤销《还款协议》。梁对判决结果表示不服并提出上诉。2009 年 7 月 23 日，湛江市中级法院做出终审判决，认为协议是在双方协商一致的基础上达成的，没有证据显示梁观寿使用任何违法行为胁迫董锡违背其本人意志签订《协议书》，判决认定《还款协议》有效，并责令董锡将 231 万元本金及利息一并返还。

案例 2

公务员违法违纪案件：落马检察官多是一把手

日前，江西省检察院检察长丁鑫发被中纪委立案审查，成为中国第一个被立案审查的在位的省级检察长。

几个月来不断传出有中高级检察官被纪检部门和司法机关处理的消息：因成功查清沈阳“马向东”案而被中纪委等 8 家单位荣记一等功的江苏省检察院副检察长韩建林因涉嫌违纪被免职并立案审查；曾查处“哈尔滨国贸城案”而声名卓著的“反腐英雄”、黑龙江省哈尔滨市道里区检察院副检察长房久林，因在“宝马案”中接受吃请等问题而被审查；重庆市检察院原常务副检察长郭宝云被一审以受贿罪和贪污罪两罪并罚判处有期徒刑 18 年；山西省太原市检察院反贪局原局长贾军英因涉嫌受贿罪、帮助犯罪分子逃避处罚罪被送上法庭受审。这些以查处贪官为己任的检察官们为何也沦为了贪官？有关人士向记者指出背后的三大原因。

首先是在查处反贪案件时，心理逐渐失衡，难以抵御巨大的物质诱惑。落马的检察官中有两个都曾经在反贪领域功勋卓著。韩建林曾经是江苏省人民检察院副检察长、反贪局副局长，几年前成功地查清了马向东腐败案。原哈尔滨市道里区检察院副检察长房久林，也查处过哈尔滨国贸城案、朱胜文案。没人想到他们自己也被揪出腐败。中国人民大学法学院陈卫东教授认为，一个非常重要的原因是他们在查别人的过程中，接触了大量阴暗的东西，看到了这些腐败分子易如反掌地获得极大的物质利益，形成了一种心理上的反差。而他们本身也是握有重权的人，查案时免不了有人相求的时候。当利益诱惑不是一万、两万，而是十万、几十万、上百万元的时候，他们的心理防线就被摧垮了。

其次是权力缺乏有效监督，产生更强的侥幸心理。在我国，职务犯罪属于检察院的自侦范围，而检察院还承担对其他司法机关的监督权。北京大学贺卫方教授认为，检察院、检察官握有很大的权力，它不仅仅是一个检控刑事犯罪的机关，同时也是一个监督司法机关、监督其他机关的机关。如果权力变得越来越大，而相应的监督机制跟不上，这种权力便会走向腐败。虽然我国有宪法、刑法、人民检察院组织法、检察官法，中国共产党的党内监督条例等分门别类的条文，但许多规范没有办法落实到具体案件、具体情况中去。比如，检察机关在反贪案件上有立案查处侦查，采取强制措施，提交人民法院依法审理这样几个权力。从目前来看，这些权力就很难受到有效监督和制约。检察机关一把手说了算的情况很多，犯罪分子搞定一把手就可以了。那些落马贪官不少就是以此为条件换回巨大非法利益的。

虽然职业要求检察官铁面无私，但他们不是生活在真空中，也有七情六欲和人情往来。如何过好人情关，是检察官们面临的一个重大考验。重庆市检察院原常务副检察长郭宝云为了宝贝儿子，不惜以身试法，不遗余力地帮儿子挣钱，最终使自己沦为人民的罪人。郭宝云在作最后陈述时也感叹："亲情如水，能载舟，亦能覆舟……" 山西省检察院反贪局原局长贾军英也是涉嫌帮助与自己有特殊关系的犯罪分子逃避处罚，而把自己送上了被告席。他不仅通风报信，还亲自驾车把他们送到外省，以避开侦查。

如何防止检察长变成贪官？有关专家建议，首先要加强对检察官的职业道德教育，在大学法学院就开设职业道德这门课程。此外，在检察系统内部要避免权力过分集中。比如侦查权、起诉权不能集中在一个领导手里；反贪自侦案件的批捕权，可考虑交给法官去审查，或者把这个交给上级检察机关行使。总之，各种权力之间要形成制约，不能一个人说了算。同时还要鼓励人大代表、律师等对检察官进行监督。

（资料来源：《北京青年报》，2004 年 8 月 30 日。）

五、专业伦理探讨之三——旅游业服务伦理

（一）旅游业服务伦理的概念

旅游业服务伦理是指旅游业组织或服务人员本身为履行社会职责和满足旅游者的

需求，在开展各种旅游服务活动时所反映出来的行动上应该遵循的原则规范和善恶价值取向以及心理意识和行为活动的总和。旅游业服务包括旅行社服务和旅游饭店服务。

（二）旅游业服务伦理的内容

对于旅游行业来说，服务中导游和其他相关服务人员是旅游业发展的最为重要的一个组成部分。他们身上所体现出来的伦理道德规范直接反映出服务业的整体水平和素质。游客对旅游目的地的第一印象均从旅游从业人员身上得到。故旅游业服务伦理就显得相当重要。

1. 基本服务态度方面

对旅游业而言，服务人才的管理是极为重要的。导游人员要带好团队，为游客进行讲解和生活服务。酒店服务生要服务好游客，给游客家外之家的美好感受，都取决于从业人员的服务态度。

2. 团队意识的培养

旅游业是一个高密集服务行业，带团的全陪、领队、地陪、旅行社的计调、外联、客服，以及其他旅游从业人员的共同服务才能做好整个活动的服务工作。这就对团队协同服务意识的要求很高。因此，要注意培养团队服务意识。

3. 建立相关法律法规对旅游业服务伦理进行规范

1997 年，我国就制定了《旅游行业标准——旅行社国内旅游服务质量要求》，对导游服务质量，饭店餐厅卫生标准、旅游汽车服务质量、旅游产品的要求等方面都作出了严格的规定，用于规范旅游服务行业的服务伦理。

（三）旅游业服务伦理的实践案例

案例 1

南京某旅行社低于成本接待和服务案

【案由】2010 年 7 月 18 日，南京杨某等 12 名游客报名参团港澳五日游，在港澳游玩结束返回珠海逗留期间，珠海地接导游擅自将游览百货公司行程变更为珠宝店，并极力向游客推销香烟和珠宝，但游客都不愿意购买，为此双方发生激烈争吵，导游威胁并将所有游客赶下大巴车，双方对峙 1 小时之后，司机自愿将游客送到广州白云机场，导游一度阻拦。事后，游客将导游骂人的视频上传网络，并向南京市旅游质量监督管理所投诉南京市某旅行社未经旅游者同意擅自将旅游业务委托给其他旅行社，以及向深圳地接社支付的费用低于接待和服务成本。

【处理】在历时四十余天的案件查处中，南京质监所与香港旅游业议会、深圳市文体旅游局密切合作，实地在南京、深圳、珠海、广州等地调查取证，取得了案件的第一手证据。

经调查，该旅行社组织“港澳精品五日游”旅游活动，未事先征得游客同意即委托给深圳某旅行社，且没有将旅游目的地受委托旅行社的名称、地址、联系人和联系电话告知游客；该旅行社与深圳某旅行社的团费确认书标明地接费用为 450 元/人，同时深圳的旅行社承认南京的旅行社向其支付的费用低于接待和服务成本，且同时期南京的“港澳五日游”地接社费用报价在每人 1 300 ~ 1 800 元之间，深圳和广州的“港澳4~5天游”的成本价在每人1 218~1 500元之间，表明该旅行社付给深圳某旅行社的费用低于“港澳五日游”的接待和服务成本。

依据《旅行社条例》，南京市旅游园林局对该旅行社作出责令改正、罚款三万元、停业整顿1个月的行政处罚。停业整顿期间正值旅游报名旺季，该社51家门店1个月不能营业，经营损失可见一斑。处罚该社后，南京“港澳游”不约而同“涨价”，过去在广告中常见到的“千元港澳游”已经被“品质旅游，伴你远行”取代。

（资料来源：《中国旅游报》，2011年4月11日。）

案例2

香港导游辱骂游客案

【案由】2010年1月，安徽省宣城市某电器公司开展有奖促销活动，获奖顾客可获得“港澳双卧六日游”大奖。电器公司委托宣城A旅行社承办此项旅游活动，A旅行社与没有出境游资质的宣城B旅行社合作，其后B旅行社又与深圳C旅行社签订了赴港澳游的委托协议。参加港澳双卧六日游的游客与B旅行社签订了出境旅游合同。2010年3月24日，51人的港澳旅游团从安徽出发，香港接待社为D旅行社。该团在港旅游期间，香港接待社所派导游李巧珍多次胁迫游客购物，并进行人身侮辱。该团游客将导游李巧珍在旅游大巴上谩骂游客的言行暗录下来，回内地后将录像传至互联网上，引起社会广泛关注。网友戏称导游为“恶女阿珍”。

【处理】国家旅游局要求安徽省旅游局和广东省旅游局认真调查，严肃处理。安徽省旅游局指导、支持宣城市旅游局对本案涉及的A旅行社和B旅行社进行了调查处理。A旅行社和B旅行社均无出境游业务经营权，其行为违反了《旅行社条例》第四十六条第一项规定，即未取得相应的旅行社业务经营许可经营出境旅游业务。B旅行社辩称，其与有出境游经营权的C旅行社有委托协议。经查，B旅行社与C旅行社之间的委托不符合有关出境游委托招徕游客的规定。宣城市旅游局依据此项规定，对A旅行社处以责令改正，没收违法所得1 960元，并处10万元罚款；对B旅行社处以责令改正，并处10万元罚款。

国家旅游局发函广东省旅游局，要求其调查C旅行社是否有零负团费、低于成本经营等违法违规行为。广东省旅游局与深圳文体旅游局通过调查，以该旅行社将旅行社业务委托给不具有相应资质的B旅行社，违反了《旅行社条例》第五十五条第四项的规定，决定对其罚款50 000元。

香港旅游业协会对本案涉及的香港旅行社和导游进行了查处。该会认定导游李巧珍违反了《导游作业守则》的相关规定，严重损害了香港旅游业的形象和声誉，施以暂停导游证六个月的处罚，其后如果再次违反有关规例，将永久吊销导游证；对指派她接待旅行团的D旅行社处以4.75万港元罚款。

（资料来源：www. chinanews. com/fz/2011/04 - 11/2964382 - 2. shtml《中国新闻网》，2011年4月11日）

第二节　电子商务伦理

一、电子商务的相关概念

（一）电子商务（Electronic Commerce）

电子商务是利用计算机技术、网络技术和远程通信技术，实现整个商务（买卖）过程中的电子化、数字化和网络化。

（二）电子商务的发展历程

（1）20世纪70年代：电子邮件阶段。这个时间网络的发展让很多人开始懂得运用网络进行联系和沟通。

（2）1995年起：信息发布系统。以Web技术为代表的信息发布系统成为目前互联网的主要应用。

（3）电子商务阶段。Internet的最终主要商业用途，就是电子商务。

（4）全程电子商务阶段。随着SaaS（Software as a Service）软件服务模式的出现，软件纷纷登陆互联网，延长了电子商务链条，形成了当下最新的“全程电子商务”概念模式。

（5）智慧电子商务阶段。2011年，互联网信息碎片化以及云计算技术愈发成熟，主动互联网营销模式出现，I－Commerce（Individual Commerce）即个别电子商务顺势而出，电子商务摆脱传统销售模式被搬上互联网，以主动、互动、用户关怀等手法与用户进行深层次沟通。

二、电子商务面临的伦理挑战类型

“通过电子商务发展历程，我们不难看出要实现电子商务体系的各应用层面和众多支持条件，从最基础的技术层到电子商务的应用层次分别是网络层、消息/信息发布传输层、网络管理层，故电子商务语境下的电子商务伦理面临的危机也分别来自三个层次。”①

（一）网络电子商务平台的信任危机

1. 网络本身存在的信任危机

网络中的电子商务活动本身存在着虚拟性。其交易模式不像以前购物时面对面的服务方式，而是将产品直接放在网络电子商务平台上，购买者通过对该产品的描述来判定购买与否。看不见、摸不准实物，这对使用网络电子商务平台的人来说，存在着一定的风险性。

① 唐剑，任亚凡．浅析电子商务面临的伦理挑战及对策［J］．商业研究，2004，（24）．

2. 网络电子商务平台运用者和使用者之间信息的不可预知性

在网络这个虚拟空间里，人们可以不用自己真实的身份来进行信息传递。这就存在信息不确定性的可能，不仅增加了交易时的风险性，也可能使交易产生纠纷时无法找到当事人。

3. 网络电子商务平台上进行交易的产品具有不可确认性

通过电子商务平台进行交易时，虽然网络是虚拟的，但是交易完成后所面对的物品是真实的。购买者在网络上进行完交易后，可能面临实物与描述不符的情况。一旦出现这样的情况，购买者将面临成本升高等问题。

（二）信息传输过程中的伦理危机

在目前所有使用网络的电子商务平台中都存在着网络编程的漏洞，这就给黑客提供了可乘之机，他们可以利用相关程序恶意篡改网站信息、发布虚假内容，窃取网络平台中的个人信息并加以利用。

（三）网络管理中的伦理危机

该危机主要出现在电子商务的基础技术网络层。其主要问题出在网络管理人员身上。根据相关报道总结，利用计算机犯罪的案例大都呈现出网络管理内部犯罪的趋势，其主要原因是管理松懈、工作人员职业道德修养不高、安全教育不够。在日益突出的网络电子商务的竞争活动中，甚至有一些竞争对手还乘招募新人之机潜入企业，收买网络交易管理人员，窃取企业商业秘密。

三、电子商务伦理的改进措施

（一）立法保护和监督

1999 年颁行的《中华人民共和国合同法》中首次确定了电子数据交换、电子邮件等数据电文为合同的形式。2004 年我国颁行了电子商务领域的第一部专门法律——《中华人民共和国电子签名法》。2005 年国务院办公厅下发的《关于加快电子商务发展的若干意见》中明确要求加强电子商务法律法规建设，并且提出了具体的用“立法”目标：“认真贯彻实施《中华人民共和国电子签名法》，抓紧研究电子交易、信用管、安全认证、在线支付、税收、市场准入、隐私权保护、信息资源管理等方面的法律法规问题，尽快提出制订相关法律法规的意见；根据电子商务健康有序发展的要求，抓紧研究并及时修订相关法律法规；加快制订在网上开展相关业务的管理办法；推动网络仲裁、网络公证等法律服务与保障体系建设；打击电子商务领域的非法经营以及危害国家安全、损害人民群众切身利益的违法犯罪活动，保障电子商务的正常秩序。”

（二）加强网络道德伦理的教育和培养

这个层面上包括对网络电子商务平台运用者的管理教育、培养和网络电子商务平台使用者两个方面的教育和培养。就两者而言，都要增强其社会责任感和服务意识以及诚信教育，从伦理意识上主动约束自身。

四、电子商务伦理的实践案例

三方四年五十八万 ——漫长而复杂的我国“电子商务第一案”

这是一场经营合同纠纷。原告是上海环讯电子商务公司（以下简称“环讯”），被告是西单电子，第二被告是建设银行上海分行。三方原本合作共同从事电子商务，但合作不到一年，就发生了有近58万多元人民币的货款被外币持卡人拒付，形成损失的纠纷，纠纷的焦点就是三方中应由谁来承担损失。西单电子、环讯都是2000年左右成立的，成立后不久，这两家公司和上海建行就建立了合作关系。半年时间里，西单电子光是通过环讯结算的业务就近千万元。然而好景不长，三家企业的合作到第7个月时问题就出现了。2002年8月，西单电子发出去的两台手提电脑，迟迟不见回款，于是便向上海环讯发出咨询。几天后，环讯回信说，购买电脑的人持国外信用卡，他们拒绝支付。又过了几天，环讯说，拒绝支付的客户有好多家，交易有100多宗，货款总计达七八十万元，通过西单电子交易的有58万元，全是通过建行上海分行结算的。国外银行卡组织规定，持卡人在接到对账单后的6个月内可以无条件拒绝付款。如果持卡人有要求，银行应将划出的款再划回持卡人账户。建行上海分行根据上述规定，把已经打出的钱又从环讯账上划了回去。

西单电子和环讯、建行之间形成的就是一般意义上的电子商务。电子商务至少需要4类企业分工合作完成：第一类是出售商品的商家，第二是银行，第三是买卖及结算信息整理传递的中介企业，第四是物流递送企业。商家把商品的信息公布在互联网上，购货人订货后，订货信息经中介企业集中整理后发给相应的银行。银行核对买方的信用卡，并将款划出，经由中介企业打给商家。商家得到购货人货款已划出的信息，即“交易成功”的信息，就把商品交由物流递送企业发送到购货人手中。随后，中介企业即把货款打入商家账户。

由于当时弄不清楚这些持外国银行卡的拒付者是恶意透支还是伪造信用卡，出现损失后，上海建行首先暂扣了环讯的60万元货款，环讯也扣下本该支付给西单电子的10万元货款。在这种情况下，西单电子只好暂停与环讯的业务。第二年，上海环讯把西单电子告上法庭，要求西单电子返还其余的50余万元货款的损失，理由是损失的款项应看做环讯替西单电子交的垫付款。几个月后环讯撤诉，2005年初又以同样理由起诉，并在法院要求下，将建行上海分行列为第二被告。2006年6月，上海市长宁区法院一审判决三企业各负三分之一的责任。西单电子不服，提起上诉。9月，上海市第一中级人民法院二审判决西单电子没有责任，建行上海分行负三分之二责任，环讯负三分之一责任。在被称为我国“电子商务第一案”、历时四年多的西单电子商务、上海环讯、上海建行的纠纷中，由于使用境外信用卡支付，并且整个交易链条比较长、信息传递不畅，导致信用卡持有人拒付货款的信息反馈给卖方已是半年之后，物流配送的主要证据已基本灭失，责任无法界定。法院无奈，只得采取了“各打三十大板”的解决办法。之所以称其为我国“电子商务第一案”，就因为它发生时间早、历时长、案情复杂、涉及单位多、纠纷金额高。更重要的是，这个案例基本涵盖了电子商务的各个环节：电子商务交易者、电子商务交易平台、电子商务支付平台、银行、信用卡机构、第三方物流服务提供者，而各个环节在其中都不同程度地影响着该纠纷的形成和解决，其复杂程度可见一斑。应该说，该案反映出的我国电子商务法律环境存在的问题是很全面的，或者直接说，目前我国电子商务法律的空白主要就在于对电子商务交易者、电子商务交易平台、电子商务支付平台、银行、信用卡机构、第三方物流服务提供者这六个方面参与者的基本权利、义务和责任的确定、划分上，由于没有明确的责任划分规则，而电子商务本身又具有交易链条长、证据容易灭失的特点，出现纠纷后，难免会出现责任很难厘清的局面。

这正是本案三方四年纠葛之痛所在，也是我国电子商务真正实现法制化、规范化和切实发展之顽疾所在！就拿本案反映的物流体系存在的问题来看，物流配送体系涉及公路、水路、铁路、民航、邮政等多个领域，市场化、运作高效、规范的物流体系的建设本身就是一件比较困难的事情。而我国这些领域的市场化建设还不是很充分，大多处于垄断经营的控制之下，加之我国的邮购业务本来就很薄弱，所以，我们不得不说，目前我国的物流配送体系，尤其是面向一般消费者的物流配送，无论是在赔偿机制上、在连接买卖双方的各个确认环节的规范操作上、在运送保护和规范上，还是在单据核实和保存机制上，都还远没有实现为配合商对客（B2C）、消费者间（C2C）电子商务而应实现的一系列根本转变。

只是把物流作为一个简单的运输过程，没有从交易环节的角度去设计物流的流程和对各项指标的要求。然而，作为交易的一个重要环节，物流配送需要在接收和送达货物时有严格的双方认可、验货、签字等一系列的程序，在运送中针对不同物品有完备的保护机制，交付后有完善的核查、赔偿和单据保管制度。只有这样，才能成为电子商务交易中切实保护各方权益的、规范的、高效的一环。

（资料来源：《法制日报》，2007 年 11 月 11 日。）

第三节　会计伦理

一、会计伦理的定义

“会计是以货币为主要的计量单位，反映和监督一个单位经济活动的一种经济管理工作。”① 在企业中，正规、精确、合法、有效的会计活动能够真实地反映该企业的财务状况、经营成果和现金流量的运行情况，并能够对企业的经营活动和财务收支情况进行监督。因此，我们可以将会计活动看做反映企业经济活动的主要手段，对企业的经营、管理、决策、发展都起着不可或缺的引导和监督作用。

总的来说，会计活动包括财务会计、审计、咨询三大类。财务会计主要是指专业会计人员按照相关规定和程序对企业已经完成的资金进行全面系统的核算与监督，根据实际的核算结果为企业的投资人、债权人和政府有关部门提供企业的财务状况与赢

① 周祖城．企业伦理学［M］．北京：清华大学出版社，2009：161.

利能力等信息，并对其进行分析和解释的活动；审计活动主要是指专职机构和人员按照相关法规对特定的审计单位的财政、财务收支和其他经济活动的真实性、合法性、效益性进行审查与评价的独立性的经济监督活动；咨询活动则是指在现代社会经济活动复杂化、多元化的背景下，专业的会计服务工作者为企业所提供的有关资本结构调整、资源配置的优化、投资融资策略、会计规范内部强化等方面的咨询服务。

正是因为会计活动在企业的经营、管理、决策、发展都起着不可或缺的引导和监督作用，因此逐渐成为市场经济活动中的重要组成部分。会计活动的质量高低也直接影响着企业的利益，并间接影响了整个社会的经济发展情况和秩序。

会计服务工作者虽然在提供会计服务时受聘于企业，但其并不能被视作企业的私有财产，其服务对象也并不仅限于该企业，还应包括企业的各相关利益方，如政府部门、投资者、企业债权人等。会计服务工作者在为企业提供会计服务时，其所提供的会计信息必须符合道德伦理要求和行业行为准则，并且能够对所有的信息使用者和潜在使用者负责，即不对任何一方产生人为的利益和风险伤害，并且努力做到为企业各利益相关方获得提高经济收益的依据和支持。因此，我们认为，“会计伦理就是指建立在会计关系上的伦理要求，处理与会计相关的利益主体的原则和准则，该原则和准则要反映会计服务各利益主体的要求和利益”①。

二、会计伦理在企业经营管理中的重要性

（一）有助于对会计服务工作者的行为进行规范

目前针对会计理论和方法的研究大多是针对会计基础理论和会计规范理论（对具体核算对象的技术操作方法）进行研究的，但对于会计服务工作者的具体行为研究较少，缺乏强有力的规范，从而导致一些意志薄弱的会计服务工作者经受不住各种权、钱、利的诱惑而丧失基本的行为准则，做出有损企业、社会大众、国家经济秩序的不道德行为。

（二）有助于提高会计信息的质量

高质量的会计信息的获得除了要依靠会计服务工作者精湛而严谨的专业技术，还在很大程度上依赖于会计服务工作者的人文素质和职业道德水平，在实际的工作中用会计伦理道德来规范其具体行为有助于改善和提高会计服务工作者的职业道德水平，从而提高会计信息的质量。

（三）有助于企业决策和社会正常经济秩序的构建

具有较高职业道德的会计服务工作者能够为企业产生真实有效的会计信息，这些真实有效的会计信息能够帮助企业正常发挥其内部管理机制，根据会计信息评估企业的经营效果，从而做出合乎企业发展的决策。同时，会计信息还是企业财务报告的重要组成部分，而财务报告则是企业对企业所有者、投资者、社会大众、国家的一种信息传递，也是一种负责的表现，从而使所有利益相关方得到应有的回报，也能促进社

① 周祖城．企业伦理学［M］．北京：清华大学出版社，2009：162.

会资源的正常配置和流动，有助于整个社会正常经济秩序的构建。

三、现代企业会计的伦理特征

（一）会计信息的真实性

会计信息真实是指生产会计信息的程序符合会计制度、会计准则以及相关的法定规范标准，能真实公允地反映会计主体的财务状况、经营成果以及现金流量情况的会计信息。真实的会计信息能够帮助企业合理决策，正确进行资源配置；失真的会计信息则会对企业决策进行误导，甚至会破坏社会的正常经济秩序。

（二）会计立场的独立性

会计立场的独立性要求会计服务工作者在处理会计业务时，必须不受任何利益相关方的影响，独立、客观地完成业务，为会计信息使用者提供真实的信息，避免利益冲突。

（三）会计行为的公正性

公正是一个古老的道德范畴，要求人们在处理社会关系时力求做到不偏不倚、公道正派，即不偏袒任何一方而损害另一方的利益。会计行为的公正性要求会计人员在具体进行业务处理时，保持公正的态度，不偏不倚，得出的审计结论既不违背事实，也不夸大事实。

（四）会计行为的主体性

广泛意义上讲，会计行为主体包括企业负责人及具体的会计服务工作者。狭义上的会计行为主体就是指那些具有一定的会计专业知识和技能，具有会计行为能力，并获得权威机构认可，能独立或与他人协作实现会计目标的会计人员以及由其组成的会计组织机构。

（五）会计行为的保密性

会计行为的保密性是指会计服务工作者未经授权不得擅自披露在工作过程中获得的保密信息，并且不得利用在工作中获得的保密信息为自己或他人获取不道德的利益。

（六）会计的专业胜任力

会计的专业胜任力是保质保量完成会计工作的重要条件，会计服务工作者需要不断提高自己的会计专业知识和技能、会计行为能力，并避免承接超出其现有会计行为能力的业务。

四、我国企业会计财务伦理存在的问题

（一）会计信息失真问题

“会计信息指的是经过加工或处理的会计数据及其对有关会计数据进行的解释说明。会计信息失真则是指财务报告中所反映的数据、对其解释说明、披露与会计主体

经济活动的实际情况和结果不一致。"①

1. 企事业单位会计信息失真的实例

国家财政部在2000年对医药、纺织、民航、冶金、石油、石化等行业的320家企业和事业单位的会计财务信息进行抽查，发现资产不实73.75亿元，利润不实35.11亿元。其中，资产不实比例在1%以上和利润不实比例在10%以上的分别占全部被抽查单位的50%和57%。另发现人为调节利润、虚盈实亏的企业32家，占被查单位的10%。人为调节利润总额达13.7亿元，其中虚增利润10亿元，虚减利润3.7亿元。另外，部分单位仍然存在账外设账、私设"小金库"等问题。在被查的82家医药企业中，有12家明显存在账外账，在法定会计账簿之外的资金高达10 014万元。

在对中石化、中海油、国家烟草专卖局等十家大型国有企业2003年度的会计信息进行抽查时，查出十家国企违规资金高达500多亿人民币，主要问题就集中在会计信息失真、部分决策失误和企业违法违规三方面。

"在对中央部门、6 020家国企2005年度的会计信息进行抽查时，发现中央部门仍然存在虚报多领预算资金、转移挪用或挤占财政资金、私设账外账和'小金库'等不道德会计行为，各类违规问题金额达90多亿元；在对6 020家国企的审计中，发现违规问题金额达449亿元，突出的问题之一就是企业损益不实，造成多计利润48亿元，少计利润150亿元。"②

"2007年共检查涉及房地产、电力、交通等重点行业、行政事业单位和会计师事务所8 398家，结果显示，1 092家企事业单位被依法给予调账、补税、罚款等处理处罚，共查补税款10.7亿元，收缴罚款2 152万元，对267名直接责任人予以罚款、吊销会计从业资格证书等处罚，并将145家企事业单位移送有关主管部门和司法机关处理。"③

2. 会计信息失真的表现形式

"会计信息失真的表现形式主要有以下几种"④：不按制度规定及时处理坏账损失；一些单位将已确认为坏账的应收账款长期虚挂，不予转销，造成资产不实；不遵守权责发生制原则提取和摊销预提费用、待摊费用或递延资产，人为地调节特定会计期间的损益；不按制度规定计提固定资产折旧，任意多提、少提或不提；已完成工程的长期借款利息支出，不计入财务费用，不计入工程成本；不积极处理呆滞积压及应报废的资产，长期挂在资产账户和待处理损失账户上；投资损失长期挂账，不计入投资损益；不按销售实现确认原则，采取年终突击开票方式，虚增"应收账款"和"产品销售收入"，人为地增大当年经济效益；不坚持配比原则，混淆本期与上期、产成品与在产品成本和费用；虚列项目，编造会计事项，虚开增值税发票，骗取国家税款；将企业账内资金变成账外"小金库"；账外经营在"应收、应付"等往来结算账户中进行对冲等。

① 周祖城．企业伦理学［M］．北京：清华大学出版社，2009：171.

② 王东艳．关于企业会计伦理问题的研究［D］．西安理工大学硕士学位论文，2006：22－23.

③ 周祖城．企业伦理学［M］．北京：清华大学出版社，2009：172.

④ 周德峰．会计信息失真的原因及对策［J］．财经科学，1999，(4)：96－98.

3. 会计信息失真产生的原因

（1）会计服务工作者追逐经济利益的动机。会计服务工作者对经济利益的追求，一方面来源于其在企业中获得的工资、奖金等的多少，另一方面则是福利待遇，如住房、劳动保障、社会保险等以上两方面的利益与企业的经济效益好坏密切相关。一般说来，企业经济效益好，会计服务工作者的工资、奖金就多，福利待遇就好；企业经济效益不好，会计服务工作者的工资、奖金就少，福利待遇就差。在这个层面上，会计服务工作者就与企业形成了利益共同体，一荣俱荣，一损俱损。此外，在企业经济利益相对较好、较稳定的情况下，企业领导对会计服务工作者的重视程度也将影响其工资、奖金及福利待遇水平。企业领导对某会计财务人员重视程度高，其待遇将明显高于其他会计财务人员。在这种情况下，一旦企业利益与国家利益、股东利益不一致时，会计服务工作者往往会主动或被动地听命于企业领导，甚至主动替其运筹帷幄，在费用摊配、成本计算、折旧计提、存货计价、报表编制等方法的选择上，倾向于企业利益，从而偏离会计独立性的立场，导致会计信息失真。

（2）会计服务工作者希望得到初级自我实现的动机。会计服务工作者不仅有追逐经济利益的动机，还有对名誉、地位、受重视等初级自我实现需求的向往和追求。这些自我实现不仅需要具备相当高水平的会计职业技能，而且还需要同企业领导保持融洽的关系，才能得到赏识、提拔和重用，并被给予各种奖励、名誉和地位。在此种情况下，会计服务工作者一般都会听命于企业领导，往往使会计行为偏离会计法规、会计准则的要求，导致会计信息的真实性、公正性大打折扣。

（3）会计服务工作者希望得到最终自我实现的动机。每个会计服务工作者的人生观、价值观不同，其处理事情的方式也不尽相同。一个认为金钱最有价值的会计服务工作者，就会在工作中尽可能地追逐金钱而不惜损害他人的利益，在企业负责人出现不道德经济行为时，往往会与其同流合污；而一个把获得社会的尊重、肯定和荣誉作为人生追求目标的会计服务工作者，则自然会以国家利益、社会责任为重，具有高度的责任感和事业心，遵守职业道德规范，认真履行职业义务，发现企业出现不道德经济行为时，也往往能够坚持公正立场，不怕打击报复、勇于真实反映、报告企业经济行为中存在的问题。但在现代社会诱惑不断增加，道德素质水平整体下滑的大背景下，能够坚持自己的价值观的会计服务工作者越来越少，也就导致会计信息失真的问题层出不穷。

4. 会计信息失真所带来的危害

（1）企业会计信息作为对企业过去一定时期经营活动的一种客观反映，是企业管理人员评价过去的成绩与不足的基本依据，也是企业对未来进行决策的根据。如果会计信息失真，不仅无法满足管理的需要，还可能导致企业错误的决策，给企业造成不可估量的损失。

（2）会计信息不仅为企业内部管理所用，还为企业外部相关信息使用者（包括投资者、债权人、政府机构等）服务。会计信息一旦失真必然导致信息使用者的错误决策，从而给信息使用者带来损失。对于政府机构的危害更是不可估计，如果政府经济领域部门的各项决策是以虚假的会计信息为基础产生的，必然导致决策的重大失误，还会为税收、资源配置造成误导，势必造成国有资产流失和社会经济资源的浪费，使国家宏观调控达不到应有的效果，进而严重影响正常的社会经济秩序。

（3）作为企业筹集资金的重要场所，证券市场起着举足轻重的作用。失真的会计信息不仅会误导投资者的投资决策，给投资者带来重大损失，还会破坏市场游戏规则，造成市场投机行为和股价的波动，导致证券市场进入不正常的状态。

5. 针对会计信息失真可以采取的对策

为保持会计信息的真实性，需要对会计服务工作者提出以下四个要求：一是要求会计服务工作者在工作中严守职业道德，实事求是地核算、报告企业的财务状况和经营成果，财务报告中的每一项指标，都必须有原始记录可以验证。企业会计服务工作者在记账时，要站在公正的立场上，依法办事，对某些偏离政策、有章不循、弄虚作假、欺骗国家、偷税漏税的经济行为要及时发现和阻止。二是改善会计服务工作者的心理工作环境和物质工作环境，使其能够始终保持工作的公正性和独立性。在心理工作环境方面，帮助其逐步摆脱“靠领导提拔吃饭”的思想，不再把自己的利益与领导的利益联系在一起，而是真正把自己的利益与企业的利益、国家的利益联系在一起；在物质环境方面，制定明确、细致、有效的工作细则及奖惩方式，真正实现按劳所得，杜绝在实际分配工作、考核工作中“看人下菜”等现象的发生。三是在企业中形成内部审计机制，定期对企业的经济行为、会计信息进行核查，杜绝不道德经济行为的发生，并能够及时对存在的不道德经济行为、会计信息失真现象进行处理。四是倡导企业构建“诚信为主”的企业文化。

【资料卡】

朱镕基“破戒”题词

前任国家总理朱镕基同志在视察北京国家会计学院时，曾把不少会计师事务所和会计人员造假账、出具虚假财务报告称作严重危害市场经济秩序的一个“毒瘤”，指出许多贪污受贿、偷税漏税、挪用公款等经济违法犯罪活动，以及大量腐败现象，几乎都与财会人员做假账分不开。朱镕基曾经为自己“约法三章”：不题词、不剪彩、不受礼。正因如此，他少有的几次“破戒”更引人瞩目。2001 年 4 月 16 日，朱镕基在视察上海国家会计学院时，为该校题写的校训是“不做假账”。2001 年 10 月 29 日，朱镕基视察北京国家会计学院后，题字是“诚信为本，操守为重，遵循准则，不做假账”。朱总理希望每一个中国国家会计学院毕业的学生，永远都要牢记这四个大字！他指出，真实、可靠的会计信息是企业科学管理和政府宏观经济决策的依据，虚假的会计信息必然会造成决策失误，经济秩序混乱。国有企业改革要获得成功，必须加强经营管理特别是财务管理。要从根本上解决这个问题，必须在强化法制、严格管理的同时，加强会计服务工作者特别是注册会计师队伍的建设。在那次讲话中，他明确要求，所有国有大中型企业、金融机构的财务主管，都必须到国家会计学院接受培训，达到合格要求才能上岗。

（资料来源：http：//news. eastday. com/epublish/gb/paper148/20030308/class014800018/hwz899798. htm。）

（二）注册会计师在执行审计活动时存在的问题

上文已经指出，审计活动主要是指专职机构和人员按照相关法规对特定的审计单位的财政、财务收支和其他经济活动的真实性、合法性、效益性进行审查与评价的独立性的经济监督活动，其目的是为了维护财经法纪、提高经济效益、促进宏观调控。审计活动可以分为内部审计、国家审计和民间审计三种，其中企业与注册会计师所进行的审计活动主要就是进行民间审计，也被称为独立审计，主要是指社会审计组织和人员（注册会计师）独立、客观、公正地对企业的会计报表及其支撑材料进行审查，最终发表审计意见。

1. 注册会计师在执行审计活动时存在的伦理问题

（1）审计造假。审计造假是指注册会计师在依法接受委托对被审计单位的会计报表和相关资料进行审查时，职业不规范，对报表中存在的重大错报和故意造假的行为予以忽视，甚至于在利益的诱导下主动参与会计报表的伪造，出具虚假的验资和审计报告等行为。审计造假是一种典型的会计舞弊行为，严重违反注册会计师执业行为准则。

（2）采取不正当手段招揽客户。注册会计师承办业务一般是由会计师事务所统一受理并签订合同，但某些缺少实力的会计师事务所为了招揽客户，往往会不顾审计的风险性和复杂性，随意采取降低收费标准、行业垄断、回扣等各种不正当手段竞争，严重违反注册会计师的职业道德准则。

（3）承接不能胜任的任务。注册会计师在承办业务之前，必须具备一定的从业素质，并且要根据自己的专业水平量力而行，承接自己能够胜任的业务。目前部分注册会计师为了追求经济利益，不顾自己的能力，随意承接自己不能完成的业务，在审计过程中无法预见和发现一些异常的情况和联系，导致审计任务的失败，不仅造成了对客户的欺诈，而且也违反了注册会计师职业道德准则中关于专业胜任力和职业谨慎的规定。

（4）审计造假。会计行为的保密性要求注册会计师未经授权不得擅自披露在审计过程中了解到的保密信息，以避免使客户造成经济损失，并且不得利用在工作中获得的保密信息为自己或他人获取不道德的利益。在目前的审计工作中，极少数注册会计师会利用自己在审计过程中获得的客户信息买卖客户的股票为自己或他人谋利，此举也违反了注册会计师职业道德准则。

2. 注册会计师在执行审计活动时存在的伦理问题产生的原因

（1）注册会计师与被审计企业关系定位存在问题。目前在民间审计领域，会计师事务所多数是由客户自行聘用，注册会计师与被审计企业关系定位就由原本的监督与被监督转化为雇用与被雇用，注册会计师在审计时的独立性受到破坏，导致注册会计师不得不迎合雇主的需要，帮其进行造假。

（2）注册会计师受利益驱动影响。每个注册会计师的人生观、价值观不同，其处理事情的方式也不尽相同。一个认为金钱最有价值的注册会计师，就会在工作中尽可能地追逐金钱而不惜损害他人的利益，在企业负责人出现不道德经济行为时，也往往会与其同流合污，为其出具虚假的审计结论。

（3）注册会计师从业环境存在缺陷。有些地方政府为了拔高地方业绩，往往会暗示会计师事务所为企业出具虚假的审计报告，如有些公司本不具备上市条件，但为了增加政绩，某些政府机构就要求会计师事务所为其造假并出具审计报告，从而形成“形象工程”等。此外，目前对注册会计师的违纪行为的处罚尚不完善，注册会计师被查出造假后，大多数只是被吊销执照，很少被起诉。在利益与风险的选择中，部分注册会计师往往忽视道德方面的缺失与风险，为了追逐利益铤而走险。

（4）注册会计师整体水平良莠不齐。我国从1991年才开始正式实行注册会计师统一考试，在此之前，注册会计师的能力检验主要是通过考核进行的。因此，部分会计师缺乏最新的会计从业知识和能力，不能跟上不断变化的新型、复杂的经济业务变化趋势，导致在承接业务时出现自身能力不足以完成任务的现象。加之部分注册会计师忽视自身能力，眼高手低，随意承办超出自己能力的业务，违反了注册会计师职业道德准则中“为客户负责”的相关要求。

（三）注册会计师在提供咨询业务时产生的伦理问题

在本节开头，我们已经了解到咨询活动是指在现代社会经济活动复杂化、多元化的背景下，专业的会计服务工作者为企业所提供的有关资本结构调整、资源配置的优化、投资融资策略、会计规范内部强化等方面的咨询服务。

为了应对日趋激烈的审计市场的竞争，世界各国现在都允许会计师事务所凭借其能力为客户提供管理咨询、税务服务、资产评估、会计咨询等服务，扩展市场，增加会计师事务所的收入来源，降低其从业风险。由此，注册会计师的“管理咨询”服务就应运而生。20世纪90年代以后，此举逐渐呈现出巨大的发展势头。数据表明，20世纪80年代咨询业务的收入仅占五大会计师事务所（毕马威、安永、德勤、普华永道和安达信）大宗收入的13%，而到1999年，此比例已攀升至51%。2000年安然事件爆发后，人们发现安达信律师事务所向安然公司收取了5 200万美元的费用，其中2 700万美元为咨询费用，比例高达52%。

面对咨询业务无与伦比的发展势头，我们不禁喜忧参半。对于接受注册会计师提供的咨询业务的企业来说，由于注册会计师在提供咨询时必须了解企业的真实运营情况以提供正确的建议，因此让注册会计师在承担咨询业务的同时也承担企业的审计业务就具有极大的便利性，从时间和成本上来看都存在优势。但也有专业人士担心同一注册会计师同时承担审计业务和咨询业务会影响其审计独立性，使其在承担监督者责任的同时又起着决策者的作用，实际上是自己在监督自己。此外，作为咨询服务的提供者，注册会计师实际上同企业形成了共同利益，为了获得企业的认可，采纳其咨询建议，注册会计师往往会同企业保持密切的联系，这也影响了其审计业务的独立性。针对以上担忧，加上2001年安然破产后对安达信会计师事务所所产生的巨大影响（安达信长期为安然同时提供财务报表审计服务和咨询服务，事后发现此过程存在巨大的问题），各国都深受启发，开始寻找解决此问题的办法，大多是增加了对会计师事务所从事咨询业务的限制。美国政府痛定思痛，于2002年7月25日在国会通过了《萨班斯－奥克斯利法案》，7月30日经布什总统签署生效，成为规范注册会计师审计服务质量的重要法律，在法案中也明确列举了一些提供审计服务的会计师事务所不能提供的非审计服务。

此外，美国咨询服务委员会在其制定的《咨询服务准则》中明确规定，注册会计师在向客户提供咨询业务时一定要满足独立性准则，避免审计业务与咨询服务所产生的冲突。注册会计师要对在咨询服务中获得的客户信息进行保密，不得损害客户的利益。我国注册会计师协会于1996年印发的《中国注册会计师职业道德基本准则》也在第三章第十六条提出“注册会计师不得对未来事项的可实现程度作出保证”，同时提出注册会计师所提供的咨询服务只能被视为一种智力支持，不得强迫或诱导企业采纳其建议。

五、会计人员职业道德规范

在市场经济条件下，会计服务工作者受多元化利益的驱动以及社会大环境的不良影响，加上自身的职业道德未达到理想的境界，从而导致了目前会计信息失真严重、会计造假泛滥、会计服务工作者在提供审计业务和咨询业务时出现问题的不良状况，会计伦理越来越为世人所瞩目，加强会计职业道德建设已迫在眉睫。

“会计人员职业道德是指根据会计的职业特点对会计人员在社会经济生活中的会计行为所提出的道德方面的要求。”①

（一）国外关于会计人员职业道德的相关研究及规定

国际会计师联合会（IFAC）在2004年10月制定了《职业会计师道德准则（征求意见稿）》，在其中提出一名合格的职业会计师应具备诚信、客观性、专业胜任能力和应有的谨慎、保密性、合法和有信誉的职业行为等五条原则。

美国管理会计师协会（Institute of Management Accountants）则在2005年发布的《管理会计和财务管理从业人员道德行为准则》（Standards of Ethical Conduct for Practioners of Management Accounting and Financial Management）中对会计财务人员提出了专业胜任力、保密、诚信、客观性四条要求。

美国注册会计师协会（AICPA）在其《职业行为原则》（Principles of Professional Conduct）中认为一名合格的注册会计师应在责任、公众利益、诚信、客观性与独立性、应有的谨慎等五方面达到标准并严格遵守。

（二）我国关于会计人员职业道德的相关研究及规定

对外经济贸易大学国际商学院教授、博士生导师叶陈刚教授在《会计伦理概要》一书中，较为完整地介绍了会计伦理的主要框架和内容，“提出了会计道德规范系统应该由会计道德原则、会计道德规范和会计道德范畴三部分组成，并把‘会计集体主义原则、为人民理财原则、诚信为本原则和廉洁奉公原则’作为现阶段的会计道德原则；把‘爱岗敬业、勤奋工作，当好参谋、参与管理，客观反映、正确核算，坚持准则、

---

① 周祖城．企业伦理学［M］．北京：清华大学出版社，2009：163.

严格监督，提高技能、勤俭理财，强化服务、讲究效益，保守秘密、内外协调’作为现阶段的会计道德规范，会计道德范畴应该包括会计道德义务、会计道德良心、会计道德荣誉、会计道德节操和会计道德品质五部分”。①

高级会计师劳秦汉在《会计伦理学概论》一书中把会计道德规范分成会计人格道德规范和会计职业道德规范两部分。对于会计职业道德规范，他认为应该由“会计职业信念、职业责任、职业能力、职业纪律四大总体要求和敬业爱岗、客观公正、提高技能、搞好服务、依法办事、保守秘密六项基本职业规定”构成②。

1996 年 12 月 26 日，经国家财政部批准，中国注册会计师协会印发了《中国注册会计师职业道德基本准则》，并以此新准则替代了其 1992 年发布的《中国注册会计师职业守则（试行）》。《中国注册会计师职业道德基本准则》涵盖了总则、一般原则、专业胜任力与技术规范、对客户的责任、对同行的责任、其他责任以及附则七章内容。具体内容如下：

【资料卡】

《中国注册会计师职业道德基本准则》

1. 总则

第一条 为了规范注册会计师职业道德行为，提高注册会计师职业道德水准，维护注册会计师职业形象，根据《中华人民共和国注册会计师法》，制定本准则。

第二条 本准则所称职业道德，是指注册会计师职业品德、职业纪律、专业胜任能力及职业责任等的总称。

第三条 注册会计师及其所在会计师事务所执行业务，除有特定要求者外，应当遵照本准则办理。

2. 一般原则

第四条 注册会计师应当恪守独立、客观、公正的原则。

第五条 注册会计师执行审计或其他鉴证业务，应当保持形式上和实质上的独立。

第六条 会计师事务所如与客户存在可能损害独立性的利害关系，不得承接其委托的审计或其他鉴证业务。

第七条 执行审计或其他鉴证业务的注册会计师如与客户存在可能损害独立性的利害关系，应当向所在会计师事务所声明，并实行回避。

第八条 注册会计师不得兼营或兼任与其执行的审计或其他鉴证业务不相容的其他业务或职务。

第九条 注册会计师执行业务时，应当实事求是，不为他人所左右，也不得因个人好恶影响其分析、判断的客观性。

第十条 注册会计师执行业务时，应当正直、诚实、不偏不倚地对待有关利益各方。

① 叶陈刚，程新生，吕斐适．会计伦理概论［M］．北京：清华大学出版社，2005：1－10.

② 劳秦汉．会计伦理学概论［M］．成都：西南财经大学出版社，2005：35－36.

3. 专业胜任能力与技术规范

第十一条　注册会计师应当保持和提高专业胜任能力，遵守独立审计准则等职业规范，合理运用会计准则及国家其他相关技术规范。

第十二条　会计师事务所和注册会计师不得承办不能胜任的业务。

第十三条　注册会计师执行业务时，应当保持应有的职业谨慎。

第十四条　注册会计师执行业务时，应当妥善规划，并对业务助理人员的工作进行指导、监督和检查。

第十五条　注册会计师对有关业务形成结论或提出建议时，应当以充分、适当的证据为依据，不得以其职业身份对未审计或其他未鉴证事项发表意见。

第十六条　注册会计师不得对未来事项的可实现程度作出保证。

第十七条　注册会计师对审计过程中发现的违反会计准则及国家其他相关技术规范的事项，应当按照独立审计准则的要求进行适当处理。

4. 对客户的责任

第十八条　注册会计师应当在维护社会公众利益的前提下，竭诚为客户服务。

第十九条　注册会计师应当按照业务约定履行对客户的责任。

第二十条　注册会计师应当对执行业务过程中知悉的商业秘密保密，并不得利用其为自己或他人谋取利益。

第二十一条　除有关法规允许的情形外，会计师事务所不得以或有收费形式为客户提供鉴证服务。

5. 对同行的责任

第二十二条　注册会计师应当与同行保持良好的工作关系，配合同行工作。

第二十三条　注册会计师不得诋毁同行，不得损害同行利益。

第二十四条　会计师事务所不得雇用正在其他会计师事务所执业的注册会计师。注册会计师不得以个人名义同时在两家或两家以上的会计师事务所执业。

第二十五条　会计师事务所不得以不正当手段与同行争揽业务。

6. 其他责任

第二十六条　注册会计师应当维护职业形象，不得有可能损害职业形象的行为。

第二十七条　注册会计师及其所在会计师事务所不得采用强迫、欺诈、利诱等方式招揽业务。

第二十八条　注册会计师及其所在会计师事务所不得对其能力进行广告宣传以招揽业务。

第二十九条　注册会计师及其所在会计师事务所不得以向他人支付佣金等不正当方式招揽业务，也不得向客户或通过客户获取服务费之外的任何利益。

第三十条　会计师事务所、注册会计师不得允许他人以本所或本人的名义承办业务。

7. 附则

第三十一条　本准则由中国注册会计师协会负责解释。

第三十二条　本准则自1997年1月1日起施行。

中国注册会计师协会印发的《中国注册会计师职业道德基本准则》中主要是针对注册会计师的职业道德基本准则提出了具体的要求，但对于如何规范企业内部的总会计师、财务经理及内部会计人员的行为，则缺乏一套有指导意义的行为指南或行为准则，而这一点对于规范企业会计服务工作者的行为、提高会计服务工作者的道德水准，进而达到防范会计舞弊、避免会计信息失真有着至关重要的作用。

2003 年，由中国财政部会计司撰稿、项怀诚主编的《会计职业道德》一书出版，该书总结、列举了八条会计职业道德规范的内容，即爱岗敬业、诚实守信、廉洁自律、客观公正、坚持准则、提高技能、参与管理、强化服务，这一标准已基本上被会计业内人士所认可。

综合以上国内外关于会计人员职业道德的相关准则，我们认为以下几点是一名合格的会计服务工作者所必须遵守的职业道德准则，具体如下：

1. 爱岗敬业

会计工作的烦琐、复杂要求从业人员有极强的敬业精神，要热爱本职工作，努力钻研业务，主动履行岗位职责，不怕麻烦，恪尽职守。

2. 诚实守信

诚信是对会计服务工作者提出的首要要求，主要是指会计服务工作者要对企业的投资人、客户、员工、政府、社会坦率、诚实，使这些相关利益方了解企业真实的财务状况和经济成果。

3. 保守秘密

因为会计服务工作者在具体的核算过程中能够了解到企业的商业秘密，会计职业道德中明确要求会计服务工作者要为企业保守秘密，因此会计服务工作者绝对不能够私自泄露企业的会计信息，从而损坏企业的利益。

4. 客观公正

客观公正是指会计人员在处理会计业务时必须以实际发生的交易或事项为依据，如实反映企业的财务状况、经营成果，不偏不倚地对待企业的相关利益方。

5. 专业胜任

由于会计工作专业性强，需要会计服务工作者具备较高的业务技术水平。因此，会计服务工作者要通过不断的学习提高业务技术素质，使自己的知识和技能能够适应不断变化的经济工作的需要，从而保证会计工作的质量。

6. 谨慎负责

谨慎负责也是对会计服务工作者提出的基本要求。作为会计信息的提供者，会计服务工作者要对其职业服务的所有人负责，这就要求会计服务工作者要严格按照会计法规、法律和制度要求开展工作，保证所提供的会计信息的合法、真实、准确、完整。

六、企业会计伦理建设途径

在市场经济条件下，会计服务工作者受到多元化利益的驱动，其职业行为面临着更多的影响，从而导致了目前会计信息失真严重、会计服务工作者职业道德普遍下滑的不良状况。随着市场经济的深入发展和经济全球化进程的加快，特别是我国加入

WTO 以后，企业的经济环境及经济行为日益多样化和复杂化，对于会计伦理重要性的认识越来越深入，对于会计服务工作者的职业道德要求也越来越严格，也就迫切需要对企业会计伦理建设提出新的要求和新的发展方向。总的来说，企业会计伦理建设可以从以下几方面着手。

（一）建立健全企业会计服务工作者的行为规范

由于会计服务工作者是企业经济活动信息的实际执行者，因此要防止会计不道德行为的发生，真正发挥现代企业会计在社会生活中的重要作用，就必须对现代企业会计的会计行为进行规范。“会计行为是会计服务工作者对单位的经济业务事项进行确认、计量、记录和报告的行为，以及为保证确认、计量、记录和报告的运行过程和运行质量所从事的管理和监督活动。”① 要保证会计行为的质量，就要从会计法律和一般会计行政法规（如《会计法》、《企业财务会计报告条例》、《会计基础工作规范》等）以及相关经济法规（如《公司法》、《税法》、《投资法》、《银行法》、《破产法》和《审计法》等）直接制约会计的行为，同时还需要要求会计服务工作者按照相关会计准则（如《企业会计准则》、《事业单位会计准则（试行）》、《关联方交易及交易的披露》、《债务重组》、《现金流量表》等）开展工作，根据这些具体的会计准则来指导和约束具体的会计核算工作，界定各种经济业务的会计处理标准，明确会计实务中所使用的程序和方法，以此提高会计行为的质量。

（二）加强会计职业道德教育

再好、再完善的法律、制度、规范都需要人来遵守。因此，要真正使会计行为符合规范，除了要在行为准则上提出要求，还需要通过教育的方式来让会计服务工作者建立其自身的自律意识，认真学习会计职业道德基本内容并自觉遵守。为此，在企业伦理建设中，还应加强会计职业道德的教育。

在加强会计道德教育的实际措施方面，主要包括三点：

首先，对会计服务工作者进行会计职业道德基础知识的普及与教育，让会计服务工作者明白国有国法，行有行规，会计作为与社会经济生活密切相关的一项职业，有该职业所公认和应当遵守的行为规范，即会计职业道德，作为会计服务工作者应该无条件遵守。

其次，要进行会计职业道德品质教育。一个人只有具备了高尚的道德品质，才会有高尚的行为。对会计服务工作者进行职业道德品质教育，就是为了陶冶会计服务工作者的职业道德情操，培养其正确的人生观、价值观和职业观，使他们对有关个人的名誉、地位和利益等问题能够想得开、看得淡、摆得正，能够时刻以国家利益、人民利益为重，坚持客观、公正、独立的会计原则，做到洁身自爱，自觉应用会计职业道德规范来指导和约束自身的会计行为，提高职业道德自律能力，自觉抵制不道德的会计行为。

再次，加强会计职业道德规范教育。会计职业道德规范是会计职业道德的基本内

① 王东艳．关于企业会计伦理问题的研究［D］．西安理工大学，2006：34.

容，它与会计职业活动有着紧密的联系。随着社会的发展，社会对会计工作的职业技能和职业要求越来越高，会计职业道德规范的内容也不断丰富和发展。目前，对于会计职业道德道德的规范的内容，主要包括爱岗敬业、诚实守信、保守秘密、客观公正、专业胜任、谨慎负责等方面。企业要通过教育培训活动，使会计服务工作者了解以上规范的内容及含义，并能够在会计实践活动中去自觉履行与遵守。

（三）优化企业会计伦理环境

会计行为不是存在于真空之中，而是在企业实际的经济环境中进行的，势必会受到特有的企业内部环境的影响。因此，企业会计伦理的建设除了要对会计服务工作者进行职业道德教育和行为规范，还有赖于会计环境的改善与优化。企业会计环境的改善与优化可以从以下两方面入手：

首先，优化企业内部控制制度，减少会计行为人发生不道德行为的机会。企业要建立以预防为主的相互牵制、相互制约的制度和严格的事后监督机制，强化对内部控制制度实施情况的检查与考核，并建立有效的激励机制，同时强化外部监督，督促企业不断完善内部控制制度。

其次，加强企业的内部审计。企业的内部审计可以及时发现会计服务工作者的不道德行为，同时还对潜在的不道德会计行为具有威慑作用，在一定程度上可以避免不道德会计行为的发生。

七、案例链接——安然事件[①]

（一）安然公司背景介绍

安然的前身是位于美国德克萨斯州的休斯敦天然气公司，20 世纪 80 年代末之前的主业是维护和操作横跨北美的天然气与石油输送管网络。但随着美国政府在 80 年代后期解除对能源市场的管制，促成了能源期货与期权交易发展的契机。安然于 1992 年成立了安然资本公司，成为这一新市场的开拓者和霸主。同时，安然也开始国际化道路，公司地理范围横跨欧洲、亚洲和北美，而业务范围也不断扩张，从原来的天然气、石油的开发与运输扩展到包括发电和供电在内的各项能源产品与服务业，而且，还大胆地为任何一种大宗商品创造衍生证券市场，2000 年，安然还开创了带宽交易市场。

随着安然业务的扩张，其销售收入也从 1996 年的 133 亿美元增加到 2000 年的 1 008亿美元，净利润从 1996 年的 5. 84 亿美元上升到 2000 年的 9. 79 亿美元，这也引发了安然股价从 1995 年后开始剧烈上涨，从 15 美元左右升至 2000 年底的 90. 75 美元。

安然取得上述辉煌成绩的原因，是安然的创新精神。首先是管理创新。安然公司实行分权制，使中下层管理者能自主决策。典型的例子是 1999 年，安然在伦敦的交易主管易·凯成未告知公司高级管理层，即自行设计天然气在线交易网，网上交易于 1999 年 11 月开通后，交易量突破 1 290 亿美元。其次是金融工具的创新。安然研制的一套能为能源衍生证券定价与风险管理的系统，使安然垄断了能源交易市场，并从一

① 刘铜松．会计伦理若干理论及现实问题研究［D］．湖南大学，2003：21－25.

个天然气、石油运输公司变成了一个类似美林、高盛的华尔街公司。不同的是，安然公司交易的品种是能源证券。再次，安然在会计手法上也进行了创新，其股价5年内上升5倍，不得不说是一个奇迹。

(二) 安然事件的爆发过程

安然经过5年股价的狂升漫涨后，2001年3月5日，美国《财富》杂志发表了一篇题为"安然股价是否高估"的文章，首次指出安然的财务有"黑箱"。该文指出，安然2000年的股价上升了89%，收入翻倍，利润增长25%，让人怀疑："没有人能搞得清安然的钱到底是怎么挣的！因为安然历来以'防范竞争对手'为由拒绝提供任何收入或利润细节，连标准普尔公司负责财务分析的专业人员都无法弄清数据的来由。不管是极力推荐安然的卖方分析师，还是想证明安然不值得投资的买方分析师，都无法打开安然这只黑箱。"而且，尽管几年来安然还声称要减少负债，但在2000年的头三个季度，安然又新发行了39亿美元债券，使负债率升至近50%。虽然安然的营业收入在逐步下跌，但它所公告的净利润却在节节上升，这违反了营业收入和净利润成正比的规律，说明安然的利润不是来自主营业务，而来自非经常性收入或造假。

接下来的2001年5月6日，波士顿一家叫做Off Wall Street（简称OWS）的证券公司发表了一份安然分析报告，建议投资者卖掉安然股票，主要依据是安然越来越低的"营业利润率"。此外，OWS公司对安然的关联交易和会计手法也持消极看法，它建议投资者不要轻信安然公布的财务利润。

2001年7月12日，安然公布了第二季度的财务状况，每股净利润为45美分，营业收入比上一季度要低。在这一天安然举行的电话会议上，该公司投资者关系部门主管称，其"资产与负债"项目的1/3利润来自经营性营运收入，2/3来自不动产投资项目的价值重估，这一解释让财务分析师们觉得不可思议，但安然的高层管理人员却语焉不详。这次会议后人们对安然的财务报表更加怀疑。

此后，在2001年8月30日，著名投资网站The Street. com发表分析文章，认为安然第二季度利润很大部分来自于两笔关联交易。该网站相信，安然通过关联企业间的高价交易，人为地制造利润。如果不靠这两笔"对倒"交易，安然第二季度每股利润可能只达到30美分左右，而不是公布的45美分。

2001年10月16日，安然又公布了第三季度的财务状况，宣布每股亏损84美分。在当天安然举行的电话会议上，安然同关联企业的两笔巨额一次性重组费成为焦点。当安然管理层被问及这笔重组费用细节以及"谁是这一关联企业"时，董事长肯尼斯·雷拒绝作答，而安然的不透明操作手法使得其股价再次下跌。

接下来的2001年10月22日，The Street. com网站进一步披露出安然与两个关联企业马林二号信托基金和清道夫信托基金的复杂交易。安然通过这两个基金举债34亿美金，并背负了大量风险，但这些债务从未在安然季报和年报中披露。其时，安然的股票价格已跌到20美元左右。在当日召开的电话会上，当有人追问安然财务总监与各关联企业的关系时，肯尼斯·雷拒绝回答。由于安然的不透明作答的行为，会后安然的股价再跌去21%，低至20.65美元，当日市值缩水40亿美元，财务总监法斯托被迫辞职。

在媒体和市场各方的压力下，安然被迫对过去数年的财务进行重审，把其中的一些关联企业并入安然的财务表。2001 年 11 月 8 日，安然宣布，从 1997 年到 2000 年间由于关联交易，安然共虚报了 4.99 亿美元的赢利。因为急缺现金，同时也因评级下降而需偿还债务，安然希望被竞争对手德能公司兼并。

2001 年 11 月 9 日，德能公司宣布收购安然。但随着安然更多的“地雷”被引爆，2001 年 11 月 28 日，市场传出德能将不会向安然注入 20 亿美元现金，致使安然的股价在开市后几小时下跌 28%。同时，安然宣布当周会有 6 亿美元的欠款到期。当天，标准普尔公司突然将安然的债信评级连降六级为“垃圾债”。中午，另一家主要的债信评级机构穆迪投资服务公司也做出同样决定。安然股价立即向下重挫 85%，股价跌破 1 美元，成交量高达 1.6 亿股。当天收盘后，德能宣布终止与安然公司的兼并计划。

安然的公司债券被降为“垃圾债”后，触发了安然与关联企业马林二号和清道夫信托基金签订的合同条款，安然必须立即清偿通过这两个关联公司贷来的 34 亿美元债务，但安然已经无力还债了。

2001 年 12 月 2 日，安然正式向法庭申请破产。

（三）安然事件的实质

从上述安然崩塌的过程看，安然从一个赢利大户，在不到一年的时间内，滑向了破产的深渊，不由不让人惋惜。但从深层分析，安然其实是自食其果。因为它财务造假，欺骗了广大投资者与债权人，当真相大白时，它理所当然会被市场抛弃。

一个负债率高的企业若要在激烈的市场竞争中获胜，逐步稳定和扩大市场份额，就需要在手中保持足够的流动资金，这部分流动资金一方面离不开企业自身积累，一方面又需要去市场融资。但是，企业自身积累有限，市场融资便是企业的重头戏。市场融资包括债务融资与股权融资，负债率高的企业若举借过多的负债，会使债信评级下降，在市场上融资的难度加大；而股权融资会使企业的净资产减少，不利于企业扩大规模、在竞争中保持优势地位。

如何使企业的净资产保持不变，同时又不会降低企业的债信评级呢？在财务中，一个方法就是保持较高的净资产收益率。净资产收益率表示每股净资产赢利的能力，公式为：净资产收益率 = 净利润/净资产。要达到前面的目标，意味着保持净资产（即所有者权益）不变，而净利润提高。所有者权益不变，即最好不做股权融资，而做债务融资，但债务融资又最好不让债信评级下降，即把债务忽略不计，保持资产总量也不变，只是资产在存量资产和流动资金这样的内部结构上相互替换。

遵循这一思路，安然一步一步滑向深渊。20 世纪 80 年代中期，当美国能源管制解除后，面对价格的剧烈波动，安然失去了昔日依靠地区垄断获得的竞争优势，为了继续在能源领域稳定并扩大市场份额，负债率高的安然必须保持足够的流动资金，即向市场融资的能力。股权融资会使安然丧失对资产的控制权，不利于安然的发展；而债务融资若要记录负债，则会使债信评级下降，进一步使融资能力受损。这时，安然便开始了会计手法的创新，即成立一系列特殊目的实体（Specialize Purose Entity，SPE）。

所谓特殊目的实体，是指企业利用表外融资、租赁、转移金融资产、套期或其他商业活动中，通常不被合并的、经营目的有限的实体。安然让这些特殊目的实体为其能源资产做担保，在市场上债务融资。这样，一方面，安然将能源资产这种存量资产转化成了流动资金，有利于扩大经营规模，稳定并提高市场份额，从而增加净利润。另一方面，由于按照特殊目的的实体（简称SPE）的会计规定，这些债务融资不必作为负债项目计入安然的合并会计报表，这样计算，安然的净资产没有改变，而净利润却得到提高，那么净资产收益率也提高，安然市场债信融资的能力又进一步增强。

一直以来，安然就用不断建立特殊目的实体的方式来债务融资，把负债隐瞒在财务报表之外。从遵循美国通用会计准则对特殊目的实体的会计处理规定看，这种做法没有错误。然而，安然公司成立这些特殊目的实体去市场融资，就同这些特殊目的实体构成了控股关系，应该把它们的资产负债表纳入安然的合并报表范围，亦即把特殊目的实体融资构成的负债计入安然的会计报表，但美国财务会计准则委员会在通用会计准则有关特殊目的实体（SPE）的会计规定中，并未提到应把资产负债表纳入发起人会计报表的规定。所以直到安然破产的时候，人们才知道安然隐瞒了两个特殊目的实体——马林二号信托基金公司和清道夫信托基金公司贷来的34亿美元负债。而随着安然事件调查的深入发展，人们将看到安然所隐瞒的更多的类似负债，因为安然共成立了约3 000家这样的特殊目的实体，而马林二号基金和清道夫信托基金公司的欠款只不过是安然事件爆发的一个导火索。

可见，整个内幕，就是安然利用特殊目的实体（SPE）会计制度的漏洞，隐藏债务，虚增会计利润，欺骗投资者和债权人，实质是一场不折不扣的会计骗局、财务游戏。

思考：请查找相关资料，从会计伦理的角度对安然事件体现的问题进行分析。

【本章小结】

在本章中，讲述了企业伦理的相关专题问题之服务伦理、电子商务伦理和会计伦理。在各专题的分析中，本书分别从概念、发展现状、存在问题、如何改进和规范等方面进行了阐述，并就一些较为典型的案例进行了分析，对企业伦理学专题学习有重要帮助意义。

【思考与练习题】

一、名词解释

1. 服务伦理
2. 电子商务伦理
3. 会计伦理

二、简答题

1. 电子商务面临的伦理挑战类型有哪些?
2. 目前我国企业会计伦理存在的问题有哪些?

三、论述题

1. 电子商务伦理应该从哪些方面进行规范?
2. 我国企业会计伦理的建设途径有哪些?

四、思考题

服务伦理的重要性是什么?应从哪些方面做好服务伦理?

【本章参考文献】

[1] 张铎，林自葵. 电子商务与现代物流 [M]. 北京：北京大学出版社，2002.

[2] 张楚. 电子商务法 [M]. 2版. 北京：中国人民大学出版社，2007.

[3] 张康之. 寻找公共行政的伦理视角 [M]. 北京：中国人民大学出版社，2002.

[4] [法] 萨伊. 政治经济学概论 [M]. 北京：商务印书馆，1982：372-374.

[5] [美] 小艾尔弗雷德·D. 钱德勒. 看得见的手——美国企业的管理革命 [M]. 北京：商务印书馆，1987：522.

[6] 劳秦汉. 会计伦理学概论 [M]. 成都：西南财经大学出版社，2005：35-36.

[7] 杨艾祥. 把自己做成品牌 [M]. 北京：中国发展出版社，2005.

[8] 叶陈刚，程新生，吕斐适. 会计伦理概论 [M]. 北京：清华大学出版社，2005：1-10.

[9] 周祖城. 企业伦理学 [M]. 北京：清华大学出版社，2009：161-180.

[10] 刘铜松. 会计伦理若干理论及现实问题研究 [D]. 湖南大学，2003.

[11] 王东艳. 关于企业会计伦理问题的研究 [D]. 西安理工大学，2006.

[12] 孙晓莉. 公共服务改革：一种伦理学的视角 [J]. 教学与研究，2006，(4).

[13] 唐剑，任亚凡. 浅析电子商务面临的伦理挑战及对策 [J]. 商业研究，2004，(24).

[14] 信息产业部. 中国消费类电子商务发展状况研究报告 [J]. 中国信息导报，2000.

[15] 戚安邦，姜卉. 中国MBA商业伦理和职业道德现状实证研究 [J]. 科学与科学技术管理，2007，(4)：138-143.

[16] 周德峰．会计信息失真的原因及对策 [J]．财经科学，1999，(4)：96－98.

[17] 卫建国．简论服务伦理 [N]．光明日报．2006－12－25.

[18] 杨瑞青．朱镕基“破戒”题词 [EB/OL]．

http：//news. eastday. com/epublish/gb/paper148/20030308/class014800018/hwz899798. htm，2003－3－8/2011－7－25.

[19] MBA智库百科 [EB/OL]．http：//wiki. mbalib. com. 2011－06－21.

图书在版编目(CIP)数据

企业伦理新论/王昆来,杜国海主编.—成都:西南财经大学出版社,2012.4(2017.2 重印)

ISBN 978-7-5504-0358-1

Ⅰ.①企… Ⅱ.①王…②杜… Ⅲ.①企业伦理—研究
Ⅳ.①F270-05

中国版本图书馆 CIP 数据核字(2011)第 145384 号

企业伦理新论

主　编:王昆来　杜国海

责任编辑:孙　婧

助理编辑:周之芳

封面设计:何东琳设计工作室

责任印制:封俊川

出版发行	西南财经大学出版社(四川省成都市光华村街 55 号)
网　址	http://www.bookcj.com
电子邮件	bookcj@foxmail.com
邮政编码	610074
电　话	028-87353785　87352368
照　排	四川胜翔数码印务设计有限公司
印　刷	郫县犀浦印刷厂
成品尺寸	185mm×260mm
印　张	12
字　数	255 千字
版　次	2012 年 4 月第 1 版
印　次	2017 年 2 月第 4 次印刷
印　数	5401—7400 册
书　号	ISBN 978-7-5504-0358-1
定　价	26.80 元